公法系列

法院組織法

| 增訂二版 |

林俊寬 著

五南圖書出版公司 印行

　　本書於2015年初版以來，至目前已經過3年多之時間，在此一段時間內，法院組織法之條文經過立法院三讀通過有部分之修正及增刪，故本書原本初版之內容亦有隨之調整的必要。例如最高檢察署特別偵查組之廢除，檢察署名稱之改變，檢察署應於第一審裁判書公開後公開起訴書，地方法院及地方檢察署之觀護人室：增設臨床心理師及佐理員等等規定，此次二版內容均予以配合修正。此外，在前一版書中尚有部分文字用詞疏漏或誤植，亦一併加以改正。

　　回顧3年多來本書獲得部分學校及機關團體之採用，作為教學或員工訓練之用，在此特別表示感謝之意。本人亦於初版出版後一年多之2016年10月24日因擔任法官一職滿25年符合自願退休條件而辦理退休，目前在高雄屏東地區執行律師業務，惟仍然在大學擔任教職，繼續教學之工作，希望各界賢達先進秉持以往愛護之心情，繼續給予本人及本書之內容鼓勵，對於本書內容如有不足之處亦能不吝加以指正，實感德便。最後本人感謝五南圖書出版股份有限公司提供機會讓本書之二版得以付梓面市，尤其出版前經過公司同仁費心加以校正，在此一併致上謝意。

林俊寬

2018年11月15日於高雄市

　　本人自西元1992年10月份起開始於臺灣高雄地方法院擔任刑事審判之工作，期間歷經民事審判之業務後，又回任刑事審判之工作，多年後深感學識之不足，又適逢我國刑事訴訟制度產生重大之變革，由原職權主義改採所謂之改良式當事人進行主義，對於以美國刑事訴訟法爲主之當事人主義相關法律規定多有引進，本人有鑑於此，乃毅然於2002年9月份前往美國印地安那大學（Indiana University）修習刑事訴訟法相關之法律制度，先攻讀碩士學位後，再取得博士班入學許可，其後便先行返國繼續工作，於2004年再次前往美國印地安那大學攻讀博士學位，以一邊工作一邊研讀之方式來往臺美兩地，幸於2008年順利取得博士學位。此時適有機會而開始於國立中正大學財經法律學系擔任「刑事訴訟法」課程之講授，其後於2014年改至高雄大學法律學系教授「法院組織法」之課程，由於法院組織法係國家考試之科目，同學對於修習法院組織法甚爲感到興趣，本人有感於教學之需要，乃陸續撰寫法院組織法教材作爲教學之使用，今並進而編成本書加以出版。

　　本書之內容以提供初學法院組織法之讀者研習爲主，故基本上在於闡述法院組織法之基礎理論，並爲兼具實用之價值，而輔之以目前實務上有關於法院組織法條文之相關見解，希望能導引讀者對於法院組織法之基本理論及實務之運作有所瞭解，從而本書論述均以基礎理論及實務見解爲主，至於其學說、國外立法例以及個人之看法等等，則見之於註釋之中而

與本文分開，以避免讀者於初習本法時，同時接觸過多之學說資料，而產生混淆基礎理論體系之情形，故而本書適合法律系或其他自行研習法律者，學習法院組織法入門之用。惟本人才疏學淺，書中之論述或有疏漏謬誤之處，尚祈各位法學先進不吝予以指正。本書幸獲五南圖書出版股份有限公司之賞識，而惠予出版得以付梓面市，在此一併致謝。

林俊寬
2015年6月於高雄市鳳山區

目　錄

第六章　高等法院　67

第九章　司法年度及事務分配　　113

附 錄　145

參考文獻　307

　　司法制度（regime of justice）係指行使國家司法權作用之法律制度而言；易言之，司法制度乃係依據憲法及相關之法律規定，就其組織及職掌作體系上與運作上之分工，以期有效推動司法，進而遂行國家之司法上權能之謂[1]。至於司法制度之內涵則係國家法律制度靜態之體現，而其實際之內內容即爲國家主權象徵之一之司法權動態之實踐，故司法制度之具體內容即爲司法權能之表現。

第一節　司法之概念

　　所謂「司法」一詞，在權力分立之概念下，係相對於「立法」、「行政」而言（如依我國之憲法規定則尚包括考試、監察），其原屬多義之法律用語，有實質意義之司法、形式意義之司法與狹義司法、廣義司法之分，以下分別論述之。

一、實質意義之司法與形式意義之司法

(一)實質意義之司法

　　實質意義之司法乃係指國家基於法律之規定而對爭訟之具體案件所爲之宣示（亦即裁判）以及輔助此一裁判權行使之作用（即司法行政）。

---

[1]　見史慶璞著，法院組織法新論，2001年3月修正三版，頁1。

(二)形式意義之司法

至於形式意義之司法則凡係屬法律規定將之納入司法之權限範圍之內而予以推動之作用者均屬之，例如現行制度下之「公證」事項，其性質上原非屬於司法之範疇，惟法律之規定仍將之歸於司法之業務範圍內予以推動，即其一例。

二、狹義之司法與廣義之司法

(一)狹義之司法

所謂狹義之司法，即係指固有意義之司法而言，此原僅限於民刑事裁判之國家作用，而其推動此項作用之權能，一般稱之為司法權或審判權，又因係專指民刑事之裁判權限，乃有稱之為裁判權者。惟目前我國憲法體制下之司法現制，將行政訴訟、公務員懲戒、司法解釋與違憲政黨解散之審理等屬於「國家裁判性之作用」部分亦包括在內，亦即其亦具有司法權獨立之涵義者，均屬於此一意義之司法。易言之，所謂狹義之司法依目前我國憲法之體制，係包括一般之民事及刑事訴訟之審理及裁判，行政訴訟、公務員懲戒事項之審理及裁判，司法之解釋與違憲政黨解散之審理等等權能在內。

(二)廣義之司法

至於為達成狹義司法之目的所關之國家作用（即具有司法性質之國家作用），則屬廣義司法之範圍。例如以刑事司法部分而言，實現國家刑罰權為目的之司法程序，其審判乃以追訴而開始，追訴必須實施偵查，迨判決確定，尚須執行始能實現裁判之內容，是以此等程序悉與審判、處罰具有不可分離之關係，亦即偵查、訴追、審判、刑之執行均屬刑事司法之一連串過程，其間代表國家從事「偵查」、「訴追」、「執行」此一階段之

檢察機關，其所行使之職權，目的既亦在達成刑事司法之任務，則在此一範圍內之國家作用，當亦應屬廣義之司法。

第二節　司法權之概念

所謂「司法權」乃係指司法所具備之權能而言，係與「行政權」、「立法權」、「考試權」、「監察權」等並立之權能，且彼此之間具有相互制衡之作用。一般而言司法權具有二大功能，第一是「定紛止爭，安定社會秩序、維護國家安全」，第二是「防止行政濫權，節制不當立法，貫徹憲法意旨、保障人民權益」，而司法權之範圍，依憲法第77條、第78條、憲法增修條文第5條第4項規定，包括解釋權、審判權、公務員懲戒權及司法行政權等四項。

第三節　司法機關

所謂司法機關（judicial system；judiciary）係實施國家司法權之主體，亦即係指就具體案件行使司法權能之機構而言。司法機構是國家體系之一部分，它的工作就是維護法律、確保法律正確執行、解決紛爭，以達到上述言司法權之二大功能─「定紛止爭，安定社會秩序、維護國家安全」及「防止行政濫權，節制不當立法，貫徹憲法意旨、保障人民權益」。依上開所述司法權能之內容加以區分，我國之司法機關主要包括下列各機關[2]：

---

[2] 世界各國之司法機關有採一元主義者，如美國、日本者是；亦有採司法二元或多元主義者，如德國、法國等。我國法制繼受歐陸國家大陸法系之精神甚多，故沿襲德、法等國二元或多元司法制度，在司法院架構下，設置普通法院及行政法院分別負責一般民事、刑事訴訟及行政訴訟，另設大法官及公務員懲戒委員會等司法機關，以專業分工，分層負責之設計，行使憲法所賦予司法部門之職權。

一、狹義之司法機關

(一)司法院大法官會議

司法院大法官會議之基本職權包括解釋憲法及統一解釋法律、命令二部分，由司法院大法官以會議方式行使，並由為司法院院長之大法官擔任會議之主席。此外，依據憲法增修條文第5條第4項之規定，司法院之大法官並組成憲法法庭審理總統、副總統之彈劾及政黨違憲之解散事項，故目前有關總統、副總統彈劾及政黨違憲解散案件，亦由司法院大法官組成憲法法庭審判，非屬普通法院或行政法院之職權[3]。

(二)普通法院

就民事及刑事訴訟之具體案件進行審理及裁判權能，依其審判層級包括司法院下設之最高法院、高等法院及地方法院。

(三)行政法院

行政訴訟之事件，由司法院下設的最高行政法院及高等行政法院及各地方法院之行政訴訟庭。

(四)少年及家事法院

少年及家事事件本質上分屬刑事訴訟及民事訴訟，故而目前原則上由司法院下設之最高法院、高等法院及地方法院法官審判，惟其中第一審在特定之地區設有專業之少年及家事法院（目前僅高雄地區設置，其餘地區

---

[3] 司法院目前研議採用德國之「憲法訴願制度」，對於個人基本權利遭侵害之審判，均可提起違憲裁判之憲法訴訟，蓋憲法具有法律最高階性質，保障人民之基本權利，具有國家認定之最高價值，國家如果不能保證人民之基本權，國家就無存在之必要，國家是因為人民而存在，而非人民為國家而存在，國家如果變成侵害人權之根源，國家權力基礎即會出現問題。惟亦有人憂應大法官釋憲是否變相成為「第四審」，如立法通過，則大法官會議之職掌即會再增加一項。

均尚未設置，而由地方法院少年法庭及家事法庭審理）。

(五)智慧財產法院

至於有關智慧財產權之案件，除由司法院下設的最高法院及最高行政法院審理外，並設置有智慧財產法院，負責審理智慧財產案件中，有關民事第一審、第二審、刑事第二審及行政訴訟第一審。

(六)公務員懲戒委員會

為保障公務員權益，對公務員的懲戒，由司法院所屬公務員懲戒委員會審理，至於對於法官及檢察官之懲戒，則由司法院職務法庭審理。

(七)司法院

司法權能雖以審判為中心，然而為使審判權之運作順利，須有司法行政加以配合，目前司法行政部分做係由司法院負責，司法院設置有院長、副院長，督同秘書長、副秘書長及各廳、處首長，領導司法院內各廳、處人員，規劃改善各項司法制度，並監督所屬各法院依法行使職權。

二、廣義之司法機關

除上開所述一般狹義之司法機關之外，廣義之司法機關則尚包括負責代表國家追訴犯罪職權之檢察機關而言。如前所述，就司法權之一之刑事司法而言，既係以實現國家刑罰權為目的之司法程序，其審判乃以追訴而開始，追訴必須實施偵查，迨判決確定，尚須執行始能實現裁判之內容，是以此等程序悉與審判、處罰具有不可分離之關係，亦即偵查、訴追、審判、刑之執行均屬刑事司法之一連串過程，其間代表國家從事「偵查」、「訴追」、「執行」此一階段之檢察機關，其所行使之職權，目的既亦在達成刑事司法之任務，則在此一範圍內之國家作用，是所謂司法機關，就

其功能予以觀察，自係指包括檢察機關在內，此即廣義司法機關之義。

第四節　司法人員

實施國家司法權之主體即係司法機關，而司法機關之主體則為司法人員。目前我國就司法人員之人事法律規範主要係司法人員人事條例，其第2條規定，本條例稱司法人員，指最高法院以下各級法院及檢察署之司法官、公設辯護人及其他司法人員。而所謂司法官依同條例第3條之規定，係指法官及檢察官而言（包括最高法院院長、兼任庭長之法官、法官，最高法院檢察署檢察總長、主任檢察官、檢察官，高等法院以下各級法院及其分院兼任院長或庭長之法官、法官，高等法院以下各級法院及其分院檢察署檢察長、主任檢察官、檢察官）；至於其他司法人員依同條例第4條之規定，則係指下列指左列各款人員：「一、書記官長、書記官、通譯。二、主任司法事務官、司法事務官。三、主任公證人、公證人、公證佐理員。四、主任觀護人、觀護人。五、提存所主任、提存佐理員。六、登記處主任、登記佐理員。七、主任法醫師、法醫師、檢驗員。八、法警長、副法警長、法警、執達員。九、依法律所定，法院及檢察署應置之其他人員。」故依據司法人員人事條例之規定，可知目前我國法律所稱司法人員係指廣義司法機關內之人員。

除上開司法人員人事條例之規定外，針對司法官部分，目前訂有法官法加以規範（主要針對法官，檢察官部分準用之規定），而在公設辯護人方面，因其工作性質亦具有相當之獨立性，故同條例第8條第2項規定，公設辯護人之人事事項，以法律定之，故目前亦另訂有公設辯護人條例專法加以規範。

第五節 司法之特性

如上所述，司法制度係指行使國家司法權作用之法律制度而言，而有效推動司法，進而遂行國家之司法上權能，司法必須依據憲法及相關之法律規定，就其組織及職掌作體系上與運作上之分工，就此而言，司法部門與立法部門、行政部門同屬國家統治權作用行使之重要環節，其存在同為適用及執行立法權所制定法律之國家權力。惟司法權之行使係以就具體事件為事後救濟之型態為主要，故與行政權及立法權行使之方式不同，且司法權存在之目的，除運作獨立於行政權及立法權以外，同時更有對於立法權及行政權加以適當制衡之用義，此即行政、立法及司法三權之間互相制衡（check and balance）之現代法治國家之設計。故而司法在現代民主憲政體制中，具有重要之特性，以下即分分別加以論述之。

一、獨立性

依據我國憲法第80條之規定：「法官須超出黨派以外，依據法律獨立審判，不受任何干涉。」故法官審判獨立之概念，不僅為現代民主法治國家司法權行使之特徵，且為憲法所明文保障。司法審判權之行使固須全然獨立於行政權及立法權之外，不得受其牽制，亦須超出黨派，以確保審判之中立。此外，法官本人亦不得因個人好惡、一己之私或主觀成見而影響裁判之結果，應本於良知理性與司法倫理相關標準，以及不惑、不憂、不懼之節操，依法審判，不受任何干涉[4]。

二、被動性（不告不理）

司法機關行使憲法、法律、命令之解釋，民事、刑事和行政訴訟之審

---

[4] 我國原本有法官判決原本送閱之制度，自民國85年1月1日起廢止實任法官裁判書送閱制度，更使得法官審判受到司法行政單位或有關行政人員不當干涉之可能性大為降低。

判,以及公務員懲戒案件之審議等,均應處於被動為之的狀態,易言之,應適用不告不理原則。故而非經由當事人之請求,司法審判之機關不得主動介入具體之個案中,並自為審理而作成裁判。因此,就司法權發動角度觀之,司法之特點,自與行政權及立法權應主動積極辦理職權內負責之事務,甚至主動發覺問題並加以處理之角色完全不同[5]。

三、強制性(告即要理,不得拒絕正義之要求)

如上所述,司法機關原則上係不告不理,當事人未請求時司法機關不得主動介入,惟如司法機關受理當事人相關案件之請求後,即應作出一定之回應,不論有無法律規定或法律規定詳細與否,司法均必須對於案件做出一定之裁判,不得無故加以拖延或不作出裁判。

四、中立性(客觀性)

司法之作用在於發見真實,實現公平正義,故無論於解釋權、審判權,甚至部分司法行政權之行使上,司法機關均須以客觀第三者之立場,對於當事人各自所提出之主張及證據均應等同視之並加以斟酌,於釐清事實真相後,進而適用法律,用以具體實現國家社會之公平正義理念。

五、個案性(訴外裁判之禁止)

在司法權能之體現中,除於司法院大法官審理解釋憲法或統一解釋法令等部分案件得採行抽象法規違憲審查機制以外,相關司法審判機關(不論係為廣義或狹義),均僅得以具體之事件為其實施司法職權之對象,就此而言,司法機關與立法機關係對於法令為一般性或抽象性之制定者有明顯有別。而當事人請求審判機關就具體個案加以裁判之權利,謂之訴訟權。訴訟權之行使,應以有對立之當事人之存在且真實發生具體法律權益

---

[5] 同註1,頁41。

之侵害爲前提，司法機關只有在當事人間確實發生實際之爭執，且經其聲請裁判以後，始得針對聲請裁判之範圍進行特定之審查，其不在當事人爭執且請求裁判之事項，司法不得主動介入加以裁判[6]。

六、審級性（審級制度）

由於司法裁判關係人民基本權利之保障與限制至鉅，爲避免一時之人爲疏失，影響司法之公正與客觀，司法制度乃有階層制機關架構出來之審級救濟制度之設計。在審級制度之下，同一事件先後經由不同司法機關及司法人員審理，以期降低司法人員在認事用法上發生錯誤或不當之可能性，其對於提高政府威信及保障人民合法權益方面，更具實效。

七、確定性（一事不再理）

司法審判機關受理訴訟之案件，如有關之裁判一經終局確定，當事人即不得對之再行提起同一訴訟，否則將違反司法審判機關審理案件所堅守之一事不再理原則。所謂終局裁判確定，係指裁判經過上訴期間或當事人不爲上訴，或終審機關已爲裁判等之情形而言。一事不再理之原則乃在確保終局裁判之確定力，否則如任令終局確定之裁判反覆訴訟，不僅不符訴訟經濟之要求，同時更將虛耗司法資源，導致司法審判機關或法院喪失扮演國家裁判性作用之角色與公信力[7]。

八、權威性（拘束性）

司法就事實認定與適用法律後所爲之決定，經確定後即具有終局之拘束力，易言之，該一司法之決定不僅對個案之當事人有絕對之拘束力，對

6　同註1，頁41。
7　一事不再理原則係屬法治國家基本法律原則，在大陸法系之國家表現於判決之既判力，在英美法系國家則爲禁止雙重危險（Protection against double jeopardy）之概念。

其他人或憲法之機關亦有相對一般之拘束力，故而司法權於憲政分權中，為保障人權最後一道防線，對於法律之案件擁有最終決定之權限，此為其權威性之表現[8]。

第六節　司法之功能

一、維護憲法

憲法係國家之根本大法，人民之基本權利義務均由憲法加以規範，而司法院大法官解釋憲法，不僅有助於釐清憲法上之疑義，闡明憲法之本旨，同時更可藉由憲法解釋之聲請，掌握時代之脈動，使憲法得以有效因應國家社會之潮流與變遷，對於國家整體憲政運作之發展及人民基本權利之保障，扮演積極與不可或缺之角色。此外，法律命令不得牴觸憲法，各級法院法官依據法律，獨立審判，於其適用法律時適時表示其合法適當之見解，亦能有效發揮憲法維護者之功能[9]。

二、保障人權

憲法第16條明文規定「人民有訴訟之權」，而訴訟權則包括實施民事訴訟、刑事訴訟及行政訴訟等權能。司法機關（主要為法院）作為人民適用民事、刑事及行政訴訟程序，以維護其相關民事、刑事及行政實體法律之權利之機關，實為人民權利保障寄託之所在。又司法機關除於具體之訴訟事件中，以裁判作為定紛止爭、實現社會公平正義之主要手段以外，更擴及人民聲請解釋憲法及統一解釋法令，並將公務員懲戒案件訴訟程序

8　同註1，頁41。
9　同註1，頁43。

化，益加使得人民權益受到更爲周延之保障[10]。

三、勵行法治

　　民主之基礎在於法治，法治之重心則在於健全之司法體系，故而現代國家莫不講求民主與法治，人民固然期待一個強而有力之萬能政府爲其謀取最大福利，但又冀望政府能夠謹守分際，依法行政，不侵害人民之基本權利。是以，司法機關本於權力分立之理論及制衡原理，一方面鞏固憲政，對於其他政府部門予以尊重，另一方面則又爲保障人權，對於其他政府之行爲行使司法審查。因之，司法制度之運作，具有奠定法治基礎、勵行法治國思想之作用，要無疑義[11]。

---

[10] 同註1，頁43。
[11] 同註1，頁44。

第一節　法院組織法之意義

　　所謂法院組織法就其意義而言可分爲廣義及狹義二種，就其廣義之意義而言，法院組織法係指國家在司法權體系之下，所架構而成立之各個審判機關之組織體系、任務之分配、人事，及法庭活動之原則等相關之法律而言；就其狹義之意義而言，則係指名稱爲「法院組織法」之該部法律本身而言。

　　廣義之法院組織法除稱之爲「法院組織法」之法律外，尚包括其他具有行使司法權功能之相關機關之組織法，包括有司法院組織法、行政法院組織法、公務員懲戒委員會組織法、少年及家事法院組織法、智慧財產權法院組織法等相關組織法律，甚至於規範司法人員之司法人員人事條例，規範法官及檢察官人事制度之法官法，以及規範公設辯護人之公設辯護人條例等等亦可列入其中。

　　至於狹義之法院組織法係指「法院組織法」此一部經由立法院三讀通過總統公布施行之法律而言，狹義之法律組織法僅就職掌一般民事、刑事訴訟、非訴事件與民事強制執行業務之普通法院之組織加以規範，而不及於如行政法院、少年及家事法院、智慧財產權法院等特種性質之專業法院。惟法院組織法之相關規定係所有法院組織及活動之基礎規範，故其重要性不言可喻，本文主要即以「法院組織法」本身爲論述之對象，如論述中涉及其他特別專業之法院之相關組織法律，再分別加以討論之。

第二節　法院組織法之沿革

　　法院組織法乃國民政府於民國21年10月28日公布施行，當時全文共計有91條，嗣於民國24年7月22日經國民政府修正公布第33條、第37條及第38條條文，又於民國27年9月21日修正公布第55條條文，民國34年4月17日國民政府修正公布第33條、第35條、第48條、第51條、第54條及第91條條文，民國35年1月17日國民政府修正公布第16條、第19條、第34條、第36條、第45條及第50條條文，民國57年12月19日總統令修正公布第63條條文，民國58年4月10日總統令修正公布第34條及第45條條文，民國69年6月29日總統令修正公布第21條、第26條、第27條、第34條、第35條、第45條、第49條至第51條、第56條、第63條及第87條條文暨第五章章名，民國78年12月22日總統令修正公布全文115條，民國88年2月3日總統令修正公布第11條、第12條、第33條、第34條、第49條、第51條、第73條、第74條、第75條；並增訂第66條之1、第66條之2、第66條之3、第66條之4條文，民國90年1月17日總統令修正公布第15條、第34條、第103條、第106條條文，民國90年5月23日總統令修正公布第66條、第79條條文，民國94年6月15日總統令修正公布第11條、第22條、第23條、第33條、第38條、第39條、第49條、第52條、第53條、第69條至第71條、第73條至第75條；並增訂第114條之1條文，民國95年2月3日總統令修正公布第12條、第62條、第66條條文；並增訂第59條之1、第63條之1條文，民國95年12月27日總統令修正公布第34條條文，民國96年 7月11日總統令修正公布第11條、第16條、第17條及第37條條文；並增訂第17條之1及第17條之2條文，民國97年6月11日總統令修正公布第17條之2條文，民國99年11月24日總統令修正公布第34條、第66條、第83條條文，民國100年11月23日總統令修正公布第14條、第15條、第32條、第79條條文，民國103年1月29日總統令修正公布第17條、第37條條文，民國106年6月14日總統令修正公布第66條之2、第66條之4、第67條條文，民國107年5月23

日總統令修正公布第73條之附表；並增訂第114之2條條文，民國107年6月13日總統令修正公布第83條條文，民國108年1月4日總統令修正公布第3條、第115條條文；增訂第51條之1至第51條之11、第57條之1條文；刪除第57條條文；並自公布後6個月施行。

　　如上所述，法院組織法自制定後歷經多次之修正，其中最具有意義而值得注意者，乃所謂之「審檢分隸」制度之確立。蓋我國之各級法院組織，原除最高法院隸屬於司法院之外，其餘高等法院及其下級各地方法院均隸屬於行政院之司法行政部，民國49年8月15日司法院大法官會議釋字第86號解釋就此謂：「憲法第77條所定司法院為國家最高司法機關，掌理民事、刑事之審判，係指各級法院民事、刑事訴訟之審判而言。高等法院以下各級法院既分掌民事、刑事訴訟之審判，自亦應隸屬於司法院。」明白表示各級法院均應隸屬於司法院之下始為適當，惟我國遲至民國69年始正式裁撤「司法行政部」，改稱之為「法務部」，並將高等法院以下各級法院改隸屬於司法院之下，就行政權及司法權之分立跨出一大步。

　　又法院組織法經歷歷年來多次之修正後，其原本之內容及相關規定已與以往大有不同，近年來例如增設司法事務官、檢察事務官等人員，及檢察官人事審議委員會之設置、最高法院檢察署內特別偵查組之設置等，並配合行政法院或其他特別法院之設置，而對於原法院組織法規範之內容亦有所更易。另外在法官法施行之後，法院組織法中有關法官及檢察官之職等及其他相關身分保障、行政監督等等事項，亦應依照法官法之規定為之而應停止其適用，應於將來修法時加以修正。

第一節　法院組織法之性質

一、法院組織法係公法

　　一般而言法律可大致上可分為公法及私法二大類，而劃分公法及私法界限之標準有各種不同之說法，在此難以一一說明，然一般認為，凡係規範之內容屬於權力關係、國家關係、統治關係者為公法，而規範之內容屬於私權利義務關係、平等關係、社會關係、非關於統治關係者則為私法[1]。

　　法院組織法所規定之內容，係關於國家職司審判之司法機關即法院之組織及活動，以及有關檢察署之組織及活動等事項，係有關國家廣義之司法機關之運作，屬於國家之統治行為之規範，依據上開之說明，自然屬於公法之性質無疑。

二、法院組織法係國內法

　　法律又可分為國內法及國際法二類，一般而言國內法係指由一國所制定，並施行於該國主權範圍所及之領域內之法律規範，而國際法則係國際間普遍承認作為一定準則，並在各國之間得以施行之法律規範。

　　法院組織法係規範我國境內有關於普通法院之組織體系之法律，觀其條文之內容，均不具備有涉外之法律關係，自然應屬於國內法之性質無疑。

---

[1] 見鄭玉波著，法學緒論，三民書局出版，2003年2月，頁39。

三、法院組織法係組織法

法律依據其所規定之內容觀之，亦可分為實體法、程序法、組織法等三類，其中實體法係指關於規定法律主體間之權利、義務關係實體事項之法律規範，程序法則係指關於規定實現實體法律關係所進行之程序之法律規範，而組織法則係指關於規定機關、學校或其他機構之組成架構及人事之法律規範。

法院組織法明顯地係有關於普通法院及各級檢察署之組織架構相關規定，原則上係屬於組織法性質自明，惟其內有部分內容涉及實體及程序之相關規定，故亦非單純之組織法不可不知。

四、法院組織法係普通法

法律依其適用之範圍界定，亦可分為普通法（或稱一般法）及特別法，所謂之普通法係指普遍適用於一般之人、事物、時間、地域之法律，而特別法係指僅適用於特定之人、特定之事物、特定之時間、或特定之地域內之法律而言。

法院組織法之適用範圍及於一般人及一般之訴訟及非訟事件，因而係屬於處理一般人、事之法律，自應屬於普通法無疑，相對而言如特種專業法院之組織法則屬於特別法，如少年及家事法院組織法、行政法院組織法即是。

五、法院組織法係強行法

法律依其適用程度係絕對適用或相對適用可分為強行法及任意法，強行法係指不問當事人之意思，亦不得以當事人之約定加以變更，而須一律適用之法律規範，而任意法則係指法律之適用與否，可由當事人意思加以

決定，並非必然須適用之法律規範[2]。

法院組織法之規定係屬於法院組織之強行規定，不得由當事人之意思加以排除，亦不得約定加以變更其內容，故其應係屬於強行法之性質無疑。

六、法院組織法係成文法

法律依其成立之過程，可分為成文法及不成文法，成文法（又稱制定法）係指法律之規定，由有立法權限之機關，依一定之程序制成文書，並公布施行之法律規範而言，不成文法則係指非經立法機關依法定程序制成，亦未經公布施行之法律規範而言，例如判例、法理及習慣等。

法院組織法係行之以文字，經立法院三讀通過，且經由總統公布施行之法律，而非一般經由司法判決等非正式立法程序而形成之法律規範，自然係屬於成文法。

第二節　法院組織法之法源

所謂法院組織法之法源（sources of law），係指法院組織法相關規定所由來之處，有關法院組織法之法源可依法律之位階概念分為憲法、法律、命令三大類，以下即分別論述之。

一、憲法

憲法（constitutional law）在法律之位階上係屬於最上層之規範，故舉凡一切法律或命令之內涵均必須符合憲法之相關規定，不得有違反之情形，否則均屬無效，此即為憲法之至高性（supremacy）之表現，且由於

---

[2] 同上註，頁44。

憲法之基本內容之一即在於政府之體制及組織，故憲法係法院組織法之法源之一，自不待言。依我國憲法第82條之規定，司法院及各級法院之組織，以法律定之，故憲法非但爲法院組織法之法源，且爲制定法院組織法規範之基礎。

二、法律

法院組織法之法源除憲法之規定外，下一層次即爲法律之規定，而所謂法律，在我國係指經立法院三讀通過總統公布施行之成文法（statute），此一成文法之規定，原則上係以名稱爲「法院組織法」此一部法律爲基本之規範，惟除「法院組織法」之外，尚有其他法律亦有關於法院組織相關規定，此亦可作爲法院組織法之法源，例社會秩序維護法中有關於爲處理違反該法之案件，視警察轄區及實際需要，分設簡易庭及普通庭之相關規定即屬法院組織法之特別規定，亦屬法院組織法之法源之一。又如少年及家事法院組織法第2條第3項規定：「前二項事件，於未設少年及家事法院地區，由地方法院少年法庭、家事法庭辦理之。但得視實際情形，由專人兼辦之。」此亦爲法院組織法之特別法規定。

三、命令

命令係指行政機關基於本身在法律授權之職掌權限之下，所制定之相關規則，依中央法規標準法第3條之規定，各機關發布之命令，得依其性質，稱規程、規則、細則、辦法、綱要、標準或準則等不一而言。又命令依其性質可分爲二大類，一稱之爲法規命令，依行政程序法第150條之規定，所謂之法規命令係指行政機關本身基於法律之授權，對多數不特定人民就一般事項所作抽象之對外發生法律效果之規定；另一則稱之爲行政規則，依行政程序法第159條第1項之規定，所謂之行政規則，係指上級機關對下級機關，或長官對屬官，依其權限或職權爲規範機關內部秩序及運

作，所為非直接對外發生法規範效力之一般、抽象之規定。

　　上開所述之法規命令原則上具有與法律相同之效力，審判機關自應加以適用，如認為有牴觸憲法或法律之嫌，則僅得以聲請釋憲之方式處理，不得逕予拒絕適用，此有大法官會議釋字第371號解釋意旨可供參照。惟如係行政規則原則上審判機關亦應予以適用，惟如認為有違反憲法或法律之處，則得基於本身之確信而不予適用，易言之，如司法行政機關所發司法行政上之命令，如涉及審判上之法律見解，僅供法官參考，法官於審判案件時，亦不受其拘束，此亦有大法官會議釋字第216號解釋意旨可供參照。

　　依大法官會議釋字第530號解釋意旨認為「最高司法機關依司法自主性發布之上開規則，得就審理程序有關之細節性、技術性事項為規定；本於司法行政監督權而發布之命令，除司法行政事務外，提供相關法令、有權解釋之資料或司法實務上之見解，作為所屬司法機關人員執行職務之依據，亦屬法之所許。」故司法機關亦得發布就其審理或相關業務有關之命令，而非僅限於一般所稱之行政機關。例如司法院依法院組織法第78條規定訂定之地方法院及其分院處務規程等均屬之。

四、司法先例（判例、判決、決議）

　　司法機關就案件之審理採取所謂之審級制度，就個案而言，原則上應以最高審級之法院即最高法院之裁判為最終之結果，因此最高法院就個別性之案件有最終之決定權，在此情況之下，最高法院之法律見解乃成為下級法院在實務上通常參考之標準，此即所謂之司法判決先例（precedent）。

　　我國有關最高法院所形成之判決先例，原則上可分為判例及判決二類，所謂判例係最高法院具有重要法律見解內容而經一定之程序加以選編公告之判決（依據為法院組織法第57條第1項之規定，俟後論述之）。判

例本身雖非之法院三讀通過總統公布施行之成文法律，惟一般實務上均認為其對於各級法院之裁判具有實質上之拘束力，並得為釋憲之標的，例如大法官會議釋字第154號解釋其理由書中即謂：「最高法院及行政法院判例，在未變更前，有其拘束力，可為各級法院裁判之依據，如有違憲情形，自應有司法院大法官會議法第4條第1項第2款（現行司法院大法官審理案件法第5條第1項第2款之適用，始足以維護人民之權利，合先說明。」因而，判例得認為實質具有上相當於成文法律之效力。

另外最高法院之判決其雖未如上開所述之判例一般，經過一定之程序加以選編公告，惟就實務之運作加以觀察，其對於下級法院之審判亦有一定之影響，蓋下級審之法律見解如與最高法院不同則可能於上訴致遭最高法院撤銷，為其判決上訴後能獲維持，故一般下級法院對於最高法院之判決均加以參考，使最高法院之判決在實際上亦產生一定之效力[3]。

至於最高法院之決議則依最高法院處務規程第32條之規定，係由最高法院民刑事各庭為統一法令上之見解，而由院長召集民事庭會議，刑事庭會議或民刑事庭總會議決議之[4]。故最高法院之決議有統一法令見解避免法院尤其最高法院本身之判決所採取之法律見解有所歧異，導致下級法院及人民無所適從，對於法律之安定性及確定性有所影響，尤其於法律有所修正後，對於新修正之法律如何解釋適用，產生法律之不同之意見時，最高法院後有必要以決議統一法律上之見解[5]。因而最高法院之刑事庭會

---

[3] 行之多年之判例選編制度即將有所變更，司法院於民國101年12月22日召開第146次院會，會中通過法院組織法之修正案，將廢止現行判例選編及變更之制度，而於最高法院分設民事大法庭及刑事大法庭，對於見解有歧異之案件，移由大法庭審理以利見解之統一。其理由在於判例係將個案之法律見解單獨自事實中抽離，成為抽象之判例要旨，且具有法律規範之效力，此恐將有悖於權利分立之憲法原則，故有必要加以修正。此院會通過之修正案於送立法院審議並三讀通過後，始開始生效，故應注意立法院立法之時程。

[4] 依最高法院處務規程第33條之規定，民刑事庭庭長會議、民刑事庭會議或民刑事庭總會議，須有庭長、法官三分之二以上出席，以出席過半數同意行之，可否同數時取決於主席。前項會議停止辦案之庭長法官得登記後列席，院長並得指定書記官長、民刑事科科長、資料科科長及其他有關人員列席。第1項之會議議事要點另定之。

[5] 例如行為人於一段時日內反覆多次施用第一級毒品海洛因或第二級毒品安非他命之行為，在民國95年7月1日前之刑法尚未刪除第56條連續犯之規定前，實務上多視為連續犯而依連續犯

議決議雖不具法律之形式，惟在實質上對於下級審判機關包括高等法院及其分院、地方法院及其分院等之裁判有一定之影響，故亦應視為刑事訴訟法之法源之一。

之規定論處，惟刑法修正公布刪除連續犯規定並於95年7月1日施行後，對於此等行為究採一罪一罰予以分論併罰，抑或依接續犯、集合犯論以一罪，於刑法修正後法院之見解多有不同，為統一此一法律上不同之見解，最高法院於96年8月21日以96年度第9次刑事庭會議決議認為原則上應採取一罪一罰，此即為一例。

第一節　法院之意義

「法院」（court）一詞在民事及刑事程序法上面，有不同之各種意義，有指獨立行使審判之機關本身而言，有指法庭而言，有指行使審判業務之法官而言，包括獨任制法官及合議制之合議庭全體法官，其意義各有不同。惟如以法院組織法之角度言之，則法院之意義係指獨立行使審判權之國家機關而言，亦即法院組織法所規定之各級法院本身而言。

如上所述，我國法院並非採取一元化之司法體系，故除普通法院之外，尚有其他特種法院如行政法院、少年及家事法院、智慧財產權法院等等，如以法院組織法此一法律之規定而言，法院一詞係指普通法院，而不包括其他特種法院在內。本文以下所指之法院如未特別提及其他特種法院，則均係指普通法院而言。

第二節　法院之審級制度

一、審級制度之意義

法院有所謂之審級制度，審級制度係指法院在組織法上所建立之上下級別之關係，及就具體之訴訟案件，在審判程序上依照此一級別之關係而對於裁判尋求上訴或抗告之救濟途逕而言。亦即原則上係上級法院對於有管轄權之下級法院有變更其裁判之權力，就同一訴訟案件，於下級法院審

理並作出裁判後，再上訴或抗告至上級法院更行審理並加以裁判而言。

進一步而言，審級制度又可分為「審」、「級」二種意義，所謂「審」係指具體之訴訟案件其初次審理及其後救濟之程序關係；而「級」則係指我國之法院依其處理各項訴訟案件或非訟事件之流程，而設置上下級之法院之組織關係。換言之，「審」可能因訴訟案件之性質而有不同之程序，而「級」則係固定設置之上下級法院之組織體系，並不因不同之訴訟案件而隨之變動。

惟有應注意者，法院之級別雖分為三級，並有上下級法院之分，惟此與一般行政機關上下級之間隸屬之關係，在性質上並不相同，行政機關上下級之間基於行政一體之概念，存在有指揮、監督之關係，上級行政機關得以命令命下級行政機關為一定之行政行為或不為一定之行政行為，惟上下級法院之間除屬於單純之司法行政業務有監督之關係存在外，原則上就法院之核心審判業務而言，在法院之上下級之間並不存在指揮監督之關係。換言之，不得單純將地方法院定位為高等法院之下級機關，亦不得將高等法院定位為最高法院之下級機關，而認為下級法院之法官進行審判工作時應受上級法院之指揮監督，否則即屬對於法院之性質及國家司法權之行使有所誤解。

二、審級制度之目的

司法權之體系有所謂之審級制度之建立，為何司法體系須設置審級制度，其設立之目的何在，爰就此論述如下：

(一)維持審判之正確性

案件之審判係由法官為之，不論獨任制或合議制之審判，均無法法官保證對於事實之認定及法律之適用均屬正確無誤，尤其法官平時審理眾多案件難免有時因一時之疏失，或個人社會歷練、法學素養程度之關係，而

出現在事實之認定上有違反經驗法則或論理法則，或在法律之適用上有違反法律規定之情形。此時如無審級制度之存在，而以一次之審理及裁判，案件即告確定而終結，則案件審判之正確性即難免出現問題。故而司法權體系之法院即設有審級之制度，使當事人得以對於下級審法院之裁判，依上訴或抗告之法定程序，送交至上級審法院，尋求更為正確或適當之審判結果，故審級制度之存在有維持審判結果正確性之功能，自不待言。

(二)維持審判之公正性

如上所述，案件之審理及裁判係由法官為之，不論係獨任制或合議制之審判，均無法完全避免出現法官恣意或故意濫權行使職權而為審判之情形，此時當事人如無救濟之方式，則將任由法官對於其審判之案件恣意妄為，對於法律追求公平正義之目標顯有違反，故須有審級制度之設立，使受到不當審判之當事人，得以有尋求救濟之管道，藉以維護法律之公平正義，並避免法官之濫權審判之情形。

(三)使當事人得以信服

法院之審判如係一審即告確定而終結，則敗訴一方之當事人可能對於法院之裁判結果不服，此時如不給予機會上訴或抗告，再次由上一級法院之其他法官作再次之審查，當事人較無法心服口服，如有審級制度給予當事人機會，其案件得由上一級法院之其他法官加以審查，所得結果不論如何，當事人較能信賴及誠服法院最後裁判之結果。

(四)維護司法之威信

具體之訴訟案件無論民事或刑事，如果經由多次之審理後加以確定，而非一次審理即告終結，則對於國家審判之威信，必有助益，畢竟事實之真相及真理係愈辯愈明，經由審級制度之程序後所得之結果，對於國家司法機關之威信定大有助益。

(五)建立法律見解之一致性

　　法院作為國家之審判機關，原則上不同之轄區有不同之法院，而各法院之間對於相同事實之案件，可能有不同之法律見解或解釋，此時為求法律見解之統一，不至於因地區之不同而對於法律之解釋及適用有所不同，即有必要透過審級制度之運作，由作為上級審之法院表示法律之統一見解，使法律之見解達到一致性，不只人民得以瞭解，下級審法院之法官，亦有依循之依據，此對於法律而強調之一致性自有重大之作用。

三、現行之審級制度

(一)原則—三級三審

　　我國現行之審級制度，原則上係採取所謂之「三級三審」之制度，所謂三級由下而上分別為地方法院、高等法院及最高法院，此觀之法院組織法第1條規定：「本法所稱法院，分左列三級：一、地方法院。二、高等法院。三、最高法院。」即可明瞭。而所謂三審則係指通常訴訟案件之第一審在地方法院審理，第二審在高等法院審理，第三審則在最高法院審理。

(二)例外

　　三級三審係我國法院審級制度之基本原則，然而，案件之種類繁多，難易程度有時相差甚遠，且對於人民權利義務關係之影響亦有大小不同之分別，再加以案件之審判有時亦有時效性之考量，故對於所有之案件如一律採取三級三審，亦不一定符合訴訟經濟或現實之需求，故三級三審之規定僅係基本之原則，法律上仍設有許多之例外情形，茲分別說明如下：

1. 民事訴訟適用簡易程序及小額程序之案件

依我國民事訴訟法第427條第1項之規定，關於財產權之訴訟，其標的之金額或價額在新臺幣五十萬元以下者，適用簡易程序，而該條第2項之規定，下列各款訴訟，不問其標的金額或價額一律適用簡易程序：一、因建築物或其他工作物定期租賃或定期借貸關係所生之爭執涉訟者……（請參照民事訴訟法第427條第2項之規定），故民事訴訟有所謂之簡易程序，適用簡易程序之案件一般稱之為簡易案件，簡易案件由各地方法院之簡易庭獨任法官審理，而對於簡易案件之審理結果如有不服，則依民事訴訟法第436條之1之規定，則得上訴或抗告於管轄之地方法院之民事庭，其審理以合議庭行之。故民事訴訟之簡易程序案件係採取三級二審，屬於上開三審三級原則之例外情形。

惟有應注意者，乃簡易案件依民事訴訟法第436條之2第1項之規定，對於簡易訴訟程序之第二審裁判，如其上訴利益逾第466條所定之額數者，當事人僅得以其適用法規顯有錯誤為理由，逕向最高法院提起上訴或抗告；又依民事訴訟法第436條之3之規定，對於簡易訴訟程序之第二審裁判，提起第三審上訴或抗告，須經原裁判法院之許可，而前項之許可，以訴訟事件所涉及之法律見解具有原則上之重要性者為限，故簡易案件如符合上述之情形經許可後，得向最高法院提起第三審上訴或抗告，因其跳過高等法院，故一般稱此種情形為「飛躍上訴」，此種情形簡易案件又變成三級三審，是為例外中之例外。

另民事訴訟法尚規定有所謂之小額訴訟，依民事訴訟法第436條之8之規定，關於請求給付金錢或其他代替物或有價證券之訴訟，其標的金額或價額在新臺幣十萬元以下者，適用小額程序。而依民事訴訟法第436條之24之規定，對於小額程序之第一審裁判，得上訴或抗告於管轄之地方法院，其審判以合議行之，對於前項第一審裁判之上訴或抗告，非以其違背法令為理由，不得為之。故小額訴訟之案件原則上係由地方法院之簡易庭法官獨任審理，對於審理之結果不服者，待上訴至該地方法院之民事

庭，其審理以合議庭行之。

2. 刑事訴訟適用簡易程序之案件

依我國刑事訴訟法對於犯罪情節輕微且較無爭議性之案件，規定有所謂之刑事簡易程序，而簡易案件因屬於犯罪情節輕微之刑事案件，故刑事訴訟法第449條之1乃規定，簡易程序案件，得由簡易庭辦理之。而依刑事訴訟法第455條之1第1項之規定，對於簡易判決之判決結果有不服者，得上訴於該管轄之地方法院合議庭，故刑事簡易程序第二審之管轄法院係地方法院之刑事庭，並以合議庭方式行之，此乃為上開三級三審原則之例外。

3. 內亂罪、外患罪、妨害國交罪之刑事案件

依我國刑事訴訟法第4條之規定，原則上地方法院具有刑事案件第一審之管轄權，惟依該條但書之規定，在內亂罪、外患罪、妨害國交罪等案件之情形，其第一審管轄權屬於高等法院，故此等案件高等法院審理之結果如當事人不服，僅得向最高法院上訴或抗告，其自無第三審可言，故此亦屬於上開三級三審原則之例外。

4. 少年保護事件

我國為保障未成年人健全之自我成長、妥適處理家事紛爭，並增進司法專業效能，乃仿日本之立法例，設置少年及家事法院，並制定有少年及家事法院組織法，故少年及家事法院係屬於普通法院之外之特種法院，原並非本文所論述之對象，惟因目前尚未於各地方普遍設置少年及家事法院（事實上至目前為止僅高雄地區設置有專業之少年及家事法院），於尚未設置少年及家事法院地區，仍由地方法院少年法庭、家事法庭辦理少年及家事之事件，故普通法院仍有少年事件處理法案件及家事事件法事件之管轄。

在少年事件處理法之案件部分，有關少年保護事件，對於少年法院

（庭）之裁定，少年或其他有抗告權之人（如被害人）得向管轄之高等法院提起抗告，惟依少年事件處理法第63條第2項之規定，對於抗告法院之裁定，則不得再行抗告，故抗告法院之裁定即爲最終確定之裁定，故少年保護事件亦採取三級二審之制度，亦爲上開三級三審原則之例外。

5. 社會秩序維護法案件

社會秩序維護法係爲維護公共秩序，確保社會安寧而制定之法律，其本質上屬於行政法之範圍，如涉及訴訟時本應由行政法院處理之，惟社會秩序維護法第33條之規定，違反本法之案件，由行爲地或行爲人之住所、居所或所在地之地方法院或其分院或警察機關管轄，故有關於社會秩序維護法之訴訟案件仍由普通法院處理，而普通法院之地方法院依該法第36條之規定，爲處理違反本法案件，視警察轄區及實際需要，分設簡易庭及普通庭。

社會秩序維護法有由警察機關直接處罰者，此種情形之下，依該法第55條之規定，被處罰人不服警察機關之處分者，得向地方法院之簡易庭聲明異議，又依該法第57條第3項之規定，對於簡易庭關於聲明異議所爲之裁定，不得抗告。故此類情形即屬於一審即告終結，而爲上開三級三審原則之例外。

另社會秩序維護法亦有應由警察機關應移送該管簡易庭裁定之情形，此種情形依該法第58條之規定，受裁定人或原移送之警察機關對於簡易庭所爲之裁定，有不服者，得向同法院普通庭提起抗告，對於普通庭之裁定，不得再行抗告。故此類情形之案件即屬於二審終結，亦爲上開三級三審原則之例外。

6. 公職人員選舉罷免法案件

公職人員選舉罷免法係屬於行政法之性質，故其有關之選舉或罷免無效之訴或當選無效之訴，原應屬於行政訴訟之範圍，惟因公職人員選舉罷免法第126條第1款之規定，選舉、罷免訴訟之管轄法院，第一審選舉、

罷免訴訟，由選舉、罷免行為地之該管地方法院或其分院管轄，故選舉罷免之訴訟案件目前乃屬於普通法院管轄，又依同條第2款之規定不服地方法院或分院第一審判決而上訴之選舉、罷免訴訟事件，由該管高等法院或其分院管轄；另依同法第127條第1項之規定，選舉、罷免訴訟，設選舉法庭，採合議制審理，並應先於其他訴訟審判之，以二審終結，並不得提起再審之訴。因此一般公職人員選舉罷免之訴訟乃成為二審終結之訴訟案件，此亦為上開所述三級三審原則之例外情形。

7. 總統副總統選舉罷免法案件

另總統副總統選舉罷免法亦屬行政法之性質，故其有關之選舉或罷免無效之訴或當選無效之訴，原亦應屬於行政訴訟之範圍，惟因總統副總統選舉罷免法第110條之規定，總統副總統選舉、罷免之訴訟，專屬中央政府所在地之高等法院管轄，故此類案件亦屬於普通法院所管轄。又依該法第111條之規定，有關總統副總統選舉、罷免訴訟，設選舉法庭，採合議制審理，並應先於其他訴訟審判之，以二審終結，因此有關總統副總統選舉罷免之訴訟乃成為二審終結之訴訟案件，而亦成為上開所述三級三審原則之例外情形。

8. 刑事補償法案件

刑事補償係特殊型態之國家賠償[1]，原應屬於行政訴訟之性質，惟依我國刑事補償法第9條第1項之規定，刑事補償，由原處分或撤回起訴機關，或為駁回起訴、無罪、免訴、不受理、不付審理、不付保護處分、撤銷保安處分……之機關管轄。但依第1條第7款規定請求補償者，由為羈押、鑑定留置、收容或執行之機關所在地或受害人之住所地、居所地或最後住所地之地方法院管轄，故刑事補償可能由普通法院管轄，而其第二審

---

[1] 刑事補償法原稱冤獄賠償法，於民國100年7月6日修正改稱刑事補償法，並擴大其適用之範圍。

依該法第18條第1項之規定，得聲請司法院刑事補償法庭覆審。故有關於刑事補償之案件，亦係採取二審終結，而為上開所述三級三審之例外情形。

第三節　法院之職權

法院之職權依法院組織法第2條之規定，係負責審判民事、刑事及其他法律規定訴訟案件，並依法管轄非訟事件。依此規定普通法院之職權包括下列各項：

一、民事訴訟案件

我國普通法院主要之業務之一即一般之民事訴訟之案件，所謂民事訴訟案件，係指兩造當事人之間因私法上之權利義務關係而產生之爭執，衍生出之訴訟案件而言。而法院即係基於中立之立場，經法定之程序，認定事實及適用法律，而對於當事人之糾紛以裁判等方式加以解決。惟由於私法及公法之間之區別理論甚多，目前尚無一致之方式加以處理，故有時可見是否屬於民事訴訟出現爭議之情形，此時即須以個案方式認定，究係屬私法或公法之爭議，而定其案件之性質是否屬於民事訴訟案件。

二、刑事訴訟案件

刑事訴訟之案件乃法院經由法定程序確認並實現國家刑罰權之案件而言，亦即法院基於公訴人或自訴人對於被告提起請求追訴其犯罪行為，適用刑事訴訟之程序，認定事實後並適用法律，對於被告作出有罪並科處刑罰、無罪或其他裁判而言。

刑事訴訟之案件與民事訴訟之案件在性質上並不相同，惟刑事訴訟法規定有附帶民事訴訟之程序，故在刑事訴訟程序中，亦可能進行民事訴訟

之程序。

三、其他法律規定之訴訟案件

　　法律上之訴訟案件除民事訴訟及刑事訴訟外，尚有其他類型之訴訟案件，通常其性質上係屬於行政訴訟之案件，惟因立法者之考量，而特別以法律規定，由普通法院進行審理。目前我國所謂其他法律規定之訴訟案件包括下列各項：

(一)國家賠償法案件

　　國家賠償法之案件原具有行政訴訟之性質，惟依國家賠償法第12條之規定，損害賠償之訴，除依本法規定外，適用民事訴訟法之規定，故國家賠償法之案件亦由普通法院管轄。

(二)刑事補償法案件

　　刑事補償法本身亦具有行政法之性質，惟依刑事補償法第9條之規定，部分之刑事補償，如駁回起訴、無罪、免訴、不受理、不付審理、不付保護處分、撤銷保安處分或駁回保安處分之聲請等情形，或因受羈押、鑑定留置、收容或執行之機關等情形，均屬於普通法院管轄之範圍。

(三)社會秩序維護法案件

　　社會秩序維護法係屬警察行政之規範，原亦屬行政法之性質，惟依社會秩序維護法第36條之規定，地方法院或其分院為處理違反本法案件，視警察轄區及實際需要，分設簡易庭及普通庭，故社會秩序維護法之案件亦屬普通法院管轄。

(四)公職人員選舉罷免法案件及總統副總統選舉罷免法案件

選舉罷免之訴訟原本應屬行政訴訟之性質，惟依公職人員選舉罷免法第126條之規定，公職人員之選舉罷免之訴訟亦由普通法院管轄。另有關總統副總統選舉罷免之訴訟案件，依總統副總統選舉罷免法第110條之規定，專屬中央之政府所在地之高等法院管轄，故此類之訴訟亦由普通法院管轄。

有應注意者乃目前我國行政訴訟採取三級二審制，所謂三級即最高行政法院、高等行政法院及地方法院內所設置之行政訴訟庭，而地方法院之行政訴訟庭，依行政訴訟法第229條第1項及第237條之3第1項之規定，行政簡易訴訟程序之案件及交通裁決事件訴訟之案件，均係以地方法院行政訴訟庭為第一審之管轄法院。則在此種情形之下，是否認為行政簡易訴訟程序之案件及交通裁決事件訴訟之案件均屬於法院組織法第2條所規定之其他法律規定訴訟案件。本文認為地方法院之行政訴訟庭係以權宜方式暫時將行政法院之體系設置於普通法院之中，惟其性質上仍屬於「行政法院」之一種，此觀之行政訴訟法第3條之1規定，辦理行政訴訟之地方法院行政訴訟庭，亦為本法所稱之行政法院即可明瞭。故一般地方法院之行政訴訟庭在性質上可言係行政法院寄生於普通法院之地方法院體制之內，其屬於行政法院而非普通法院，故其辦理上開行政簡易訴訟程序之案件，不得認為屬於法院組織法第2條中所稱之其他法律規定訴訟案件之列[2]。

四、非訟事件

法院之設置其目的通常在於以具有爭訟性質之訴訟案件之審判為主，惟法律有關於非屬於訴訟案件之所謂非訟事件，基於公益之考量，亦

---

[2] 惟學者間有不同之見解，認為行政訴訟庭既屬於普通法院之一環，則有關行政訴訟庭所管轄之行政訴訟案件即屬於普通法院之權限之一部分，亦即認為係法院組織法第2條所稱之其他法律規定之訴訟案件。見姜世明著，法院組織法，2012年2月，頁200。

規定由法院加以管轄法律，故法院組織法第2條規定法院管轄之範圍包括非訟事件。

　　所謂非訟事件一般係指私法上之權利義務關係，其發生、變更或消滅，非屬於法院審判權所及之範圍內，惟仍應由法院加以介入干預之事件而言，易言之，性質上乃國家為保護人民私法上之權益，干預私權關係之創設、變更或消滅所為必要之預防，以免日後發生損害者而言[3]。非訟事件與民事訴訟事件均涉及私權之範圍，有時其間之關係甚難界定，非訟事件以非訟事件法為基本規範，其內容包括如法人登記事件及商事之非訟事件等均屬之，惟非訟事件之其範圍不限於非訟事件法，其他法律就非訟事件亦多有規定，例如民事訴訟法中規定之擔保程序、督促程序、公示催告程序亦屬之，又另如提存法規定之提存事件、公證法規定之公證及認證等不具有爭訟之性質，亦屬非訟事件甚明。

第四節　法院審判之組織

　　法院進行訴訟案件之審判，其組織之型式分為獨任制與合議制二種，依法院組織法第3條第1項之規定：「地方法院審判案件，以法官一人獨任或三人合議行之。」依同條第2項之規定：「高等法院審判案件，以法官三人合議行之。」依同條第3項之規定：「最高法院審判案件，除法律另有規定外，以法官五人合議行之。」故而可知，普通法院審判案件之進行，在地方法院係以獨任制或三人之合議制為主，而在高等法院則採取三人之合議制為之，最高法院則係採取五人之合議制為之。

　　合議制之審判組織，則由三至五位之法官進行案件審理，其中由一人擔任審判長，依法院組織法第4條第1項之規定，合議審判，以庭長充審判長；無庭長或庭長有事故時，以庭員中資深者充之，資同以年長者充

---

[3]　見林洲富著，實用非訟事件法，2008年7月五版，頁1。

之。故在合議庭案件之審理過程，如合議庭之法官中有兼任庭長者，則由該兼任庭長之法官為審判長，如無庭長或庭長有事故不能行使審判之職權時，則由法官中資深者充任審判長，如年資相同則以年長者充任審判長。至依同法第4條第2項之規定，獨任審判時，即以該法官行審判長之職權。在合議制之案件審理中，除由一位法官擔任審判長之外，其餘法官均為合議庭之庭員，庭員中包括有受命法官及陪席法官等等。

　　審判長之職權除法院組織法設有相關規定之外（詳見後述），原則上亦視其為民事訴訟案件或刑事訴訟案件，而分別依據民事訴訟法及刑事訴訟法之相關規定為之。以刑事訴訟程序之進行為例，審判長原則上有指揮法庭之開閉、訴訟進行，及審理訴訟，宣示裁判之權，而訊問權亦屬於審判長所有；而合議審判之案件，為準備審判起見，審判長得指定合議庭中之庭員一人為受命法官，於審判期日前行準備程序，受命法官所得處理者以進行審前會議及其他有助於審判進行之事項為限，亦即限於準備性之法定事項。另外刑事訴訟法第170條規定，參與合議審判之陪席法官，得於告知審判長後，訊問證人、鑑定人，亦係為明瞭案情，形成正確之心證，便於參與評議，賦予陪席法官，故應於告知審判長後為之。

　　在合議制之案件審判長之職權與受命法官應加以明確界定，例如最高法院89年台上字第1877號判例即謂：「地方法院審判案件，以法官一人獨任或三人合議行之，為法院組織法第3條第1項所明定。故地方法院審判案件，如行合議審判，應以法官三人合議行之，始屬適法。而地方法院於審理個別案件時，經裁定行合議審判，並為準備審判起見，指定受命法官於審判期日前訊問被告及蒐集或調查證據後，該受理訴訟之（狹義）法院組織即確定，不容任意加以變更。受命法官於訴訟程序上之職權，復設有一定之限制，並非等同於（狹義）法院或審判長，……因之，受命法官踰越權限，於訴訟程序中規避合議審判，僭行審判長職權，致法院組織不合法所為之審判，非但所踐行之程序顯然違法，抑且足使被告應受法院依相關法律規定與程序公平審判之訴訟權受有侵害。」可供參照。

第五節　法院之法官

　　法院之主要業務即係訴訟案件之審判，而訴訟案件之審判由法官爲之，故法官係法院組織內之核心人員，法官職司案件之審判，其審判案件時，係依據法律之規定，本身之良知及對於法律之認知爲之，不受任何外在之干涉，故就法官之審判業務而言，並無所謂之長官之概念。爲落實法官獨立審判之原則，使法官身分及職務有所保障，並設立評鑑之制度以汰除不適任之法官，我國特於民國100年7月6日經立法院三讀通過後總統公布施行「法官法」。法官法第1條第1項即明文規定：「爲維護法官依法獨立審判，保障法官之身分，並建立法官評鑑機制，以確保人民接受公正審判之權利，特制定本法。」而同條第2項則規定：「法官與國家之關係爲法官特別任用關係。」藉以說明法官與一般依公務人員任用法任用之公務人員不同，其與國家之間係屬特別任用之關係。

　　依法官法第13條第1項之規定，法官應依據憲法及法律，本於良心，超然、獨立、公正審判，不受任何干涉。同條第2項則規定，法官應遵守法官倫理規範，其內容由司法院徵詢全國法官代表意見定之。凡此者在於說明法官身分之特殊性，其係具有相當獨立性之特別公務人員。又依同法第14條之規定，法官於就職時應依法宣誓，其誓詞如下：「余誓以至誠，接受國家任命，恪遵憲法及法律之規定，秉持超然獨立之精神，公正廉明，勤奮謹愼，執行法官職務，如違誓言，願受最嚴屬之制裁。謹誓。」同時爲使法官得以超然行使職權，亦必須禁止法官與政治有相關之連結，故法官法第15條第1項乃規定，法官於任職期間不得參加政黨、政治團體及其活動，任職前已參加政黨、政治團體者，應退出之。同條第2項則規定，法官參與各項公職人員選舉，應於各該公職人員任期屆滿一年以前，或參與重行選舉、補選及總統解散立法院後辦理之立法委員選舉，應於辦理登記前，辭去其職務或依法退休、資遣。同條第3項規定，法官違反前項規定者，不得登記爲公職人員選舉之候選人。

又因法官職司審判，平日即須保持超然之地位，避免與外界有過多之接觸，故法官法第16條乃規定：「法官不得兼任下列職務或業務：一、中央或地方各級民意代表。二、公務員服務法規所規定公務員不得兼任之職務。三、司法機關以外其他機關之法規、訴願審議委員會委員或公務人員保障暨培訓委員會委員。四、各級私立學校董事、監察人或其他負責人。五、其他足以影響法官獨立審判或與其職業倫理、職位尊嚴不相容之職務或業務。」又同法第17條則規定，法官兼任前條以外其他職務者，應經其任職機關同意；司法院大法官、各級法院院長及機關首長應經司法院同意。

又依法官法第18條第1項之規定，法官不得為有損其職位尊嚴或職務信任之行為，並應嚴守職務上之秘密。同條第2項則規定，前項守密之義務，於離職後仍應遵守。為此司法院訂有法官倫理規範，作為法官平日言行之依據。（詳見附錄15「法官倫理規範」）

第六節　審判獨立

權力分立之後司法權獨立於行政權與立法權而存在，此時始有所謂之司法獨立之空間，而司法獨立其基本之核心觀念即在於「審判獨立」一詞，所謂審判獨立乃係指法院之法官在審判案件時，必須基於客觀及中立之立場，對於事實之認定及法律之適用獨立作出判斷，不受任何外在之干涉或影響。故所謂獨立審判，是指法官審理案件，一方面不受行政機關或其他機關之干涉，一方面不受上級法院之干涉，上級法院亦僅得於上訴或抗告程序，始得依法變更或廢棄下級法院之判決或裁定。

我國獨立審判之原則在憲法中即有明文之規定，依據憲法第80條之規定：「法官須超出黨派以外，依據法律獨立審判，不受任何干涉。」由此可知，法官基於司法權和國家審判權之行使，應依據法律獨立審判，不

受任何干涉，以落實司法審判之獨立性。再者，憲法第81條則進一步規定：「法官爲終身職。非受刑事或懲戒處分或禁治產之宣告，不得免職。非依法律，不得停職、轉任或減俸。」賦予法官身分之獨立性保障，以身分之獨立性爲獨立審判之後盾，進而確保法官於具體個案之審判時，不受外力之干涉，依據證據認定事實並適用法律，並且本於良心與道德之拘束力，獨立行使審判之權力。除憲法之外，另法官法第13條亦規定：「法官應依據憲法及法律，本於良心，超然、獨立、公正審判，不受任何干涉。」亦爲法官獨立審判之法律依據，至於審判獨立之具體內容，應包含對外及對內獨立二面向加以思考：

(一)對外之獨立

所謂審判獨立就對外獨立而言，係指司法機關應獨立於行政機關、立法機關及其他例如監察機關、考試機關等機關之外，法官審理案件時，獨立行使其職權，不受上開機關之干涉或影響，上開機關亦不得對於司法機關之業務加以干預。此外司法機關亦應獨立於政黨運作之外，法官審理案件，全憑其專業知識，本於良心，就客觀事實作公平認定，因之，黨政協商之措施，不得介入司法案件，黨務運作亦應退出司法機關之外[4]。此外，司法機關亦應獨立於社會輿論之外，蓋人民表現之自由言係其基本權利各國皆然，如我國憲法第11條即規定：「人民有言論、講學、著作及出版之自由。」依據該條文之內容，新聞、廣播等媒體，均有批評司法之權利，然而法官於具體個案之審判時，不應受媒體報導或評論之影響，應依據自身之良知及對於法律之認知作出適當之裁判，另一方面媒體亦無煽惑或干涉法官審判之特權，故對於尚在審理中之案件，允宜加以限制，禁

---

[4] 就此我國之法官法第15條乃規定：「法官於任職期間不得參加政黨、政治團體及其活動，任職前已參加政黨、政治團體者，應退出之。法官參與各項公職人員選舉，應於各該公職人員任期屆滿一年以前，或參與重行選舉、補選及總統解散立法院後辦理之立法委員選舉，應於辦理登記前，辭去其職務或依法退休、資遣。法官違反前項規定者，不得登記爲公職人員選舉之候選人。」

止評論、登載，以免影響法官之判斷，並藉以維護審判獨立。

(二)對內之獨立

　　所謂對內獨立，係指法官審判案件，應基於客觀中立之立場，依據法律之規定而為裁判，不受任何司法體系內在機制之干涉，對內獨立之具體表現，應包括法官之職務之獨立與身分之獨立，惟有如此始得保障法官得以獨立審判。所謂職務獨立，是指審判案件，每位法官都是獨立個體，就每一具體之個案，應僅依據調查證據之結果認定事實，並依據認定之事實適用其所認知之法律，並作出最後之裁判結果。法院內之任何人包括院長及庭長均不得對於法官於具體個案之認可用法加以干涉，即使上級法院之院長或庭長法官等，亦不得就具體案件之審判有所指示。是故，在審理過程中，每個獨任或合議之法官進行審判各自獨立，上級法院對於下級法院之審判，只得於其裁判宣示或送達後，依上訴、抗告程序，廢棄或撤銷而變更其裁判之結果，在審理過程中絕對不得加以干涉。

第七節　法院事務分配及代理次序

　　依法院組織法第5條第1項之規定，法官審判訴訟案件，其事務分配及代理次序，雖有未合本法所定者，審判仍屬有效。由此可知每一位法官均具有審判之職能，即使在審判事務之分配上有未合於規定，或代理之順序有未合於規定之情況，不影響審判之合法性。蓋每位法官均係國家依法任用，具有審判能力及權限，故縱在審判案件有未符合事務分配或代理順序，亦不易影響審判品質及結果，況如法官行政職務有偏頗之虞時，民事及刑事訴訟法均有規定，當事人得聲請法官迴避之規定，可資作為節制之用。

　　又依法院組織法第5條第2項之規定，前項規定，於非訟事件之處理

準用之，故法官在處理非訟事件時，如有不符合事務分配或代理次序之情形，亦不影響法官所作關於非訟事件之決定。

第八節　其他事項

一、分院適用本院之規定

依法院組織法第6條之規定，高等法院分院及地方法院分院審判訴訟案件及處理非訟事件，適用關於各該本院之規定。此乃關於分院行使訴訟案件之審判或非訟事件之處理於分院及本院並無不同之規定。

二、管轄區域之劃分及變更

法院之組織有其管轄之區域規定，法院及其分院就管轄之區域如何劃分或有必要時應如何加以變更，此屬於司法行政之事項，並有全國統一之性質，故法院組織法第7條乃規定，地方法院及其分院、高等法院及其分院管轄區域之劃分或變更，由司法院定之。例如司法院（86）院台廳司一字第17480號函示：「臺灣苗栗地方法院之上訴案件，自87年1月1日司法年度開始，改由臺灣高等法院臺中分院管轄。」又或（86）院台廳司一字第22036號函示：「臺北縣瑞芳鎮、平溪鄉、雙溪鄉、貢寮鄉、金山鄉、萬里鄉等鄉鎮，均自民國87年7月1日起，改劃歸臺灣基隆地方法院管轄。」均屬之。

三、地方法院、分院專業地方法院之設置及管轄區域之調整

依法院組織法第8條第1項之規定，直轄市或縣（市）各設地方法院。但得視其地理環境及案件多寡，增設地方法院分院；或合設地方法院；或將其轄區之一部劃歸其他地方法院或其分院，不受行政區劃限制。

故原則上目前在直轄市地區及非屬直轄市之各縣市分別設置一地方法院，例如現行臺中市即設有臺灣臺中地方法院是也。但司法權之行使與一般行政機關不同，故不一定與行政機關之管轄區域一致，因而得視其地理環境及案件多寡，增設地方法院分院；或合設地方法院，或將其轄區之一部劃歸其他地方法院或其分院，不受行政區劃限制，例如在屬於新北市之部分地區如新店區即劃歸臺北地方法院管轄，又如屬於新北市之汐止區、淡水區即劃歸臺灣士林地方法院管轄，此乃考量地理位置之便利所作之調整。

又法院組織法第8條第2項另規定，在特定地區，因業務需要，得設專業地方法院；其組織及管轄等事項，以法律定之。此為專業地方法院設置之法律依據，現今國內所謂專業之地方法院僅有少年及家事法院，例如少年及家事法院組織法第3條即規定，少年及家事法院之設置地點，由司法院定之，並得視地理環境及案件多寡，增設少年及家事法院分院。惟至目前為止，在國內僅有高雄地區設置有高雄少年及家事法院，其餘地區均尚未設置此一專業地方法院。

第一節　管轄之事件

　　依法院組織法第9條之規定，地方法院管轄之事件如下：「一、民事、刑事第一審訴訟案件。但法律別有規定者，不在此限。二、其他法律規定之訴訟案件。三、法律規定之非訟事件。」此爲地方法院管轄之事件之規定，茲分別論述如下：

一、民事、刑事第一審訴訟案件。但法律別有規定者，不在此限

　　原則上地方法院係管轄民事、刑事第一審之訴訟案件，故民事訴訟案件及刑事訴訟案件，其第一審均應向有管轄權之地方法院起訴，由有管轄權之地方法院進行案件之第一審審理。然而，此規定僅係基本之原則，法律有例外之規定，此時即應從例外之規定，所謂法律例外之規定包括下列二種情形：

(一)屬民刑事第一審訴訟案件，但非地方法院管轄

　　依我國刑事訴訟法第4條有關事物管轄之規定，地方法院於刑事案件，有第一審管轄權。「但左列案件，第一審管轄權屬於高等法院：一、內亂罪。二、外患罪。三、妨害國交罪。」因而上開所列刑事訴訟之案件，其第一審即非屬於地方法院所管轄，而係逕由高等法院及其分院管轄。

　　另外如殘害人群治罪條例第6條亦規定，犯本條例之罪者，其第一審

由高等法院或分院管轄之。故有關涉及殘害人群治罪條例之刑事訴訟案件，亦應由高等法院及其分院加以管轄，而非屬地方法院所管轄。

(二)非屬民刑事第一審訴訟案件但由地方法院管轄

所謂非屬民刑事訴訟案件之第一審案件，惟由地方法院加以管轄之情形，主要係指民事簡易訴訟案件及刑事簡易訴訟案件，此類案件依民事訴訟法及刑事訴訟法之相關規定，其不服第一審之裁判而提起上訴或抗告者，其第二審係由地方法院之合議庭審理，而非高等法院及其分院管轄，此亦屬法院組織法第9條第1款後段但書所稱之例外規定。

二、其他法律規定之訴訟案件

所謂其他法律規定之訴訟案件，包括下列各項案件：

(一)國家賠償法第一審案件

依國家賠償法第12條之規定損害賠償之訴，除依本法規定外，適用民事訴訟法之規定，故目前國家賠償法第一審之訴訟案件，係由各地方法院管轄。

(二)刑事補償法第一審案件

依刑事補償法第9條第1項之規定，如地方法院有為無罪判決確定而被告曾受羈押，或為羈押、鑑定留置及收容超過有罪確定裁判所定之刑期等情形，則被告得向地方法院請求國家補償。

(三)社會秩序維護法第一審及第二審案件

依社會秩序維護法第36條之規定，地方法院或其分院為處理違反本法案件，視警察轄區及實際需要，分設簡易庭及普通庭；又依同法第37條

之規定，地方法院或其分院簡易庭，以法官一人獨任行之；又地方法院或其分院普通庭，以法官三人合議行之。由此可知社會秩序維護法之案件包括第一審及第二審均由普通法院體系中之地方法院加以審理，而其第一審係由簡易庭獨任法官審理，第二審則係由普通庭之三位法官合議審理。

三、法律規定之非訟事件

所謂法律規定之非訟事件，係指法律規定由地方法院處理之非屬訴訟性質之事件。非訴事件中有屬於非訴事件法規範之內者，例如地方法院處理之非訟事件有民事非訟事件，此包括法人之監督及維護事件、公示送達事件出版拍賣證書保存事件、信託事件等等，又有登記事件，此又包括法人之登記、夫妻財產制契約之登記，另又有商事非訟事件，包括公司事件、海商事件及票據事件等等。另有部分之非訟事件，非屬非訟事件法所規定者，例如提存或公證等均屬之。上開所述各項之非訟事件，均依法律規定屬於地方法院所管轄。

第二節　簡易庭之設置及管轄

依法院組織法第10條之規定，地方法院得設簡易庭，其管轄事件依法律之規定。故地方法院依其管轄區域之地理位置，為民眾辦理業務之便利性，得分別設置簡易庭。地方法院之簡易庭係屬於地方法院之內部庭之設置，非屬獨立之機關，其處理之事件依法律之規定，例如上開所述之民、刑事簡易案件、社會秩序維護法及家事調解以外之民事調解事件等均屬之。

第三節　人員之編制

一、地方法院之類別及員額

　　依法院組織法第11條第1項之規定，地方法院或其分院之類別及員額，依附表之規定。故法院組織法定有附表，規範地方法院之分類及其編制之員額，其內容請參考附錄1「法院組織法」之附表。

　　另依法院組織法第11條第2項之規定，各地方法院或其分院應適用之類別及其變更，由司法院定之。故司法院得依各地方法院轄區內，人口及案件數量之變化，對於各地方法院之類別及員額加以適度之調整。

二、地方法院法官職等及法官助理之設置

　　法院之主要功能在於對於有爭訟之案件加以審判，而審判係法官之職掌，其他人員均無置喙之餘地，故法官一職乃法院之核心，依法院組織法第12條第1項之規定，地方法院置法官，薦任第八職等至第九職等或簡任第十職等至第十一職等；試署法官，薦任第七職等至第九職等；候補法官，薦任第六職等至第八職等。同條第2項則規定，實任法官繼續服務十年以上，成績優良，經審查合格者，得晉敘至簡任第十二職等至第十三職等；繼續服務十五年以上，成績優良，經審查合格者，得晉敘至簡任第十二職等至第十四職等。同條第3項又規定，前項簡任第十四職等法官員額，不得逾地方法院實任法官總額三分之一。同條第4項則規定，第2項晉敘法官之資格、審查委員會之組成、審查程序及限制不得申請晉敘情形等事項之審查辦法，由司法院定之。

　　又依法院組織法第12條第5項規定，司法院因應地方法院業務需要，得調候補法官至地方法院辦事，承法官之命，辦理訴訟案件程序及實體之審查、法律問題之分析、資料之蒐集、裁判書之草擬等事務。同條第7項另規定，候補法官調地方法院辦事期間，計入其候補法官年資。

惟依上所述，法官法已於民國100年7月6日經總統公布，並於一年後之101年7月6日開始施行，其第71條第1項前段明定，法官不列官等、職等[1]。故上開有關法官職等之規定，已因法官法之施行而無適用之餘地，將來修法時可以逕予刪除，僅規定地方法院置法官即可。

另依法院組織法第12條第6項之規定，地方法院於必要時，得置法官助理，依聘用人員聘用條例聘用各種專業人員充任之；承法官之命，辦理訴訟案件程序之審查、法律問題之分析、資料之蒐集等事務。故各地方法院得視業務之需要，聘用法官助理，法官助理並非正式地方法院編制內之人員，故其係依聘用人員聘用條例加以聘用，而聘用之對象不限於法律專業之人員，而係包括各種之專業人員，例如工程方面或會計方面具有專業知識之人員，以因應法官審理各種不同類型專業案件之需要。司法院就此訂有「法官助理遴聘訓練業務管理及考核辦法」，而目前法官助理之遴選，通常以公開招考方式為之，係兼採筆試及口試，分別占招考總成績百分之七十及百分之三十計算，兼顧專業智識、陳述能力及臨場反應等條件。

又依法院組織法第12條第8項之規定，具律師執業資格者，經聘用充任法官助理期間，計入其律師執業年資。同條第9項則規定，法官助理之遴聘、訓練、業務、管理及考核等相關事項，由司法院以命令定之。

三、地方法院之院長

依法院組織法第13條之規定，地方法院置院長一人，由法官兼任，簡任第十職等至第十二職等，綜理全院行政事務。但直轄市地方法院兼任院長之法官，簡任第十一職等至第十三職等。依上開規定可知地方法院機關之首長稱院長，係由該法院之法官兼任，並非專任職，其主要工作乃綜

---

[1] 法官不列官等、職等後，依法官法第71條第1項後段第2項之規定：「其俸給，分本俸、專業加給、職務加給及地域加給，均以月計之。前項本俸之級數及點數，依法官俸表之規定。」

理全法院之「行政事務」，故其對於法官之審判業務並無指揮監督之權，僅對於涉及司法行政之事項得爲一定之指示及處理。至於職等部分之規定，如上所述，因法官已不列職等，而院長本職亦係法官，故其亦不再列職等，故上開職等規定已無適用餘地，應於日後修法刪除。

四、地方法院庭之設置及庭長

依法院組織法第14條之規定，地方法院分設民事庭、刑事庭、行政訴訟庭，其庭數視事務之繁簡定之；必要時得設專業法庭。故地方法院除上開所述之簡易庭外，原則上均設置有民事庭、刑事庭、行政訴訟庭，此爲基本之庭之編制，而各庭可依人數分設第一、第二等庭，不以一庭爲限，且必要時得設所謂專業法庭，並法律訴訟案件有時涉及專業知識領域，一般法官如未接受專業之訓練，恐對於該等案件之審理力有未殆，故乃有專業法庭之設置，由具有相關專業知識或經驗之法官審理，使案件之審理結果能達到公平正義之要求。目前在民事庭有工程專庭、勞工專庭、醫療專庭等等，刑事庭亦有醫療專庭、性侵害專庭等等，以資因應不同專業之需要。

依法院組織法第15條第1項規定，民事庭、刑事庭、行政訴訟庭、專業法庭及簡易庭之庭長，除由兼任院長之法官兼任者外，餘由其他法官兼任，簡任第十職等至第十一職等或薦任第九職等，監督各該庭事務。故地方法院所設置之各庭，有庭長監督各該庭事務，而庭長亦由法官兼任，故庭長一職並非專職僅係行政兼職。另同條第2項規定曾任高等法院或其分院法官二年以上，調地方法院或其分院兼任院長或庭長之法官、法官者，得晉敘至簡任第十二職等至第十四職等。此關於職等之規定已因法官法之規定而無適用之處自不待言。

庭長一職係法官之行政兼職，擔任庭長一般認爲係一種榮耀，然而實務上有人認爲庭長係屬於法官之上級長官，因而對於庭長一職究有無法

律上之保障即產生疑義。就此目前實務之見解明確認爲「按法院組織法規定，庭長由法官兼任，法官爲本職，非有一定原因不可免職，但庭長爲兼職並無不可免兼之規定。惟本件原告兼任之庭長職務，雖經免除，其本職法官無論官等、級俸皆未改變，自屬職務調動之內部管理措施，尙不生改變其身分或對於其權益有重大影響之情事。」此有最高行政法院88年度裁字第1014號裁定意旨可供參照。又依司法院大法官會議釋字第539號之解釋亦謂：「憲法第80條規定：法官須超出黨派以外，依據法律獨立審判，不受任何干涉。除揭示司法權獨立之原則外，並有要求國家建立完備之維護審判獨立制度保障之作用。又憲法第81條明定：法官爲終身職，非受刑事或懲戒處分或禁治產之宣告，不得免職，非依法律，不得停職、轉任或減俸。旨在藉法官之身分保障，以維護審判獨立。凡足以影響因法官身分及其所應享有權利或法律上利益之人事行政行爲，固須依據法律始得爲之，惟不以憲法明定者爲限。若未涉及法官身分及其應有權益之人事行政行爲，於不違反審判獨立原則範圍內，尙非不得以司法行政監督權而爲合理之措置。依法院組織法及行政法院組織法有關之規定，各級法院所設之庭長，除由兼任院長之法官兼任者外，餘由各該審級法官兼任。法院組織法第15條、第16條等規定庭長監督各該庭（處）之事務，係指爲審判之順利進行所必要之輔助性司法行政事務而言。庭長於合議審判時雖得充任審判長，但無庭長或庭長有事故時，以庭員中資深者充任之。充任審判長之法官與充當庭員之法官共同組成合議庭時，審判長除指揮訴訟外，於審判權之行使，及對案件之評決，其權限與庭員並無不同。審判長係合議審判時爲統一指揮訴訟程序所設之機制，與庭長職務之屬於行政性質者有別，足見庭長與審判長乃不同功能之兩種職務。憲法第81條所保障之身分對象，應限於職司獨立審判之法官，而不及於監督司法行政事務之庭長。又兼任庭長之法官固比其他未兼行政職務之法官具有較多之職責，兼任庭長者之職等起敘雖亦較法官爲高，然二者就法官本職所得晉敘之最高職等並無軒輊，其在法律上得享有之權利及利益皆無差異。司法院以

中華民國84年5月5日（84）院台人一字第08787號函訂定發布之『高等法院以下各級法院及其分院法官兼庭長職期調任實施要點』（89年7月28日（89）院台人二字第18319號函修正為『高等法院以下各級法院及其分院、高等行政法院法官兼庭長職期調任實施要點』），其中第2點或第3點規定於庭長之任期屆滿後，令免兼庭長之人事行政行為，僅免除庭長之行政兼職，於其擔任法官職司審判之本職無損，對其既有之官等、職等、俸給亦無不利之影響，故性質上僅屬機關行政業務之調整。司法行政機關就此本其組織法上之職權為必要裁量並發布命令，與憲法第81條法官身分保障之意旨尚無牴觸。健全之審判周邊制度，乃審判公平有效遂行之必要條件，有關審判事務之司法行政即為其中一環。庭長於各該庭行政事務之監督及處理，均有積極輔助之功能。為貫徹憲法第82條法院組織之法律保留原則，建立審判獨立之完備司法體制，有關庭長之遴選及任免等相關人事行政事項，仍以本於維護審判獨立之司法自主性（本院釋字第530號解釋參照），作通盤規劃，以法律規定為宜，併此指明。」故依上開最高法行政法院之裁定及大法官會議之解釋內容均可得知，法院中庭長一職僅係法官之行政兼職，其並無與法官職務相同之保障，故庭長對於其此一行政兼職相關任期等事項，自不得援引有關法官人事保障之規定加以主張。

五、民事執行處之設置

　　依法院組織法第16條之規定，地方法院設民事執行處，由法官或司法事務官辦理其事務；其法官在二人以上者，由一人兼任庭長，簡任第十職等至第十一職等或薦任第九職等，監督該處事務。故地方法院除上開所述之各庭之外，另設有民事執行處，其業務主要辦理民事強制執行之案件，強制執行之案件因非屬於訴訟之案件，並無審判之性質，故規定由法官或司法事務官辦理，亦即各地方法院之民事執行業務，得視人力狀況分別由法官或司法事務官辦理，如由法官辦理時，其法官在二人以上者由一

人兼任庭長。至於其他有關於職等之規定已無適用之處自不待言，應於日後修法時加以刪除。

六、公設辯護人室之設置

　　依法院組織法第17條第1項之規定，地方法院設公設辯護人室，置公設辯護人，薦任第七職等至第九職等或簡任第十職等至第十一職等；其公設辯護人在二人以上者，置主任公設辯護人，薦任第九職等或簡任第十職等至第十二職等。依刑事訴訟法第31條第1項之規定，最輕本刑為三年以上有期徒刑之案件等相關案件，係屬強制辯護之案件，在法院審判程序中，被告如未經選任辯護人，則法院即應指定公設辯護人或律師為其辯護，此乃地方法院公設辯護人設置之由來，故公設辯護人主要業務在於為刑事案件之被告擔任辯護人之角色為其法律利益加以辯護，而其職等為薦任第七職等至第九職等或簡任第十職等至第十一職等。另在公設辯護人有二人以上者，則即有主任公設辯護人之設置，此時其職等為薦任第九職等或簡任第十職等至第十二職等。

　　又依法院組織法第17條第2項之規定，實任公設辯護人服務滿十五年以上，成績優良，經審查合格者，得晉敘至簡任第十二職等。又同條第3項規定，曾任高等法院或其分院、智慧財產法院公設辯護人四年以上，調地方法院或其分院之公設辯護人，成績優良，經審查合格者，得晉敘至簡任第十二職等。另依同條第4項之規定，曾任高等法院或其分院、智慧財產法院公設辯護人之服務年資，合併計算。同條第5項則規定，上開第2項、第3項之審查辦法，由司法院定之。又同條第6項亦規定，具律師資格者於擔任公設辯護人期間，計入其律師執業期間。

　　依我國司法人員人事條例第2條之規定，本條例稱司法人員，指最高法院以下各級法院及檢察署之司法官、公設辯護人及其他司法人員。故公設辯護人係屬於法官及檢察官以外之重要司法人員之一，又依公設辯護人

條例第12條之規定，公設辯護人對於法院及檢察官，獨立行使職務。故公設辯護人雖設置於法院並受院長之監督，惟其在執行爲刑事被告辯護之職務上，應具有相當之獨立性，公設辯護人個別案件之事實之認定、證據之取捨、法律之適用及量刑之輕重各方面，均應基於有利於被告之訴訟上利益依法爲之，不受院長或法官之干涉，否則即失其爲刑事被告辯護之職責[2]。（詳見附錄16「公設辯護人條例」）

七、司法事務官室之設置

依法院組織法第17條之1第1項之規定，地方法院設司法事務官室，置司法事務官，薦任第七職等至第九職等；司法事務官在二人以上者，置主任司法事務官，薦任第九職等至簡任第十職等。此乃地方法院設置司法事務官之法律依據，蓋地方法院除依法律之規定處理民刑事訴訟案件之審判外，尚有其他非訟事件及民事強制執行等案件，故爲有效運用司法資源，使法官均能專心於訴訟案件之審理，以落實人民訴訟權益之保障，法院組織法乃增訂地方法院設司法事務官，由司法事務官處理非屬於審判核心之事務，凡事件之內容不屬審判核心事項或不涉身分、實體權利義務之重大變動，則由司法事務官妥速處理，使法官即能致力於訴訟案件之審理，以此方式合理分配使用司法資源[3]。

又依法院組織法第17條之1第2項之規定，具律師執業資格者，擔任司法事務官期間，計入其律師執業年資。此乃因司法事務官之工作與律師所執行之業務，均屬司法實務之工作，故乃特別規定具律師執業資格者擔任司法事務官期間計入其律師執業年資，藉由此一規定，期使具有律師資格者能有意願從事司法事務官之工作，以利於人才之招攬。

---

[2] 史慶璞著，法院組織法新論，2001年3月，頁152。
[3] 司法事務官之設置在國外行之多年，我國司法事務官實乃仿德、奧所有之法務官制度而來。

　　如上所述，司法事務官之業務係在非審判核心之事務，故法院組織法第17條之2第1項乃特別規定司法事務官辦理事務之內容，依該條之規定，司法事務官辦理下列事務：「一、返還擔保金事件、調解程序事件、督促程序事件、保全程序事件、公示催告程序裁定事件、確定訴訟費用額事件。二、拘提、管收以外之強制執行事件。三、非訟事件法及其他法律所定之非訟事件。四、其他法律所定之事務。」上開第1款至第3款所定事件，其內容均不屬於審判核心之事項，或不涉及身分、實體權利義務之重大變動，故無須法官處理，乃規定屬於司法事務官之業務內容，故司法事務官之工作內容包括下列各項：

(一)返還擔保金事件、調解程序事件、督促程序事件、保全程序事件、公示催告程序裁定事件、確定訴訟費用額事件

　　上開程序之事件均屬於民事訴訟程序中，不涉及當事人間之爭訟之部分，非屬於審判之核心事務，故規定由司法事務官負責處理，以便法官得以專心在審判之事務。

(二)拘提、管收以外之強制執行事件

　　民事強制執行之工作，係執行民事確定判決或其他有執行名義之私權利，不涉及審判之事務，故規定由司法事務官處理，惟其中關於拘提或管收之事項[4]，因涉及人民之人身自由基本權利之妨害，故宜由法官決定，

---

[4] 強制執行法有關拘提部分規定於第21條：「債務人有下列情形之一，而有強制其到場之必要者，執行法院得拘提之：一、經合法通知，無正當理由而不到場。二、有事實足認為有逃匿之虞。債務人有前項情形者，司法事務官得報請執行法院拘提之。債務人經拘提到場者，執行法院得交由司法事務官即時詢問之。司法事務官於詢問後，應向執行法院提出書面報告。」有關管收部分則規定於第22條：「債務人有下列情形之一者，執行法院得依債權人聲請或依職權命其提供擔保或限期履行：一、有事實足認顯有履行義務之可能故不履行。二、就應供強制執行之財產有隱匿或處分之情事。債務人有前項各款情形之一，而有事實足認顯有逃匿之虞或其他必要事由者，執行法院得依債權人聲請或依職權，限制債務人住居於一定之地域。但債務人已提供相當擔保、限制住居原因消滅或執行完結者，應解除其限制。前項限制住居及其解除，應通知債務人及有關機關。債務人無正當理由違反第二項限制住居

因而將此部分排除在外。

(三)非訟事件法及其他法律所定之非訟事件

　　非訟事件包括非訟事件法所規定之非訟事件及其他法律所規定之非訟事件已如前述，此類事項，亦屬司法事務官承辦之業務範圍之內。

(四)其他法律所定之事務

　　目前所謂其他法律規定之事務有，依行政訴訟法第125條之1規定，承法官之命，就訴訟事件之事實上及法律上事項，基於專業知識對當事人爲說明；及依行政訴訟法第175條之1規定，於保全證據時，協助調查證據。

　　又依上開法院組織法第17條之2第2項之規定，司法事務官得承法官之命，彙整起訴及答辯要旨，分析卷證資料，整理事實及法律疑義，並製作報告書。依此規定司法事務官亦得配置於法官，辦理上開各項業務，惟此項業務似與法官助理之工作內容相類似，有無必要，尚有探討之空間。

　　此外依法院組織法第17條之2第3項則規定，司法事務官辦理上開第1項各款事件之範圍及日期，由司法院定之，故司法院乃訂有「司法事務官辦理事務規範要點」可資參照。依該要點第5點之規定：「司法事務官辦理法院組織法第十七條之二第一項各款及行政法院組織法第十條之二第一項各款所定事務，應依其所辦理事務，分別遵守司法院及各法院所定辦理各該事務之注意事項及其他相關規定。」例如司法院於民國98年4月2日即函示司法事務官應辦理家庭暴力防治法所定之民事緊急保護令

命令者，執行法院得拘提之。債務人未依第一項命令提供相當擔保、遵期履行或無正當理由違反第二項限制住居命令者，執行法院得依債權人聲請或依職權管收債務人。但未經訊問債務人，並認非予管收，顯難進行強制執行程序者，不得爲之。債務人經拘提、通知或自行到場，司法事務官於詢問後，認有前項事由，而有管收之必要者，應報請執行法院依前項規定辦理。」

事件及民事暫時保護令事件[5]；又如於民國98年8月2日起增列司法事務官之業務包括：「保全程序事件中之下列事件：1.聲請假扣押事件及撤銷假扣押事件，但本案已繫屬者，不在此限。2.假扣押事件中之命限期起訴事件。」及「1.民事訴訟法第105條第1項規定裁定變換假扣押之擔保或提存物事件，但原假扣押裁定由法官所為者，不在此限。2.非訟事件法第178條清算人就任聲報事件。3.非訟事件法第179條解任清算人聲報事件、資產負債表或財務報表及財產目錄聲報事件、展期完結清算聲請事件及許可清算人清償債務聲請事件。4.非訟事件法第180條清算完結聲報事件。[6]」又如於民國101年9月6日增訂：「1.聲請假扣押事件及撤銷假扣押。但本案已繫屬者，不在此限。2.假扣押事件中之命限期起訴事件。[7]」

---

[5]　例如司法院民國98年4月2日院台廳司一字第0980007844號函文即表示：「主旨：依法院組織法第17條之2第3項規定，增列司法事務官辦理同條第1項各款事件之範圍及日期如說明二，請查照。說明：一、法院組織法第17條之2第3項規定：『司法事務官辦理第1項各款事件之範圍及日期，由司法院定之。』依上開授權規定，本院前於96年10月30日、97年1月18日、97年10月31日分別以院台廳司一字第0960022692號、第0970001713號、第0970023531號函知各地方法院，本院所定司法事務官辦理事務之範圍及日期，合先敘明。二、本院爰再依上開法律之授權，訂定司法事務官自98年4月6日起，辦理家庭暴力防治法所定之民事緊急保護令事件及民事暫時保護令事件。」

[6]　民國98年6月1日院台廳司一字第0980012909號函示：「主旨：依法院組織法第17條之2第3項規定，增列司法事務官辦理同條第1項各款事件之範圍及日期如說明二，請查照。說明：一、法院組織法第17條之2第3項規定：『司法事務官辦理第1項各款事件之範圍及日期，由司法院定之。』依上開授權規定，本院前於96年10月30日、97年1月18日、97年10月31日、本（98）年4月2日分別以院台廳司一字第0960022692號、第0970001713號、第0970023531號及第0980007844號函知各地方法院，本院訂定關於司法事務官辦理事務之範圍及日期，合先敘明。二、本院依上開法律之授權，自98年8月2日起，增列司法事務官辦理法院組織法第17條之2第1項規定之下列事項：（一）第1款規定保全程序。（二）第3款規定之事件中之下列事件：1.聲請假扣押事件及撤銷假扣押事件，但本案已繫屬者，不在此限。2.假扣押事件中之命限期起訴事件。下列事件：1.民事訴訟法第105條第1項規定裁定變換假扣押之擔保或提存物事件，但原假扣押裁定由法官所為者，不在此限。2.非訟事件法第178條清算人就任聲報事件。3.非訟事件法第179條解任清算人聲報事件、資產負債表或財務報表及財產目錄聲報事件、展期完結清算聲請事件及許可清算人清償債務聲請事件。4.非訟事件法第180條清算完結聲報事件。」

[7]　司法院民國101年7月27日院台廳司一字第1010021554號函示：「依法院組織法第17條之2第3項增訂司法事務官辦理事件之範圍如下，並自中華民國101年9月6日生效。一、法院組織法第17條之2第1項第1款規定之返還擔保金事件及確定訴訟費用額事件。二、法院組織法第17條之2第1項第1款保全程序事件中之下列事件：（一）聲請假扣押事件及撤銷假扣押。但本案已繫屬者，不在此限。（二）假扣押事件中之命限期起訴事件。三、法院組織法第17條之2第1項第4款規定之其他法律所定之事務：（一）依行政訴訟法第125條之1規定，承法官之

八、調查保護室之設置

依法院組織法第18條第1項之規定，地方法院設調查保護室，置少年調查官、少年保護官、家事調查官、心理測驗員、心理輔導員及佐理員。少年調查官、少年保護官及家事調查官合計二人以上者，置主任調查保護官一人；合計六人以上者，得分組辦事，組長由少年調查官、少年保護官或家事調查官兼任，不另列等。此規定為新修正之規定，其乃因應少年及家事法院組織法第13條第1項前段規定，設調查保護室，置少年調查官、少年保護官、家事調查官、心理測驗員、心理輔導員及佐理員，為求職稱之一致，故於未設少年及家事法院之普通地方法院，亦設置相同之編制，以處理少年事件及家事事件之相關程序[8]。

至於少年調查官及少年保護官之工作內容依少年及家事事件組織法第26條之規定：「少年調查官應服從法官之監督，執行下列職務：一、調查、蒐集關於少年事件之資料。二、對於責付、收容少年之調查、輔導事項。三、其他法令所定之事務。少年保護官應服從法官之監督，執行下列職務：一、掌理由少年保護官執行之保護處分。二、其他法令所定之事務。少年調查官、少年保護官得相互兼理之。」而家事調查官之工作內容依同法第27條之規定：「家事調查官應服從法官之監督，執行下列職務：一、調查、蒐集關於第二條第一項第二款至第九款事件之資料。二、其他法令所定之事務。」而心理測驗員之工作則依同法第27條之規定：「心理測驗員應服從法官、司法事務官、少年調查官、少年保護官及家事調查官之監督，執行下列職務：一、對所交付個案進行心理測驗、解釋及分析，並製作書面報告等事項。二、其他法令所定之事務。」心理輔導員

命，就訴訟事件之事實上及法律上事項，基於專業知識對當事人為說明。（二）依行政訴訟法第175條之1規定，於保全證據時，協助調查證據。」

[8] 本條文乃民國104年1月20日立法院第8屆第6會期第18次會三讀通過之修正條文，原條文係規定：「地方法院設觀護人室，置觀護人；觀護人在二人以上者，置主任觀護人；觀護人，薦任第七職等至第九職等；主任觀護人，薦任第九職等或簡任第十職等。」

之工作依同法第29條之規定則爲：「心理輔導員應服從法官、司法事務官、少年調查官、少年保護官及家事調查官之監督，執行下列職務：一、對所交付個案進行心理輔導、轉介心理諮商或治療之先期評估，並製作書面報告等事項。二、其他法令所定之事務。」

又依法院組織法第18條第2項之規定，少年調查官、少年保護官及家事調查官，薦任第七職等至第九職等；主任調查保護官，薦任第九職等至簡任第十職等；心理測驗員及心理輔導員，薦任第六職等至第八職等；佐理員，委任第四職等至第五職等，其中二分之一得列薦任第六職等，此乃有關於少年調查官、少年保護官、心理測驗員、心理輔導員及家事調查官之職等之規定，其職等與少年及家事法院組織法相關規定相同。

九、公證處之設置

依法院組織法第19條之規定，地方法院設公證處，置公證人及佐理員；公證人在二人以上者，置主任公證人。公證人，薦任第七職等至第九職等；主任公證人，薦任第九職等或簡任第十職等；佐理員，委任第三職等至第五職等。公證之業務目前由各地方法院之公證人辦理，故各地方法院均設有公證處，並置有公證人及佐理員等人員，其所列之職等則依上開之規定爲之[9]。

公證處之業務主要係辦理公證及認證，依公證法第2條之規定，公證人因當事人或其他關係人之請求，就法律行爲及其他關於私權之事實，有作成公證書之權限；另外有對於私文書或涉及私權事實之公文書原本或正本，經表明係持往境外使用者，或公、私文書之繕本或影本予以認證之權限[10]。

---

[9] 另依公證法第1條第2項之規定：「地方法院及其分院應設公證處；必要時，並得於管轄區域內適當處所設公證分處。」此亦爲地方法院及其分院設公證處之法律依據。

[10] 目前公證之業務亦開放予民間公證人，故依公證法第1條第1項之規定：「公證事務，由法院或民間之公證人辦理之。」同條第3項則規定：「民間之公證人應於所屬之地方法院或其分

十、提存所之設置

依法院組織法第20條之規定，地方法院設提存所，置主任及佐理員。主任，薦任第九職等或簡任第十職等；佐理員，委任第三職等至第五職等或薦任第六職等至第八職等。前項薦任佐理員員額，不得逾同一法院佐理員總額二分之一[11]。

所謂提存事件係由國家機關以公權力參與私法上權利義務關係之程序，其性質為非訟事件，有清償提存及擔保提存兩類。債務人於有法定原因時，將其應給付債權人之標的物，存置於法院提存所，使其發生清償效力者，稱之清償提存。另於民事訴訟法或非訟事件程序，依照法院之裁判，提供一定財產存置於法院提存所為擔保，允許提存人得聲請執行法院為一定行為或不為一定行為，稱之擔保提存。依我國提存法第4條第1項之規定，清償提存事件，由民法第314條所定清償地之法院提存所辦理之。同法第5條則規定，擔保提存事件由本案訴訟已繫屬或應繫屬之第一審法院或執行法院提存所辦理之。故在我國提存之事件，目前均係由地方法院所設置之提存所加以辦理[12]。

十一、登記處之設置

依法院組織法第21條之規定，地方法院設登記處，置主任及佐理員。主任，薦任第九職等或簡任第十職等；佐理員，委任第三職等至第五

院管轄區域內，司法院指定之地設事務所。」

[11] 我國之提存法第1條與第2條分別規定：「地方法院及其分院設提存所，辦理提存事務。提存所之設置，其他法律另有規定者，從其規定。」「提存所置主任一人，辦理提存事務。提存事務，得由法官、司法事務官或具有提存所主任任用資格之職員兼辦之。」此與上開法院組織法之規定相同。

[12] 一般而言提存之原因不外：1.當事人因請求法院為假扣押、假處分、假執行及請求免為假扣押、假處分、假執行經法院裁判令其提供擔保者。2.強制執行開始後，債務人有回復原狀之聲請或提起再審或異議之訴，或對於和解為繼續審判之請求或提起宣告調解無效之訴，撤銷調解之訴或對於許可強制執行之裁定提起抗告時，法院因必要情形或依聲請定相當並確實之擔保得為停止強制執行之裁定。3.原告於中華民國無住所、事務所或營業所經法院裁定命其提供訴訟費用擔保者。4.其他法令有特別規定者，如民法第368條但書、票據法第19條等。

職等或薦任第六職等至第八職等。前項薦任佐理員員額,不得逾同一法院佐理員總額二分之一。此乃各地方法院設立登記處之法律依據,登記處之業務主要係辦理非訟事件法所規定之登記事件,主要包括法人登記及夫妻財產制契約登記二類,其中法人登記又分為社團法人登記及財團法人登記。

十二、書記處

依法院組織法第22條第1項之規定,地方法院設書記處,置書記官長一人,薦任第九職等至簡任第十職等,承院長之命處理行政事務;一等書記官,薦任第八職等至第九職等;二等書記官,薦任第六職等至第七職等;三等書記官,委任第四職等至第五職等,分掌紀錄、文書、研究考核、總務、資料及訴訟輔導等事務,並得分科、分股辦事,科長由一等書記官兼任,股長由一等書記官或二等書記官兼任,均不另列等。

故目前各地方法院均設有書記處,由書記官長擔任其主管,書記官長之職等為薦任第九職等至簡任第十職等,其主要係承院長之命處理法院審判以外之相關行政事務。除書記官長之外,其餘書記官可分為三等,其中一等書記官為薦任第八職等至第九職等,二等書記官為薦任第六職等至第七職等,三等書記官則為委任第四職等至第五職等[13],書記官分別職掌紀錄、文書、研究考核、總務、資料及訴訟輔導等事務,並得分科、分股辦事。因而地方法院書記處之下分別設有民刑事之紀錄科、文書科、研究考核科、總務科、資料科及訴訟輔導科,其業務均由書記官負責,至於各科分別職掌之事項,均規定於地方法院及其分院處務規程之內,例如該規程

---

[13] 各地方法院之書記官原最高職等僅至八職等,惟於94年修法時加以提高,其立法理由謂:「有鑑於地方法院書記官之任用資格與職掌業務,與高等法院、最高法院之書記官無異,工作負荷更為繁重,惟現行法規定地方法院書記官之職等以薦任第八職等為上限,較諸高等法院、最高法院書記官可晉敘至薦任第九職等,顯失衡平,地方法院因此常流失資深績優之書記官人才,為求平衡,爰將地方法院書記官之職等比照高等法院、最高法院之書記官職等提高。」

之第80條即規定：「文書科之職掌如下：一、關於典守印信事項。二、關於文件之收發、分配、繕校事項。三、關於行政文稿之撰擬事項。四、關於各項報告之彙編事項。五、關於不屬於其他各科室業務會議之籌劃、紀錄及行政事項。六、關於律師、民間公證人之登錄及律師、訴訟當事人聲請閱卷事項。七、關於人民陳訴、訴願、國家賠償、刑事補償求償事件之處理事項。八、關於院長移交案及法官、司法事務官調職移交報告書之彙辦事項。九、關於法官自律委員會、法官司法事務分配小組行政事務之處理事項。十、不屬於其他各科室及長官交辦事項。」（詳見附錄3「地方法院及其分院處務規程」）

又依法院組織法第22條第2項之規定，一等書記官、二等書記官之總額，不得逾同一法院一等書記官、二等書記官、三等書記官總額之二分之一，此乃用於管制一等及二等書記官之員額。

十三、通譯、技士、執達員、錄事、庭務員、法警

依法院組織法第23條第1項之規定，地方法院置一等通譯，薦任第七職等至第八職等；二等通譯，薦任第六職等至第七職等；三等通譯，委任第四職等至第五職等；技士，委任第五職等或薦任第六職等至第七職等；執達員，委任第三職等至第五職等；錄事、庭務員，均委任第一職等至第三職等。同條第2項則規定，前項一等通譯、二等通譯總額，不得逾同一法院一等通譯、二等通譯、三等通譯總額二分之一。

另地方法院執達員之工作內容，主要係送達相關之司法文件予當事人、代理人及辦理民事強制執行之事務，所謂強制執行之事項包含拍賣後的點交工作、內部作業、文書工作，並協助書記官繕打筆錄以外的訴訟文書、公文擬稿，張貼拍賣公告、整理送達回證。通常執達員多配置於地方法院之民事執行處，受法官、司法事務官及書記官之指揮進行強制執行之程序，例如進行查封等工作。

此外地方法院設置之錄事，性質上係屬於書記官之行政助理，其工作內容以行政、文書處理爲主，例如協助書記官寄發傳票及判決書、製作判決書正本；另外繕打傳票通知、整理開庭紀錄、判決書寄發、判決紀錄存倉等事項皆是其工作範圍。

又地方法院所設置之庭務員，係法院開庭之時，在法庭擔任司法行政事務之工作，例如法庭之內傳遞證件，負責引導訴訟之當事人、證人、律師或其他訴訟關係人等之入庭及退庭等相關事宜，故可說係法官與訴訟當事人間之橋樑。

另依法院組織法第23條第3項之規定，地方法院爲辦理值庭、執行、警衛、解送人犯及有關司法警察事務，置法警；法警長，委任第五職等或薦任第六職等至第七職等；副法警長，委任第四職等至第五職等或薦任第六職等；法警，委任第三職等至第五職等；其管理辦法，由司法院會同行政院定之，因此司法院會同行政院設有法警管理辦法可供參照。（詳見附錄17「法警管理辦法」）

又依法院組織法第23條第4項之規定，地方法院因傳譯需要，應逐案約聘原住民族或其他各種語言之特約通譯；其約聘辦法，由司法院定之。蓋法庭之通譯，其工作主要在於法庭開庭時在說不同語言（包括手語）之人之間傳遞相同意義之訊息，亦即而由通曉雙方所用語言之第三者居間傳譯，俾使對話人間彼此瞭解對方所欲表達之意思之謂。法庭通譯之精神，在於保留原內容的在法律上語言的相等性，使審判者及訴訟當事人及訴訟相關人士，均能明白瞭解對方所欲表達之內容爲何，使訴訟之程序得以順利進行。由於目前國內語言多元化，除客家話外其他如原住民之語言亦係屬之，另外語方面除本之英語、日語之外，包括韓語、泰語國、越南語、印尼語等時有所需，故多數法院均有特約之通譯，依據案件之需要而爲其等擔任通譯之工作。

十四、人事室、會計室、統計室之設置

　　依法院組織法第24條第1項之規定，地方法院設人事室，置主任一人，薦任第八職等至第九職等，副主任一人，薦任第七職等至第九職等；必要時得依法置佐理人員，依法律規定辦理人事管理、人事查核等事項。另依同條第2項之規定，直轄市地方法院人事室，必要時得分股辦事，由佐理人員兼任之，不另列等。事務較簡之地方法院，得僅置人事管理員，委任第五職等至薦任第七職等。

　　又依法院組織法第25條第1項之規定，地方法院設會計室、統計室，各置主任一人，均薦任第八職等至第九職等；必要時得依法各置佐理人員，依法律規定分別辦理歲計、會計、統計等事項。另依同條第2項之規定，直轄市地方法院會計室、統計室，必要時得分股辦事，均由佐理人員兼任，不另列等。事務較簡之地方法院，得僅置會計員、統計員，均委任第五職等至薦任第七職等。

　　上開所述之人事、會計及統計一般稱之為「人會統」，係獨立機關均須設置之單位，人事、會計及統計其具有專業性質，通常採取一條鞭之任用及管理方式，其在機關內機關首長之管理監督，惟其業務之行使係依法律之相關規定為之，故上開規定謂「依法律規定辦理人事管理、人事查核」、「依法律規定分別辦理歲計、會計、統計」等事項，與上開書記處所規定「承院長之命處理行政事務」，或下述資該室「承院長之命處理資訊室之行政事項」均不同。且人事會計及統計之人員分別由具有該職系任用資格之公務人員擔任，與書記官等其他司法行政職系不同。

十五、資訊室之設置

　　依法院組織法第26條之規定，地方法院設資訊室，置主任一人，薦任第七職等至第九職等，承院長之命處理資訊室之行政事項；資訊管理師，薦任第六職等至第七職等，操作員，委任第三職等至第五職等；必要

時得置設計師，薦任第六職等至第八職等，以處理資訊事項。至於資訊室之職掌則規定於地方法院及其分院處務規程之內。（詳見附錄3「地方法院及其分院處務規程」）

十六、地方法院之分院

地方法院得設分院，依法院組織法第27條之規定，地方法院分院置院長一人，由法官兼任，簡任第十職等至第十二職等，綜理該分院行政事務。又依同法第28條之規定，地方法院院長，得派本院法官兼行分院法官之職務。另依同法第29條之規定，地方法院分院管轄事件，與地方法院同。又依同法第30條之規定，第11條至第26條之規定，於地方法院分院準用之。

高等法院係我國三級法院中之第二級法院，其業務主要以民事及刑事案件之審判為主，並未如地方法院設有民事執行處處理強制執行之案件，亦無登記處、提存所及公證處等單位，相較於地方法院較為單純。

第一節　高等法院之設置及管轄

一、高等法院之設置

依法院組織法第31條之規定，省、直轄市或特別區域各設高等法院。但得視其地理環境及案件多寡，增設高等法院分院；或合設高等法院；或將其轄區之一部劃歸其他高等法院或其分院，不受行政區劃之限制。

法院組織法乃國民政府於民國21年10月28日公布施行，當時政府管轄區域尚包括現今中國大陸地區，幅員廣大，故特別規定依地方政府之行政層級，於省及直轄市或特別行政區各設置高等法院。惟今日我國管轄區域限於臺澎金馬地區，故目前僅依當初臺灣省及福建省之轄區，各設有臺灣高等法院及福建高等法院金門分院。

二、高等法院之管轄

高等法院所管轄之事件，依法院組織法第32條之規定包括下列各項：「一、關於內亂、外患及妨害國交之刑事第一審訴訟案件。二、不服

地方法院及其分院第一審判決而上訴之民事、刑事訴訟案件。但法律另有規定者，從其規定。三、不服地方法院及其分院裁定而抗告之案件。但法律另有規定者，從其規定。四、其他法律規定之訴訟案件。」茲分別論述如下：

(一)關於內亂、外患及妨害國交之刑事第一審訴訟案件

刑事訴訟法第4條明定地方法院於刑事案件，有第一審管轄權。但左列案件，第一審管轄權屬於高等法院：1.內亂罪。2.外患罪。3.妨害國交罪，此即所謂事物管轄之規定，依此規定關於內亂、外患及妨害國交之刑事第一審訴訟案件專屬於高等法院管轄，而非一般之地方法院管轄。

(二)不服地方法院及其分院第一審判決而上訴之民事、刑事訴訟案件。但法律另有規定者，從其規定

對於地方法院或其分院有關於民事或刑事案件之第一審判決，如有不服原則上得上訴，此時即係上訴至高等法院，由高等法院審理。惟如法律有特別規定則從其規定，例如如前所述，如對於民事簡易案件之第一審判決不服，則上訴至地方法院之合議庭，此時即因法律有特別規定，故非上訴至高等法院之情形。

(三)不服地方法院及其分院裁定而抗告之案件。但法律另有規定者，從其規定

對於地方法院及分院所作之裁定如有不服依法得提起抗告之情形，其原則上係向高等法院抗告，惟如法律有特別規定，則應例外從其規定，如對於民事簡易案件之裁定如有不服，則應抗告於管轄之地方法院合議庭，而非高等法院。

(四)其他法律規定之訴訟案件

　　所謂法律規定之訴訟案件，例如總統副總統選舉訴訟案件第一審即由中央政府所在地之高等法院管轄，另殘害人群治罪條例之刑事案件第一審亦由高等法院管轄，此均屬於其他法律規定由高等法院管轄之訴訟案件。

第二節　高等法院之人員

一、高等法院之類別及員額

　　依法院組織法第33條第1項之規定，高等法院或其分院之類別及員額，依附表之規定。此即關於高等法院依其轄區案件數量之多寡所作之法院分類，至於員額亦依類別不同而有所差異，司法院定有附表加以規定。另同條第2項則規定，高等法院或其分院應適用之類別及其變更，由司法院定之。

二、高等法院法官職等及法官助理之設置

　　依法院組織法第34條第1項之規定，高等法院置法官，簡任第十職等至第十一職等或薦任第九職等；試署法官，薦任第七職等至第九職等。同條第2項則規定，高等法院法官繼續服務二年以上，得晉敘至簡任第十二職等至第十四職等；依第十二條第二項規定晉敘有案者，得敘至簡任第十二職等至第十三職等或簡任第十二職等至第十四職等。此乃有關高等法院法官之設置及其職等之規定，惟依上所述，法官法施行之後，法官已不列職等，故上開有關職等之規定俱已無適用之餘地，應予修法廢止。

　　另依法院組織法第34條第3項之規定，司法院因應高等法院業務需要，得調地方法院或其分院試署法官或候補法官至高等法院辦事，承法官之命，辦理訴訟案件程序及實體之審查、法律問題之分析、資料之蒐集、

裁判書之草擬等事務。

　　又依法院組織法第34條第4項之規定，高等法院於必要時得置法官助理，依聘用人員聘用條例聘用各種專業人員充任之，承法官之命，辦理訴訟案件程序之審查、法律問題之分析、資料之蒐集等事務。此為高等法院法官事理設置之依據，法官助理非正式公務人員，其係依聘用人員聘用條例所聘用之人員，已如上述。

　　依法院組織法第34條第5項之規定，試署法官或候補法官調高等法院辦事期間，計入其試署法官或候補法官年資。

　　又依法院組織法第34條第6項之規定，具律師執業資格者，經聘用充任法官助理期間，計入其律師執業年資。同條第7項則規定，第12條第9項之規定於高等法院準用之。亦即高等法院之法官助理，其遴聘、訓練、業務、管理及考核等相關事項，亦均由由司法院以命令定之。

三、院長

　　依法院組織法第35條之規定，高等法院置院長一人，由法官兼任，簡任第十三職等至第十四職等，綜理全院行政事務。故高等法院之院長一職，與地方法院相同者係由具有法官資格之人員兼任之，亦即係屬行政兼職而非專職。至於職等之規定，因法官法之施行已無適用餘地。

四、民事庭、刑事庭、專業法庭之設置

　　依法院組織法第36條之規定高等法院分設民事庭、刑事庭，其庭數視事務之繁簡定之；必要時得設專業法庭。各庭庭長，除由兼任院長之法官兼任者外，餘由其他法官兼任，簡任第十一職等至第十三職等，監督各該庭事務。故高等法院原則上有民事庭及刑事庭之設置，且有視情況之需要設置專業法庭，庭長亦係由法官兼任，係行政兼職並非專職，此與地方法院相同。

五、公設辯護人室

依法院組織法第37條第1項之規定，高等法院設公設辯護人室，置公設辯護人，簡任第十職等至第十一職等或薦任第九職等；其公設辯護人在二人以上者，置主任公設辯護人，簡任第十職等至第十二職等。依同條第2項之規定，前項公設辯護人繼續服務四年以上，成績優良，經審查合格者，得晉敘至簡任第十二職等；已依第17條第2項、第3項、少年及家事法院組織法第11條第2項、第3項規定晉敘有案者，得敘至簡任第十二職等。另依同條第3項之規定，前項公設辯護人之服務年資與曾任高等法院分院、智慧財產法院公設辯護人之服務年資，合併計算。同條第4項則規定，第2項之審查辦法，由司法院定之。故高等法院之公設辯護人列有職等，其職等較地方法院有較高之限制，並公設辯護人職司刑事強制辯護案件第二審被告之辯護人角色，其重要性較之地方法院之公設辯護人益形重要，且須較佳之經驗者充任之，故有上開之規定。

六、書記處

依法院組織法第38條第1項之規定，高等法院設書記處，置書記官長一人，薦任第九職等至簡任第十一職等，承院長之命處理行政事務；一等書記官，薦任第八職等至第九職等；二等書記官，薦任第六職等至第七職等；三等書記官，委任第四職等至第五職等，分掌紀錄、文書、研究考核、總務、資料及訴訟輔導事務，並得分科、分股辦事，科長由一等書記官兼任；股長由一等書記官或二等書記官兼任，均不另列等。高等法院之書記官職等相對於地方法院而言，並無不同，惟書記官長之職等得至簡任十一職等，較地方法院之書記官長高出一職等。又書記官分別職掌紀錄、文書、研究考核、總務、資料及訴訟輔導等事務，並得分科、分股辦事，故高等法院分別設有民事及刑事之紀錄科、文書科、研究考核科、總務科、資料科及訴訟輔導科，其業務均由書記官負責，至於各科分別職掌之

事項，均規定於高等法院及其分院處務規程之內。（詳見附錄4「高等法院及其分院處務規程」）

又依法院組織法第38條第2項之規定，前項一等書記官、二等書記官總額，不得逾同一法院一等書記官、二等書記官、三等書記官總額二分之一，此亦為人員編制上之管制規定，避免多數書記官均為一等或二等，以利人員之調配。

七、通譯、執達員、錄事、庭務員、法警

依法院組織法第39條第1項規定，高等法院置一等通譯，薦任第八職等至第九職等；二等通譯，薦任第六職等至第七職等；三等通譯，委任第四職等至第五職等；技士，委任第五職等或薦任第六職等至第七職等；執達員，委任第三職等至第五職等；錄事、庭務員，均委任第一職等至第三職等。又依同條第2項之規定，前項一等通譯、二等通譯總額，不得逾同一法院一等通譯、二等通譯、三等通譯總額二分之一。至於高等法院之通譯、錄事及庭務員之工作內容與地方法院之通譯、錄事及庭務員相同於此不再贅述。

又依法院組織法第39條第3項之規定，上開同法第23條第3項規定，於高等法院或其分院準用之，故高等法院或其分院為辦理值庭、執行、警衛、解送人犯及有關司法警察事務，置法警；法警長，委任第五職等或薦任第六職等至第七職等；副法警長，委任第四職等至第五職等或薦任第六職等；法警，委任第三職等至第五職等；其管理辦法，由司法院會同行政院定之。（詳見附錄17「法警管理辦法」）

又依法院組織法第23條第4項之規定，地方法院因傳譯需要，應逐案約聘原住民族或其他各種語言之特約通譯；其約聘辦法，由司法院定之，此已如上述，而此一規定依法院組織法第39條第3項之規定，於高等法院及其分院準用之。

八、人事室之設置

依法院組織法第40條之規定，高等法院設人事室，置主任一人，簡任第十職等，副主任一人，薦任第九職等或簡任第十職等；科員，委任第四職等至第五職等或薦任第六職等至第七職等，其中薦任科員不得逾同一法院科員總額三分之一，依法律規定辦理人事管理、人事查核等事項，並得分科辦事；科長，薦任第九職等。

九、會計室、統計室之設置

依法院組織法第41條之規定，高等法院設會計室、統計室，各置主任一人，均簡任第十職等；必要時得依法各置佐理人員，依法律規定分別辦理歲計、會計、統計等事項，並得分科辦事；科長，薦任第九職等。

十、資訊室之設置

依法院組織法第42條之規定，高等法院設資訊室，置主任一人，簡任第十職等，承院長之命處理資訊室之行政事項；資訊管理師，薦任第六職等至第七職等，操作員，委任第三職等至第五職等；必要時得置科長、設計師，科長，薦任第九職等，設計師，薦任第六職等至第八職等，處理資訊事項。

十一、高等法院之分院

如上所述，高等法院得設置分院，高等法院之分院目前在臺灣高等法院部分有臺中分院、臺南分院、高雄分院、花蓮分院等分院。關於高等法院之分院，依法院組織法第43條之規定，置院長一人，由法官兼任，簡任第十二職等至第十四職等，綜理該分院行政事務。又依同法第44條之規定，高等法院院長得派本院法官兼行分院法官職務。另依同法第45條

之規定，高等法院分院管轄事件，與高等法院同。

　　另依法院組織法第46條之規定，法院組織法第34條至第42條之規定，於高等法院分院準用之。第34條係關於高等法院法官職等及法官助理之設置，第35條關於院長之職等，第36條關於民事庭、刑事庭、專業法庭之設置及公設辯護人等之職等，第37條關於公設辯護人室之設置及職等，第38條關於書記處之設置，第39條關於通譯執達員之設置及職等等規定，第40條關於人事室之設置及人事室主任等之職等，第41條關於會計室、統計室之設置及其主任等之職等之規定，第42條關於資訊室之設置及資訊室主任等之職等等規定均加以準用。

　　最高法院依其名稱觀之，應為一個國家最高之審判機關，原則上係各類型之訴訟案件最終審，亦為一國法律最後之解釋機關。惟因我國並非採取一元化之司法制度，故在有關於憲法之解釋有司法院大法官會議處理，在行政訴訟方面，另有最高行政法院之設置，而在公務人員懲戒部分，另有公務人員懲戒委委員會之設置。另因我國之憲法第77條又規定，司法院為國家最高司法機關，掌理民事、刑事、行政訴訟之審判及公務員之懲戒，使得最高法院之「最高」二字名不符實，且司法院作為最高司法機關，卻除大法官會議有解釋憲法之權限外，僅係司法行政之機關，此制度之設計易造成行政凌駕於審判之上，實難謂良好之體例。

第一節　最高法院之所在及管轄

一、所在地

　　最高法院即為最高之法院機關，則全國僅有一所，其設置之位置自應在中央政府之所在地為宜，故法院組織法第47條即規定，最高法院設於中央政府所在地。

二、管轄事件

　　最高法院管轄之事件依法院組織法第48條之規定包括下列各項：

(一)不服高等法院及其分院第一審判決而上訴之刑事訴訟案件

高等法院及其分院有管轄第一審之刑事案件已如前述,對於此等刑事訴訟案件之判決如有不服時,係上訴至最高法院,由最高法院進行審理。

(二)不服高等法院及其分院第二審判決而上訴之民事、刑事訴訟案件

又高等法院原則上管轄民事及刑事訴訟案件之第二審,故對於此等案件之判決,如有不服提起上訴時,亦係由最高法院審理,惟並非所有之民事及刑事訴訟案件均得上訴至最高法院,通常對於上訴至最高法院進行第三審之案件均設有限制,至於限制為何,此分別觀之民事訴訟法及刑事訴訟法相關規定即明,非本文論述之對象。

(三)不服高等法院及其分院裁定而抗告之案件

高等法院及其分院就案件所為之裁定,依法得抗告至最高法院,此亦為最高法院所管轄之案件之一。

(四)非常上訴案件

刑事訴訟法程序規定有非常上訴之程序[1],此係針對判決確定之刑事案件,為糾正審判違背法令而特別規定之救濟程序,非常上訴係由最高法院檢察署檢察總長向最高法院提起,亦為最高法院所管轄之案件之一。

(五)其他法律規定之訴訟案件

其他法律規定之訴訟案件,例如關於民事訴訟之簡易案件,民事訴訟法第436條之2規定,簡易訴訟程序之第二審裁判,其上訴利益逾第466條所定之額數者,當事人僅得以其適用法規顯有錯誤為理由,逕向最高法院

---

[1] 見林俊寬著,刑事訴訟法,2013年7月,頁419。

提起上訴或抗告，此即由最高法院所管轄之其他法律規定之訴訟案件之情形。

第二節　最高法院之人員

一、最高法院之員額

依法院組織法第49條之規定，最高法院員額，依附表之規定。故最高法院之員額編制即依本法之附表訂之。（詳見附錄1「法院組織法」）

二、最高法院之院長

依法院組織法第50條之規定，最高法院置院長一人，特任，綜理全院行政事務，並任法官。故最高法院之院長，與上開所述地方法院及高等法院之院長不同，其並非由院內具有法官身分之人兼任，而係由總統特任之官員，此乃在於彰顯最高法院院長之尊崇，且依上開規定，最高法院之法官均由最高法院之院長任用。

三、最高法院法官職等及法官助理之設置

依法院組織法第51條第1項之規定，最高法院置法官，簡任第十三職等至第十四職等；分設民事庭、刑事庭，其庭數視事務之繁簡定之；各庭置庭長一人，除由院長兼任者外，餘由法官兼任，簡任第十四職等，監督各該庭事務。故最高法院原則上僅設有民事庭及刑事庭作為審判之單位，而民事庭及刑事庭得視事務繁簡之程度及案件之多寡各設數庭，並非民事及刑事各一庭。至法官之職等已無適用之餘地，不再贅述。

又依法院組織法第51條第2項之規定，司法院得調高等法院以下各級法院及其分院法官或候補法官至最高法院辦事，承法官之命，辦理訴訟案

件程序及實體之審查、法律問題之分析、資料之蒐集、裁判書之草擬等事務。同條第3項則規定，最高法院於必要時得置法官助理，依聘用人員聘用條例聘用各種專業人員充任之；承法官之命，辦理訴訟案件程序之審查、法律問題之分析、資料之蒐集等事務，此乃最高法院得設置法官助理之依據，其用意在於提高裁判品質、增進司法效能、並減輕最高法院法官工作負荷。同條第4項另規定，法官或候補法官調最高法院辦事期間，計入其法官或候補法官年資，以免年資計算產生爭議。又同條第6項規定，具律師執業資格者經聘用充任法官助理期間，計入其律師執業年資。此乃因法官助理之工作與律師所執行之業務，均屬司法實務工作，故增訂具律師業資格者充任法官助理期間計入律師執業年資，以增加擔任法官助理之誘因。

四、大法庭（自民國108年7月4日開始施行）

依法院組織法第51條之1之規定，最高法院之民事庭、刑事庭為數庭者，應設民事大法庭、刑事大法庭，裁判法律爭議。此條即所謂最高法院大法庭之設置，其設置之目的在於統一最高法院審理民事及刑事案件相關法律爭議之見解。目前最高法院之民事庭及刑事庭均非僅只有一庭，各庭之間在於審理案件時所遇見之法律問題可能有不同之見解存在，對於當事人而言，判決之結果視法官之不同而有差異，此種現象非但對於當事人不公平，且嚴重損害司法之威信，故有設置大法庭統一見解之必要。

上開大法庭之組織，依法院組織法第51條之6第1項之規定，「民事大法庭、刑事大法庭裁判法律爭議，各以法官十一人合議行之，並分別由最高法院院長及其指定之庭長，擔任民事大法庭或刑事大法庭之審判長。」故而大法庭之組織係分別設置民事大法庭及刑事大法庭，裁判民事及刑事之法律問題爭議，其人數各為十一人，其審判長係分別由最高法院院長本人及其指定之最高法院之庭長一人，擔任民事大法庭或刑事大法庭

之審判長。又依照同條第2項之規定，大法庭庭員產生之方式由原本審理案件之民事庭或刑事庭指定庭員一人，另外加上票選之民事庭、刑事庭法官九人共同擔任。又同條第3項則規定，前項由票選產生之大法庭庭員，每庭至少應有一人，且兼任庭長者不得逾總人數二分之一，以兼顧及各庭之代表性，避免大法庭庭員集中於少數庭之法官。

至於大法庭之法官成員（包括審判長及庭員）之產生程序，依照法院組織法第51條之7第1項之規定，上開條第1項由院長指定之大法庭審判長、第2項由票選產生之大法庭庭員任期均為兩年。且票選庭員之人選、遞補人選，由法官會議以無記名投票，分別自民事庭、刑事庭全體法官中依得票數較高，且符合前條第3項規定之方式選舉產生。遞補人選之任期至原任期屆滿為止。

至於大法庭之審判長或庭員出缺或有事故不能擔任職務時，依照法院組織法第51條之7第2項之規定，如係院長或其指定之大法庭審判長出缺或有事故不能擔任職務致人數不足十一人者，則由前項之遞補人選遞補之，此時並以大法庭庭員中資深庭長充審判長，無庭長者，以其他資深庭員充之，資同以年長者充之；如係票選之大法庭庭員出缺或有事故不能擔任職務者，則由前項遞補人選遞補之。

又依照法院組織法第51條之7第3項之規定，如係前條第2項提案庭指定之庭員出缺或者有事故不能擔任民事大法庭、刑事大法庭庭員時，則應由提案庭另行指定庭員出任，以顧及原提案之庭之法官見解之表達。

又依法院組織法第51條之7第4項之規定，民事大法庭、刑事大法庭審理中之法律爭議，遇民事大法庭、刑事大法庭庭員因改選而更易時，仍由原審理該法律爭議之民事大法庭、刑事大法庭繼續審理至終結止；其庭員出缺或有事故不能擔任民事大法庭、刑事大法庭庭員時，亦按該法律爭議提交民事大法庭、刑事大法庭時之預定遞補人選遞補之。此一規定之目的在於使得大法庭之法官，在於案件提交大法庭時即得以確定，且其後不因改選而更易人員時，影響改選前已提交大法庭審判之案件之人員，避免

人為操作變易大法庭法官之情形發生，以確保大法庭所作出之法律見解之公正性。

五、書記廳

依法院組織法第52條第1項之規定，最高法院設書記廳，置書記官長一人，簡任第十一職等至第十三職等，承院長之命處理行政事務；一等書記官，薦任第八職等至第九職等；二等書記官，薦任第六職等至第七職等；三等書記官，委任第四職等至第五職等，分掌紀錄、文書、研究考核、總務、資料及訴訟輔導等事務，並得分科、分股辦事，科長由一等書記官兼任；股長由一等書記官或二等書記官兼任，均不另列等。書記官分別職掌紀錄、文書、研究考核、總務、資料及訴訟輔導等事務，並得分科、分股辦事，故最高法院分別設有民事及刑事之紀錄科、文書科、研究考核科、事務科（相當於地方法院及高等法院之總務科）、資料科、訴訟輔導科及法警室，至於各科分別職掌之事項，均規定於最高法院處務規程之內。（詳見附錄5「最高法院處務規程」）

又依法院組織法第52條第2項之規定，前項一等書記官、二等書記官總額，不得逾一等書記官、二等書記官、三等書記官總額二分之一，以此管制員額。

六、通譯、執達員、錄事、庭務員、法警

依法院組織法第53條第1項之規定，最高法院置一等通譯，薦任第八職等至第九職等；二等通譯，薦任第六職等至第七職等；三等通譯，委任第四職等至第五職等；技士，委任第五職等或薦任第六職等至第七職等；執達員，委任第三職等至第五職等；錄事、庭務員，均委任第一職等至第三職等。又依同條第2項之規定，前項一等通譯、二等通譯總額，不得逾一等通譯、二等通譯、三等通譯總額二分之一。至於通譯及執達員之工作

與地方法院之通譯、執達員相同，於此不再贅述。

又依法院組織法第53條第3項規定，上開同法第23條第3項之規定，於最高法院準用之。故有關於地方法院為辦理值庭相關業務而設置有法警長、副法警長及法警及其有關之職等等相關規定，於最高法院均準用，故最高法院為辦理值庭、執行、警衛、解送人犯及有關司法警察事務，亦置有法警一職；法警長，委任第五職等或薦任第六職等至第七職等；副法警長，委任第四職等至第五職等或薦任第六職等；法警，委任第三職等至第五職等。且有關法警之其管理辦法，由司法院會同行政院定之亦準用之。

又依法院組織法第23條第4項之規定，地方法院因傳譯需要，應逐案約聘原住民族或其他各種語言之特約通譯；其約聘辦法，由司法院定之，此已如上述，而此一規定依同法第第53條第3項之規定，於最高法院亦準用之。

七、人事室之設置

法院組織法第54條規定，最高法院設人事室，置主任一人，簡任第十職等，副主任一人，薦任第九職等或簡任第十職等；科員，委任第四職等至第五職等或薦任第六職等至第七職等，其中薦任科員不得逾總額三分之一，依法律規定辦理人事管理、人事查核等事項，並得分股辦事；股長由科員兼任，不另列等。

八、會計室、統計室之設置

依法院組織法第55條之規定，最高法院設會計室、統計室，各置主任一人，均簡任第十職等；必要時得依法各置佐理人員，依法律規定分別辦理歲計、會計、統計等事項，並得分股辦事；股長由佐理人員兼任，不另列等。

九、資訊室之設置

依法院組織法第56條之規定，最高法院設資訊室，置主任一人，簡任第十職等，承院長之命處理資訊室之行政事項；設計師，薦任第六職等至第八職等；資訊管理師，薦任第六職等至第七職等；操作員，第三職等至第五職等，處理資訊事項。

十、選編判例之決議及判例之變更（施行至民國108年7月3日為止）

最高法院作為民事刑事訴訟案件最終審之法院，對於民事及刑事案件相關之爭議，自然有加以統一見解之必要，否則各地方之法院對於相關法律案件各採不同之見解，形成一國之內相同一部法律及條文，其適用卻有差異，有違法律之安定性及一致性。而最高法院統一法律見解之主要方式即為判例之編成及變更，以判例之形式，補充法律不明確之處，而統一法律之見解。

故法院組織法第57條第1項即規定，最高法院之裁判，其所持法律見解，認有編為判例之必要者，應分別經由院長、庭長、法官組成之民事庭會議、刑事庭會議或民、刑事庭總會議決議後，報請司法院備查。故最高法院在就具體之個案作成判決後，如認為該案件中所採取之法律見解，有作為全國一致見解之價值者，即經民事庭會議、刑事庭會議或民、刑事庭總會議開會作成決議後，報請司法院備查。為此最高法院處務規程第30條乃特別規定，本院判例之選編及變更依最高法院判例選編及變更實施要點辦理。（詳見附錄6「最高法院判例選編及變更實施要點」）

又依同條第2項之規定，最高法院審理案件，關於法律上之見解，認有變更判例之必要時，適用前項規定。蓋社會事實時時在變化之中，法律條文及判例之適用，有時因社會之發展所有不合時宜之處，故判例有必要

時亦得加以變更[2]。

十一、統一法律見解之新制—大法庭（自民國108年7月4日開始施行）

如上所述，最高法院原本係以選編判例之方式，統一民事及刑事各庭之間法律見解之歧異，然而此種方式係在民事或刑事庭針對個別案件作出判決之後，再由召開會議之方式表決特定案件所採之法律見解是否作為最高法院一體通用之見解，其作法較為消極。故而為能積極處理民事及刑事案件法律上重大之爭議，乃修法設置大法庭，由大法庭就有法律上爭議之民事或刑事案件作出統一之法律見解，如此能積極處理最高法院所遇具有法律上重大爭議之民事及刑事案件。

(一)案件之提案

1. 最高法院民事庭及刑事庭之提案

(1)歧異案件之提案

大法庭處理爭議案件如係屬於與最高法院先前之見解發生歧異之案件，則須經提案及徵詢之程序，依照法院組織法第51條之2第1項之規定，「最高法院民事庭、刑事庭各庭審理案件，經評議後認採為裁判基礎之法律見解，與先前裁判之法律見解歧異者，應以裁定敘明理由，依下列方式處理：一、民事庭提案予民事大法庭裁判。二、刑事庭提案予刑事大法庭裁判。」故而最高法院之民事庭及刑事庭各庭審理個別案件時，必須在經合議庭評議之後，合議庭決定採用作為裁判基礎之法律見解，與先前存在之最高法院裁判之法律見解有歧異者，始能以裁定敘明理由後，分別提案予民事大法庭或刑事大法庭加以裁判。且同條第2項規定，最高法院

---

[2] 實務上最高法院對於不適用之判例，均公告不再援用，故目前為止，僅有例變字第1號，變更最高法院55年台上字第1798號判例。

民事庭、刑事庭各庭於作出前項之裁定前，應先以徵詢書徵詢其他各庭之意見。受徵詢庭應於三十日內以回復書回復之，逾期未回復，視為主張維持先前裁判之法律見解。必須經任一受徵詢庭主張維持先前裁判之法律見解時，始得為前項裁定，易言之，必須有至少一庭不支持提案庭審理案件作為裁判基礎之法律見解，而支持先前存在之最高法院裁判之法律見解，如此始得認為最高法院各庭間就法律之見解有爭議，而啟動大法庭之機制。

(2)原則重要性法律見解之提案

除上開所述最高法院之民事庭或刑事庭於審理案件時，在合議庭評議後認為與先前裁判見解有歧異之案件外，如最高法院之民事庭、刑事庭各庭審理案件，經評議後認採為裁判基礎之法律見解具有原則重要性，得以裁定敘明理由，提案予民事大法庭、刑事大法庭裁判。此種案件雖然並無與最高法院先前見解互相歧異之情形，然而因事關重大之法律見解，對於法律之解釋結具有重要之創設性質，已經有「司法造法」之法律效果，此時因為判決之影響重大，故而亦有啟動大法庭機制統一法律見解之必要。

2. 當事人之提案

最高法院之大法庭除最高法院本身之民事庭及刑事庭有權提案之外，案件之當事人在一定之條件下亦有提案之權利，依照法院組織法第51條之4第1項之規定，「最高法院民事庭、刑事庭各庭審理案件期間，當事人認為足以影響裁判結果之法律見解，民事庭、刑事庭先前裁判之見解已產生歧異，或具有原則重要性，得以書狀表明下列各款事項，向受理案件之民事庭、刑事庭聲請以裁定提案予民事大法庭、刑事大法庭裁判：一、所涉及之法令。二、法律見解歧異之裁判，或法律見解具有原則重要性之具體內容。三、該歧異見解或具有原則重要性見解對於裁判結果之影響。四、聲請人所持法律見解。」此一規定在於避免最高法院之民事庭或刑事庭對於重大影響當事人權益之不同法律見解，殆於執行提案予大法庭

裁判之權利，使得當事人之法律上權益無從主張，故而特別設立之規定。又依照同條第2項之規定，當事人前項之聲請，檢察官以外之當事人應委任律師為代理人或辯護人為之。但民事事件之聲請人釋明有民事訴訟法第466條第1項但書、第2項情形，不在此限（即當事人或其法定代理人具有律師資格者，或者當事人之配偶、三親等內之血親、二親等內之姻親，或當事人為法人、中央或地方機關時，其所屬專任人員具有律師資格並經法院認為適當者）。又依照同條第3項之規定，最高法院民事庭、刑事庭各庭受理上開第1項之聲請，認為聲請不合法律上之程式或法律上不應准許，應以裁定駁回之。

(二)提案之撤銷

依照法院組織法第51條之5之規定，最高法院之民事庭或刑事庭之提案庭於大法庭言詞辯論終結前，因涉及之法律爭議已無提案之必要，得以裁定敘明理由，撤銷提案。故而最高法院之民事庭或刑事庭於提案交予大法庭審理後，於大法庭言詞辯論終結前，如認為已無提案之必要，自得以裁定敘明理由撤銷提案。所謂因涉及之法律爭議已無提案之必要，例如法律有所修正，原來之法律爭議已不存在等情形是，只要提案之民事庭或刑事庭認為爭議已消失，自無不許撤銷提案之理。

(三)大法庭審理之程序

依照法院組織法第51條之8第1項之規定，民事大法庭、刑事大法庭裁判法律爭議，應行言詞辯論。故而大法庭審理案件應行言詞辯論，係採行言詞審理之程序，使得當事人雙方有機會以言詞進行辯論，而非雙方各自提出書狀表達意見，由最高法院大法庭以書面方式審理，此種言詞審理之方式，得以確保當事人間充分表達各自之法律見解及對於對方見解之批判，使得大法庭更能作出適切之判決。又依照同條第2項之規定，前項辯

論，檢察官以外之當事人應委任律師為代理人或辯護人為之。於民事事件委任訴訟代理人，準用民事訴訟法第474條第3項之規定（亦即訴訟代理人準用民事訴訟法第466條之1第1項至第3項、第466條之2第1項及第466條之3之規定）；於刑事案件被告未選任辯護人者，審判長應指定公設辯護人或律師為被告行言詞辯論，亦即採取強制辯護之精神，使得刑事被告之權利受到一定之保障。又依照同條第3項之規定，上開辯論期日，民事事件被上訴人未委任訴訟代理人或當事人一造之訴訟代理人未到場者，由他造之訴訟代理人陳述後為裁定；兩造之訴訟代理人均未到場者，得不行辯論。刑事案件被告之辯護人、自訴代理人中一造或兩造未到場者，亦同。

　　由於大法庭涉及法律專業意見且結果影響重大，故而法院組織法第51條之8第4項即規定，民事大法庭、刑事大法庭認有必要時，得依職權或依當事人、其代理人或辯護人之聲請，就專業法律問題選任專家學者，以書面或於言詞辯論時到場陳述其法律上意見。又為確保專家學者提供意見之公正性，同條第5項特別規定，前項陳述意見之人（專家學者），應揭露下列資訊，並準用民事訴訟法或刑事訴訟法關於鑑定人之規定：1.相關專業意見或資料之準備或提出，是否與當事人、關係人或其代理人或辯護人有分工或合作關係。2.相關專業意見或資料之準備或提出，是否受當事人、關係人或其代理人或辯護人之金錢報酬或資助及其金額或價值。3.其他提供金錢報酬或資助者之身分及其金額或價值。

(四)大法庭裁定及不同意見書

　　依照法院組織法第51條之9第1項之規定，民事大法庭、刑事大法庭裁判法律爭議，應以裁定記載主文與理由行之，並自辯論終結之日起三十日內宣示。同條第2項則規定，法官於評議時所持法律上之意見與多數意見不同，經記明於評議簿，並於裁定宣示前補具不同意見書者，應與裁定

一併公布。

(五)大法庭裁定之拘束力

　　大法庭係針對提案之法律爭議問題作出抽象之決定，對於原本之民事及刑事案件本身，則仍然須由承辦之合議庭作出裁判，而依法院組織法第51條之10之規定，民事大法庭、刑事大法庭之裁定，對提案庭提交之案件有拘束力。易言之，案件經過最高法院之民事庭或刑事庭提交大法庭，並經大法庭作出裁定後，則提案之民事庭或刑事庭即須依照大法庭裁定之見解，就個案適用後加以裁判，不得為與大法庭法律見解相異之裁判，此為大法庭作為最高統一臺灣法院法律見解之機制所當然。

(六)大法庭程序準用相關法律之規定

　　依法院組織法第51條之11之規定，除本法另有規定外，民事訴訟法、刑事訴訟法及其他相關法律之規定與大法庭規範性質不相牴觸者，亦準用之。故而，最高法院之大法庭從事案件之審理之程序，除與法院組織法規定性質上有所牴觸者外，原則上均準用民事訴訟法、刑事訴訟法及其他相關法律之規定。

第 8 章　檢察機關

　　國家刑罰權之具體實現，一般採取所謂之國家訴追主義，即由國家負責對於犯罪者發動追訴之程序，犯罪之偵查以及嗣後起訴與否，均由國家加以決定，如對於被告之犯罪行為加以起訴，在法院審判之階段，即由國家至法院擔任控訴一方之角色，提出證據說服並要求法院對於被告加以定罪及處罰，而通常擔任此一角色者即係檢察官。而我國相對於各級法院及分院均配置相對應之檢察署，以執行上開追訴犯罪之職務，以下即針對檢察署之規定分別論述之。

一、檢察署之配置

　　依法院組織法第58條之規定，各級法院及分院各配置檢察署。故在我國檢察署係對應於各級之法院及其分院而設置，故普通法院之各法院及其分院均有檢察署之配置，惟檢察署在行政上係隸屬於行政院法務部之機關，屬於法務部之體系，並非各法院之所屬機關，此不能不注意。

二、檢察官之定位

　　檢察官（public prosecutor）之職權範圍涵蓋甚廣，其中多數與刑事司法之工作相關，故在權力分立之概念下，檢察機關及檢察官之性質上究屬行政機關及行政官抑或司法機關及司法官，不免產生爭議。如以機關之隸屬關係而言，目前各級檢察署係隸屬於行政院之法務部，故以此觀之檢察官應係屬於行政官之體系；惟有關各級檢察署之組織及檢察官之職權又明定於法院組織法中，似又將檢察官視為與法官相同之司法官，因此依目

前之法律體系觀之，檢察官究屬行政官或司法官實處於不明確之狀態。

而目前我國之實務上依據司法院大法官會議之解釋，係將檢察機關定義為廣義之司法機關，至於檢察官則定義為廣義之司法官，如司法院大法官會議釋字第392號解釋即謂：「司法權之一之刑事訴訟、即刑事司法之裁判，係以實現國家刑罰權為目的之司法程序，其審判乃以追訴而開始，追訴必須實施偵查，迨判決確定，尚須執行始能實現裁判之內容。是以此等程序悉與審判、處罰具有不可分離之關係，亦即偵查、訴追、審判、刑之執行均屬刑事司法之過程，其間代表國家從事偵查、訴追、執行之檢察機關，其所行使之職權，目的既亦在達成刑事司法之任務，則在此一範圍內之國家作用，當應屬廣義司法之一。」惟何謂廣義之司法，其與狹義之司法之間有何區別，上開大法官會議之解釋並未加以說明，故對於檢察官之定性亦無從就此明確之解答[1]。

又我國於民國100年6月13日經立法院三讀通過「法官法」，其中第十章將檢察官部分訂定專章規定，就此而言似將檢察官定位為準法官之地位，惟觀之該章之條文中僅規定檢察官之任用及相關人事規範如職務之監督等事項，並就有關法官之部分規定加以準用，其並未明確規定檢察官在性質上究竟是否屬於司法官之一環，因而上開爭議並未因法官法之立法而獲得解決，反而因此滋生不必要之疑問[2]。

又依法官法第86條第1項之規定，檢察官代表國家依法追訴處罰犯罪，為維護社會秩序之公益代表人。檢察官須超出黨派以外，維護憲法及

---

[1] 理論上，目前我國檢察機關係隸屬於行政院之體系下，故從形式上觀之，基本上應可認為檢察機關係行政機關，而檢察官則係屬於行政官；惟因檢察官主要職司犯罪之偵查，對於犯罪之起訴或不起訴有一定之處分權限，故其行使之職權有相當程度類似司法權之處，故如進一步而言，或可謂檢察機關係具有一定獨立性之行政機關，而檢察官係具有一定獨立性質之行政官（或可稱之為準司法官），此觀之法院組織法第61條明文規定：「檢察官對於法院，獨立行使職權。」亦可得以佐證。故可認為檢察官係屬於行政官，僅其行政職權時有獨立之保障，不受上級機關之影響，此與行政院下其他獨立機關如公平交易委員會相似。

[2] 有學者認為依檢察署之隸屬關係而言，檢察官屬於行政官應無疑義。見林山田著，刑事程序法，頁47；黃朝義著，刑事訴訟法，頁69。

法律保護之公共利益，公正超然、勤慎執行檢察職務。依此規定，檢察官之身分係國家所設置之「維護社會秩序之公益代表人」，故其執行職務時，亦應以法律規定爲依據，並爲公共利益之下，公正超然勤慎執行其檢察之職務。

三、檢察官、檢察總長、檢察長之配置

依法院組織法第59條第1項之規定，各級法院及分院檢察署置檢察官，最高法院檢察署以一人爲檢察總長，其他法院及分院檢察署各以一人爲檢察長，分別綜理各該署行政事務。同條第2項則規定，各級法院及分院檢察署檢察官員額在六人以上者，得分組辦事，每組以一人爲主任檢察官，監督各該組事務。此即有關於檢察署內，檢察官、主任檢察官及檢察長或檢察總長之設置依據。

原則上各級檢察署配置檢察官，此爲檢察署最基本及最核心之人員，此外檢察署聚最高法院檢察署設檢察總長外，其餘檢察署設檢察長，綜理各該檢察署之整體業務。另檢察官人數之多寡，分設設置主任檢察官，係介於檢察長及檢察官間之職務。

四、檢察官人事審議委員會之設置

依法院組織法第59條之1第1項之規定，法務部設檢察官人事審議委員會，審議高等法院檢察署以下各級法院及其分院檢察署主任檢察官、檢察官之任免、轉任、遷調、考核及獎懲事項。檢察官人事審議委員會之設置，其目的在於避免法務部以檢察官之任免、轉任、遷調、考核及獎懲等事項，對於檢察官之業務之執行加以不當之干涉，以維持檢察官之獨立性。同條第2項規定，前項審議之決議，應報請法務部部長核定後公告之。故檢察官人事審議委員會所作成之決議，仍須由法務部部長核定後公告，以示法務部部長對於全國檢察業務負責之精神。又依同條第3項之規

定，法務部部長遴任檢察長前，檢察官人事審議委員會應提出職缺二倍人選，由法務部部長圈選之。檢察長之遷調應送檢察官人事審議委員會徵詢意見。此規定係彰顯檢察官體系對於檢察長之產生，有一定之決定權，避免法務部部長對於檢察長之任用獨斷獨行。另依同第4項之規定，檢察官人事審議委員會置委員十七人，由法務部部長指派代表四人、檢察總長及其指派之代表三人與全體檢察官所選出之代表九人組成之，由法務部部長指派具司法官身分之次長為主任委員。又同條第5項則規定，前項選任委員之任期，均為一年，連選得連任一次。另同條第6項則規定，全體檢察官代表，以全國為單一選區，以秘密、無記名及單記直接選舉產生，每一檢察署以一名代表為限。另同條第7項則規定，檢察官人事審議委員會之組成方式、審議對象、程序、決議方式及相關事項之審議規則，由法務部徵詢檢察官人事審議委員會後定之。

　　惟應注意者，上開法院組織法有關檢察官人事審議委員會之設置及執掌，目前於法官法第90條已同時訂有相似之規定，依特別法優先於普通法之原則，本條之規定應已暫時失其適用，有待嗣後修法時加以廢止[3]。

五、檢察官之職權

　　檢察官之法定職掌依法院組織法第60條之規定，包括下列各項：實施偵查、提起公訴、實行公訴、協助自訴、擔當自訴及指揮刑事裁判之執

---

[3] 法官法第90條規定：「法務部設檢察官人事審議委員會，審議高等法院以下各級法院及其分院檢察署主任檢察官、檢察官之任免，轉任、停止職務、解職、陞遷、考核及獎懲事項。前項審議之決議，應報請法務部部長核定後公告之。第一項委員會之設置及審議規則，由法務部定之。法務部部長遴任檢察長前，檢察官人事審議委員會應提出職缺二倍人選，由法務部部長圈選之。檢察長之遷調應送檢察官人事審議委員會徵詢意見。檢察官人事審議委員會置委員十七人，由法務部部長指派代表四人、檢察總長及其指派之代表三人與全體檢察官所選出之代表九人組成之，由法務部部長指派具法官、檢察官身分之次長為主任委員。前項選任委員之任期，均為一年，連選得連任一次。全體檢察官代表，以全國為單一選區，以祕密、無記名及單記直接選舉產生，每一檢察署以一名代表為限。檢察官人事審議委員會之組成方式、審議對象、程序、決議方式及相關事項之審議規則，由法務部徵詢檢察官人事審議委員會後定之。但審議規則涉及檢察官任免、考績、級俸、陞遷及褒獎之事項者，由行政院會同考試院定之。」

行，另有其他法令所定職務之執行。可知檢察官代表國家從事犯罪之偵查、追訴及執行，並於審判程序中擔任公訴人之角色，即使在自訴程序檢察官亦有適時介入之必要，故檢察官之職權在我國可說係貫穿整個刑事訴訟之程序，對於刑事司法體系之運作其重要性不言可諭[4]。

(一)實施偵查

國家為實現具體之刑罰權，職司犯罪偵查之機關，在有可疑似為犯罪之行為出現時，即有必要確認是否確實有犯罪事實之存在以及特定犯罪之行為人，此種偵查機關為認定特定犯罪事實之存在與否及特定犯罪行為人之必要，而實施之各種執行法律之行為，即稱之為偵查。故所謂偵查即係國家追訴犯罪所必要進行之手段，亦係對於被告提起公訴之前必經之階段，其作用主要在於蒐集及過濾犯罪相關之證據，並依據此等相關證據判斷後，作為偵查機關提起公訴、不起訴或其他各種處分之依據。

依目前我國刑事訴訟法之規定體制，偵查之主體機關乃檢察機關即各檢察署之檢察官，此觀之刑事訴訟法第228條第1項規定，檢察官因告訴等情事知有犯罪嫌疑，應即開始偵查之規定可知。故檢察官之主要職權之一，乃係實施犯罪之偵查，對於有犯罪之嫌疑者，檢察官即應啟動偵查之作為，並在其他偵查輔助機關協助之下，蒐集及調查證據，進行偵查犯罪之行為。

---

[4] 我國檢察官之職權與美國檢察官相較可謂廣泛許多，美國檢察官無論係聯邦或各州均屬於政府追訴犯罪之代理人角色，其主要代表政府執行公訴之程序以追訴犯罪，以聯邦而言，其地區之檢察官稱之為U.S. Attorney，相當於我國之各地方法院檢察署之檢察長，其僱用具一定法律資格之人執行實際上追訴犯罪之職務，稱之為助理檢察官（Assistant Attorney），相當於我國之檢察官。至於各州除州之檢察長外，各郡有自己追訴犯罪之檢察人員，稱之為地方檢察官（District Attornet，簡稱D.A.），其亦類似我國之地方檢察署檢察長，其僱用具有律師資格之人員擔任助理檢察官（Assistant Attorney），實際案件之起訴由其等負責，故相當於我國各地方法院檢察署之檢察官。

(二)實行公訴

檢察官實施偵查之各種程序後，依據蒐集之相關證據資料判斷，認為應代表國家追訴犯罪行為人時，即應將案件向法院訴請加以審理，以確定國家之具體刑罰權，此即稱之為提起公訴，依刑事訴訟法第251條第1項之規定，檢察官依偵查所得之證據，足認被告有犯罪嫌疑者，應提起公訴。檢察官向法院提起公訴後，即成為法院進行個別刑事訴訟程序之當事人之一，與被告處於相對之一面，原則上其必須依刑事訴訟法規定之程序，到法庭執行公訴之職務，包括陳明起訴之要旨，及提出被告犯罪之證據，並進行言詞辯論說服法官對於被告加以定罪及科以適當之刑罰，故至法庭執行公訴之職務係檢察官主要之職務之一，為檢察官落實國家刑罰權重要之一環。

(三)協助自訴

所謂自訴係相對於公訴之另一種追訴犯罪之刑事訴訟程序，係由犯罪之被害人直接向法院提起訴訟，請求國家對於特定之犯罪行為行使具體之刑罰權，故於自訴之程序中，自訴人等同於捨棄檢察官而自為原告之角色，因而在自訴之程序前，自訴人雖可能有自行蒐集證據之行為，惟此與犯罪偵查機關實施偵查程序不同，易言之，自訴程序前並無所謂之偵查程序，而係直接進行法院之審判程序。自訴制度之立法目的係在於賦予犯罪之被害人得以直接向法院訴追被告犯罪行為之權利，用以防止檢察官對於犯罪行為消極不作為，包括不進行偵查及遲不為起訴之處分，並藉以擴大犯罪被害人利用國家刑事司法程序追訴犯罪之機會。

惟自訴雖係由犯罪之被害人對於犯罪之被告提起之訴訟，惟國家基於有效確立刑罰權，對於自訴之案件亦非不得介入，依刑事訴訟法第330條之規定，法院應將自訴案件之審判期日通知檢察官，檢察官對於自訴案件，得於審判期日出庭陳述意見。因而檢察官對於案件得於審判期日出庭

陳述意見，以協助自訴人進行自訴之程序，此亦爲檢察官之法定職權之一。

(四)擔當自訴

自訴之案件自訴人因法定之事由無法續行訴訟時，而由其他人取得原自訴人訴訟上之地位，續行訴訟行爲，此謂之承受訴訟。依刑事訴訟法第332條前段之規定，自訴人於辯論終結前，喪失行爲能力或死亡者，得由第319條第1項所列得爲提起自訴之人，於一個月內聲請法院承受訴訟，故自訴人如於案件辯論終結前有喪失行爲能力或死亡之情形者，則因其已無進行訴訟程序之能力，故特別規定得由第319條第1項所列得爲提起自訴之人承受其訴訟，以利訴訟案件之繼續進行，又爲免訴訟之延宕，故聲請法院承受訴訟應於一個月內爲之，惟於無承受訴訟人或逾期不爲承受時，法院可分別情形，逕行判決或通知檢察官擔當訴訟，此亦爲檢察官法定職權之一。

又依刑事訴訟法第332條後段之規定，如無承受訴訟之人或逾期不爲承受者，法院應分別情形，逕行判決或通知檢察官擔當訴訟。故自訴人於辯論終結前死亡，如無人得承受訴訟或得承受訴訟之人逾期不爲承受，則法院應依個別案件之情形，逕行爲判決，或通知檢察官擔當訴訟。至於何種情形得爲逕行判決，一般認爲得不經言詞辯論而爲判決之情形，如依刑事訴訟法第302條爲免訴之判決、第303條爲不受理之判決或依第304條爲管轄錯誤之判決等情形，法院均得逕行判決，至於須行言詞辯論而爲有罪或無罪之實體判決之案件，則應通知檢察官擔當訴訟。於檢察官擔當訴訟之情形，其訴訟之主體仍爲原來之自訴人，檢察官並未因擔當訴訟而取得當事人之資格，此與上開所述承受訴訟之情形不同，故檢察官擔當訴訟後，訴訟程序仍應依自訴之訴訟程序爲之，並不因此而變更爲公訴之訴訟程序，因而於判決書上應併列自訴人及擔當訴訟人。

(五)指揮刑事裁判之執行

　　刑事訴訟之目的在於確定國家具體之刑罰權，故刑事之裁判確定後即須以公權力強制實現其內容，此即刑事之執行，故刑事案件於裁判確定後，如係屬於有罪之案件，法院即應將卷證移送檢察官實行刑罰之執行，故刑事案件之執行亦為檢察官之法定職權之一。檢察官刑事裁判執行之指揮者，至於實際上執行刑罰則由監獄等機關為之，執行之法律程序有其他特別之立法加以規定，例如監獄行刑法、保安處分執行法、外役監執行條例等等法律均屬之。

(六)其他法令所定職務之執行

　　檢察官之法定職權除上述各項外，尚有其他法律賦予之事項，因檢察官係國家公益人之角色，故所謂其他法令所定之職權牽涉甚廣包括下列各項：

1.民事業務之參與

　　檢察官就民事業務之參與方面，包括：

(1)聲請宣告死亡事件

　　依民法第8條第1項之規定：「失蹤人失蹤滿七年後，法院得因利害關係人或檢察官之聲請，為死亡之宣告。」故檢察官對於失蹤人得向法院聲請為死亡之宣告。

(2)監護之宣告事件

　　依民法第14條第1項之規定：「對於因精神障礙或其他心智缺陷，致不能為意思表示或受意思表示，或不能辨識其意思表示之效果者，法院得因本人、配偶、四親等內之親屬、最近一年有同居事實之其他親屬、檢察官、主管機關或社會福利機構之聲請，為監護之宣告。」故檢察官亦得向法院聲請為監護之宣告。

(3)請求法人解散事件

依民法第36條之規定：「法人之目的或其行為，有違反法律、公共秩序或善良風俗者，法院得因主管機關、檢察官或利害關係人之請求，宣告解散。」又依第38條之規定：「不能依前條規定，定其清算人時，法院得因主管機關、檢察官或利害關係人之聲請，或依職權，選任清算人。」另依民法第58條之規定：「社團之事務，無從依章程所定進行時，法院得因主管機關、檢察官或利害關係人之聲請解散之。」故檢察官依上開民法之相關，亦得請求法院宣告解散法人，並得聲請選任清算人。

(4)聲請指定遺囑執行人、必要處分及變更組織事件

依民法第60條之規定：「設立財團者，應訂立捐助章程。但以遺囑捐助者，不在此限。捐助章程，應訂明法人目的及所捐財產。以遺囑捐助設立財團法人者，如無遺囑執行人時，法院得依主管機關、檢察官或利害關係人之聲請，指定遺囑執行人。」又依第62條之規定：「財團之組織及其管理方法，由捐助人以捐助章程或遺囑定之。捐助章程或遺囑所定之組織不完全，或重要之管理方法不具備者，法院得因主管機關、檢察官或利害關係人之聲請，為必要之處分。」第63條又規定：「為維持財團之目的或保存其財產，法院得因捐助人、董事、主管機關、檢察官或利害關係人之聲請，變更其組織。」故檢察官依上開規定亦得聲請法院指定遺囑執行人或介入財團之事務。

(5)聲請選任臨時董事事件

依非訟事件法第64條第1項之規定：「法人之董事一人、數人或全體不能或怠於行使職權，或對於法人之事務有自身利害關係，致法人有受損害之虞時，法院因主管機關、檢察官或利害關係人之聲請，得選任臨時董事代行其職權。但不得為不利於法人之行為。」故檢察官依上開之規定，亦得聲請法院選任法人之臨時之董事。

2. 鄉鎮市調解業務之督導

依鄉鎮市調解條例第32條之規定：「鄉、鎮、市公所應於每年一月及七月，將前半年辦理調解業務之概況，分別函送縣政府、地方法院或其分院、地方法院或其分院檢察署備查。」故檢察官對於鄉其市公所之調解業務外有加以監督之責。

3. 國家賠償法事件之協助

依國家賠償法施行細則第22條第2項之規定：「請求賠償之金額或回復原狀之費用，在同一事件達一定之金額時，該管地方法院檢察署應賠償義務機關之請，得指派檢察官提供法律上之意見。」又依同細則第39條之規定：「該管法院檢察機關應賠償義務機關之請，得指派檢察官為訴訟上必要之協助。」故在國家賠償法之事件上，如受國家賠償請求之機關應賠償機關之請求，該管法院檢察署得指派檢察官提供法律意見或為訴訟上必要之協助，此亦為依國家賠償法施行細則之規定檢察官負有之工作義務。

4. 同意摘取人體器官事件

依人體器官移植條例第7條之規定：「非病死或可疑為非病死之屍體，非經依法相驗，認為無繼續勘驗之必要者，不得摘取其器官。但非病死之原因，診治醫師認定顯與摘取之器官無涉，且俟依法相驗，將延誤摘取時機者，經檢察官及最近親屬書面同意，得摘取之。」故檢察官對於非病死之人體器官之摘除，得在一定條件下同意於相驗前為之。

六、檢察官對於法院之獨立性

目前我國各級檢察機關雖採取配置制，配置於所屬各級法院執行其職務，惟檢察署並非法院之所屬機關，檢察官行使其職權亦不受法院之法官之命令或拘束，故法院組織法第61條乃特別規定，檢察官對於法院，

獨立行使職權，此即在於彰顯，檢察官行使職權時，相對於法院而言，其具有獨立性，例如檢察官在刑事案件審判時，如何舉證、如何論告被告之犯罪，均由檢察官依其法律上之判斷自行為之，不受法院法官之指揮或干涉。

七、檢察官執行職務之區域

檢察官執行其職務原則上與刑事訴訟法所規定之法院管轄權之概念不同，檢察機關為劃分各檢察機關之間職務之行使，避免資源重覆使用之浪費，故於法院組織法第62條特別規定，檢察官於其所屬檢察署管轄區域內執行職務。但遇有緊急情形或法律另有規定者，不在此限。惟如其行使之職務涉及法院管轄權之規定時，仍有區域之限制，易言之檢察官得於所配置之管轄區域以外執行職務，但配置各級法院之檢察官其執行職務或行使職權，仍屬獨立並應依法院之管轄定其分際，故如下級法院檢察署之檢察官對於上級法院之判決，或上級法院檢察署檢察官對於下級法院之判決，均不得提起上訴，而同級法院檢察署之檢察官，對於非其所配置之法院之判決亦無聲明不服提起上訴之權，此有最高法院76年台上字第4079號判例可供參照。

八、檢察一體

檢察機關作為犯罪偵查及追訴之機關，如個別案件均由個別檢察官單打獨鬥，獨立作業，對於重大之犯罪案件而言恐力有未殆，且有時亦難免有資源重複使用在相同案件之虞。為避免此種現象產生，故檢察機關於偵查犯罪之作為，有必要整合相關之行政資源，正確分配人力，以有效達到偵查及追訴犯罪之目的，同時基於檢察機關本質上係屬行政機關，本身即存在有行政機關上下一體指揮監督之特性，故檢察系統中有所謂「檢察一體」制度之存在，此與法院之法官審理案件均係獨立為之，非負責審理之

其他法官包括院長及庭長的均不得加以介入有甚大之差異。

　　檢察一體之制度又可分縱向及橫向兩方面觀察，在縱向方面而言，檢察體系與行政機關同屬「上命下從」之關係，檢察官應服從監督長官之命令；而在橫向方面，配置於同級法院檢察署之檢察官亦屬一體，在處理事務過程中，如更換檢察官，亦不影響到檢察權限行使之效果，會產生和始終由同一位檢察官處理相同之效果。

　　檢察一體在法院組織法之規定上主要表現於下列二項：

(一)檢察總長、檢察長之指揮監督權

　　依法院組織法第63條之規定，檢察總長依本法及其他法律之規定，指揮監督該署檢察官及高等法院以下各級法院及分院檢察署檢察官；檢察長依本法及其他法律之規定，指揮監督該署檢察官及其所屬檢察署檢察官；檢察官應服從前二項指揮監督長官之命令。

　　依此規定在檢察體系中，檢察總長係基於最高層之地位，其可指揮及監督全國各檢察署之檢察官，且其指揮監督之內容並無限制，至於檢察體系之上級即法務部之部長，對於各級檢察機關亦得加以監督。實務上亦肯認此一原則，依大法官會議釋字第530號解釋，檢察官偵查刑事案件之檢察事務，依檢察一體之原則，檢察總長及檢察長有法院組織法第63條及第64條所定檢察事務指令權，是檢察官依刑事訴訟法執行職務，係受檢察總長或其所屬檢察長之指揮監督，與法官之審判獨立尚屬有間。關於各級法院檢察署之行政監督，依法院組織法第111條第1款規定，法務部部長監督各級法院及分院檢察署，從而法務部部長就檢察行政監督發布命令，以貫徹刑事政策及迅速有效執行檢察事務，亦非法所不許。

(二)檢察總長、檢察長之介入權及移轉權

　　依法院組織法第64條之規定，檢察總長、檢察長得親自處理所指揮監督之檢察官之事務，並得將該事務移轉於其所指揮監督之其他檢察官處

理之，此即檢察機關之首長對於檢察官偵查中案件之介入權及移轉權。

　　在此一規定之下，檢察總長或檢察長對於受其指揮監督之檢察官之事務，得以介入處理，且於認為有必要時，亦得利將於其他其所指揮監督之檢察官執行職務。實務上亦對於此一原則，基本上採取肯定之見解；例如，最高法院87年度台上字第459號判決即謂：「檢察總長、檢察長得親自處理其所指揮監督之檢察官之事務，並得將該事務移轉於其所指揮監督之其他檢察官處理之，且檢察官應服從檢察總長、檢察長之命令，法院組織法第63條第3項、第64條分別定有明文。按檢察官上下一體，與法院之因土地或事務管轄而各行其審判職權之情形不同，從而上級檢察署檢察長命令下級檢察署檢察官實施偵查，並不因檢察官所屬之檢察署配置於不同法院，必須受法院之土地或事務管轄之限制。臺灣高等法院檢察署檢察長對於其所指揮監督之下級審檢察官，既有指揮監督之權，則對於不同土地管轄之檢察署所屬案件，命令他檢察署檢察官實施偵查，即不能謂為於法不合，而下級審檢察官奉其命令以行偵查，尤不能謂為違法。」

　　又按上開法院組織法之規定，除介入權之外，檢察長亦得將其所指揮監督之檢察官處理之事務，移轉於其所指揮監督之其他檢察官處理之，此亦係檢察一體之具體表現下，法律所賦予檢察長之職權之一，無論檢察長主動移轉或依聲請而為移轉均屬之，且不以有急迫或緊急情形為限。

九、法官法對於檢察一體之規範

　　檢察一體並非毫無界限，否則檢察官即與一般行政官之間無任何差別，惟此一界限在以後欠缺法律立之明文規定，故仍存在許多問題，端視檢察首長行使檢察一體之職權時個人之喜好而定。惟在法官法施行後，對於檢察長行使法院組織法第63條及第64條之規定有一定之法律規範，可資為依據。法官法第92條即規定，書面指揮制度之建立，依該條之規定：「檢察官對法院組織法第六十三條第一項、第二項指揮監督長官之命

令，除有違法之情事外，應服從之。前項指揮監督命令涉及強制處分權之行使、犯罪事實之認定或法律之適用者，其命令應以書面附理由為之。檢察官不同意該書面命令時，得以書面敘明理由，請求檢察總長或檢察長行使法院組織法第六十四條之權限，檢察總長或檢察長如未變更原命令者，應即依第九十三條規定處理。」又依同法第93條之規定：「檢察總長、檢察長於有下列各款情形之一者，得依法院組織法第六十四條親自處理其所指揮監督之檢察官之事務，並得將該事務移轉於其所指揮監督之其他檢察官處理：一、為求法律適用之妥適或統一追訴標準，認有必要時。二、有事實足認檢察官執行職務違背法令、顯有不當或有偏頗之虞時。三、檢察官不同意前條第二項之書面命令，經以書面陳述意見後，指揮監督長官維持原命令，其仍不遵從。四、特殊複雜或專業之案件，原檢察官無法勝任，認有移轉予其他檢察官處理之必要時。前項情形，檢察總長、檢察長之命令應以書面附理由為之。前二項指揮監督長官之命令，檢察官應服從之，但得以書面陳述不同意見。」

有上開法官法之規定後，檢察總長或檢察長行使法院組織法所謂之指揮監督權及介入移轉權時，即因有相當之理由，並應以書面為之，以免將來產生爭議。依上開規定，檢察一體之基本之原則，即屬於檢察官偵查案件時就事實及法律判斷屬於個人心證之形成部分，檢察首長不宜行使指令權，否則應以書面為之；另外檢察官依法定原則為偵查之開始、終結決定起訴或不起訴者，檢察首長亦不宜行使指令權。至於存有疑義或解釋空間之處，例如涉及不確定法律概念之解釋判斷，或檢察官具有裁量權限之便宜原則適用領域，例如得為職權不起訴或緩起訴之案件上，檢察首長得為一定之指示，另外有關偵查之技術或策略性問題者，例如檢察官發動拘提、搜索、偵查、逮捕及羈押之時間選擇、順序安排等技術問題與相關策略運用，檢察長亦得為一定之指示；又涉及法律見解或追訴標準之統一者，為確保檢察權行使之一致性，避免各個檢察官不同之基準，因而造成追訴的不公平，例如已往曾經發生之各縣市長的特別費案起訴與不起訴之

認定標準不同之情形，此時檢察長應得行使其指揮監督權或介入移轉權。

十、特別偵查組之成立及廢除

(一)特別偵查組之成立及設置

檢察官職司犯罪之偵查，惟基於檢察官本質上係屬行政機關之一環，且受法務部之行政監督，故檢察官對於涉及行政高層之官員或選務機關、政黨有關選舉等政治敏感事件或其他重大之貪瀆、經濟犯罪等犯罪之偵查，恐易受干擾而力有未殆，因而修法前之法院組織法第63條之1第1項乃特別規定：「最高法院檢察署設特別偵查組，職司下列案件：一、涉及總統、副總統、五院院長、部會首長或上將階級軍職人員之貪瀆案件。二、選務機關、政黨或候選人於總統、副總統或立法委員選舉時，涉嫌全國性舞弊事件或妨害選舉之案件。三、特殊重大貪瀆、經濟犯罪、危害社會秩序，經最高法院檢察署檢察總長指定之案件。」此即所謂之特別偵查組簡稱特偵組，設置於最高法院檢察署之內，專門負責上開所述各項之刑事案件之偵辦。

又依修法前法院組織法第63條之1第2項之規定，特別偵查組置檢察官六人以上，十五人以下，由最高法院檢察署檢察總長指定一人為主任，該組之檢察官、檢察事務官及其他人員，由最高法院檢察署檢察總長自各級法院檢察署中調最高法院檢察署辦事。故最高法院檢察署特別偵查組之設立，並未增加最高法院檢察署檢察官之員額，其檢察官、檢察事務官及其他人員之來源，係由最高法院檢察署檢察總長自各級法院檢察署中選任適合之人選後，借調至最高法院檢察署之特別偵查組辦事。

另依修法前法院組織法第63條之1第3項之規定，特別偵查組為辦案需要，得借調相關機關之專業人員協助偵查。特別偵查組職司之偵查案件有時涉及特別之專業知識或案情內容繁雜，故特別規定有必要時，得借調相關機關之專業人員協助偵查，此亦為基於行政機關行政一體，行政資源

妥適運用之當然結果。

又依修法前法院組織法第63條之1第4項前段之規定，特別偵查組檢察官執行職務時，得執行各該審級檢察官之職權，不受第62條之限制。惟此一規定係指案件不論應由何審級或何法院管轄，其均可執行檢察官之職權，然並非謂其行使職權，不受刑事訴訟法第4條、法院組織法第9條、第32條、第48條等有關法院之事務管轄權規定及刑事訴訟法第5條之土地管轄規定之限制，故特別偵查組之檢察官，於案件之偵查中，如認有搜索或羈押被告之必要，仍應向該案件之管轄法院聲請核發搜索票或羈押被告，如依偵查所得之證據，足認被告有犯罪嫌疑者，亦仍應向管轄法院提起公訴，此有最高法院97年度台聲字第23號裁定可供參照。又同項後段規定，調辦事之檢察官行使職權，不受第66條之1有關各級檢察官受調協助檢察官規定之限制。

另依修法前法院組織法第63條之1第5項之規定，立法院得於第1項第1款、第2款之案件偵查終結後，決議要求最高法院檢察署檢察總長赴立法院報告。上開本條第1項第1款及第2款之案件，其內容涉及總統、副總統、五院院長、部會首長或上將階級軍職人員之貪瀆，或選務機關、政黨或候選人於總統、副總統或立法委員選舉時，涉嫌全國性舞弊或妨害選舉，具有高度之政治性，對於國家政治之發展影響甚鉅，故特別規定，於上開案件偵查終結後，立法院得以決議要求最高法院檢察署檢察總長赴立法院報告相關偵查之情形，使我國之最高民意機關得以對於此等案件之內容加以瞭解，惟為免立法權之干涉，特別規定於案件偵查終結後使得為之，故立法院不得於案件尚在偵查之中，即要求檢察總長至立法院報告案件相關之發展情形。

(二)特別偵查組之廢除

特別偵查組之成立係仿外國之立法例，用意良善，惟因民國102年9月間發生檢察總長將特別偵查組偵查中之案件內容向總統報告，引發總統與

立法院院長之政治鬥爭，衍生出特別偵查組違法監聽國會總機之事件，加以部分政治人物之案件未如外界預期，特別偵查組遭批評預設立場且不作為，因而最終在朝野立法委員達到共識之情況下，立法院主動修法廢除原法院組織法規定之特別偵查組，並將原法院組織法第66條加以修正，依修正後之規定，高等法院以下各級法院及其分院檢察署為辦理重大貪瀆、經濟犯罪、嚴重危害社會秩序案件需要，得借調相關機關之專業人員協助偵查。高等法院以下各級法院及其分院檢察署檢察官執行前項職務時，得經臺灣高等法院檢察署檢察長或檢察總長之指定，執行各該審級檢察官之職權，不受第62條之限制。上開修正之法院組織法自民國106年1月1日施行，至此特別偵查組乃走入歷史，犯罪之偵查不論層級回歸各級檢察署依法偵查。

十一、派本署檢察官兼行其分院檢察署檢察官職務

依法院組織法第65條之規定，高等法院及地方法院檢察署檢察長，得派本署檢察官兼行其分院檢察署檢察官之職務。此乃有鑑於分院之檢察署檢察官可能有人力不足之情形，故特別設此規定，以兼顧檢察官人員之適當調配。

十二、檢察官之職等

依法院組織法第66條第1項之規定，最高法院檢察署檢察總長，特任；主任檢察官，簡任第十四職等；檢察官，簡任第十三職等至第十四職等。同條第2項規定，高等法院檢察署檢察長，簡任第十三職等至第十四職等；其分院檢察署檢察長，簡任第十二職等至第十四職等。高等法院及分院檢察署主任檢察官，簡任第十一職等至第十三職等；檢察官，簡任第十職等至第十一職等或薦任第九職等；繼續服務二年以上者，得晉敘至簡任第十二職等至第十四職等。同條第3項規定，地方法院及分院檢察署檢

察長，簡任第十職等至第十二職等；主任檢察官，簡任第十職等至第十一職等或薦任第九職等；檢察官，薦任第八職等至第九職等或簡任第十職等至第十一職等；試署檢察官，薦任第七職等至第九職等；候補檢察官，薦任第六職等至第八職等。但直轄市地方法院檢察署檢察長，簡任第十一職等至第十三職等。同條第4項規定，曾任高等法院或其分院檢察署檢察官二年以上，調地方法院或其分院檢察署檢察長、主任檢察官、檢察官者，得晉敘至簡任第十二職等至第十四職等。同條第5項則規定，第34條第2項後段於高等法院及分院檢察署主任檢察官、檢察官準用之。同條第6項規定，第2項、第4項之規定，溯自中華民國90年1月19日生效。又同條第7項規定，第12條第2項至第4項於地方法院及分院檢察署主任檢察官、檢察官準用之；其審查辦法由法務部定之。最高法院檢察署檢察總長地位崇高，故特別規定係由總統特任，屬於特任官；其餘檢察官之職等相關規定，因法官法第89條第1項規定，同法第71條第1項有關法官不列職等之規定，於檢察官準用之，故現行檢察官已不列職等，上開規定形同具文，應於將來修法時予以刪除。

又依法院組織法第66條第8項之規定，最高法院檢察署檢察總長由總統提名，經立法院同意任命之，任期四年，不得連任。同條第9項規定，總統應於前項規定生效後一個月內，向立法院提出最高法院檢察署檢察總長人選。同條第10項則規定，最高法院檢察署檢察總長除年度預算案及法律案外，無須至立法院列席備詢，藉此避免立法委員利用列席備詢之機會影響或干涉檢察總長職權之行使。同條第11項規定，最高法院檢察署檢察總長因故出缺或無法視事時，總統應於三個月內重新提出人選，經立法院同意任命之，其任期重行計算四年，不得連任。同條第12項則規定，最高法院檢察署檢察總長於任命時具司法官身分者，於卸任時，得回任司法官，藉以保障檢察總長之司法官身分。另依同條第13項之規定，最高法院檢察署檢察總長於任滿前一個月，總統應依第8項規定辦理，亦即提名人選由立法院同意後任命之。

十三、各級檢察官受調協助檢察官

依法院組織法第66條之1第1項之規定，法務部得調高等法院以下各級法院及其分院檢察署檢察官或候補檢察官至最高法院檢察署辦事，承檢察官之命，辦理訴訟案件程序之審查、法律問題之分析、資料之蒐集及書類之草擬等事項。同條第2項規定，法務部得調地方法院及其分院檢察署試署檢察官或候補檢察官至高等法院或其分院檢察署辦事，承檢察官之命，協助檢察官辦理訴訟案件程序之審查、法律問題之分析、資料之蒐集及書類之草擬等事項。同條第3項規定，法務部得調候補檢察官至地方法院或其分院檢察署辦事，承實任檢察官之命，協助檢察官辦理訴訟案件程序之審查、法律問題之分析、資料之蒐集及書類之草擬等事項。同條第4項則規定，檢察官、試署檢察官或候補檢察官依前三項規定調辦事期間，計入其檢察官、試署檢察官或候補檢察官年資。本條之增訂其立法理由在於加強對判決之監督，提高辦案品質，減輕各級法院檢察署檢察官之工作負荷。

十四、檢察事務官

(一)檢察事務官之職等

依法院組織法第66條之2第1項之規定，各級法院及其分院檢察署設檢察事務官室，置檢察事務官；檢察事務官在二人以上者，置主任檢察事務官；並得視業務需要分組辦事，各組組長由檢察事務官兼任，不另列等。同條第2項則規定，檢察事務官，薦任第七職等至第九職等，第73條第1項附表所定第一類地方法院及其分院檢察署之檢察事務官，其中二人得列簡任第十職等；主任檢察事務官，薦任第九職等或簡任第十職等。

法院組織法第66條之2之規定，原無「第七十三條第一項附表所定第一類地方法院及其分院檢察署之檢察事務官，其中二人得列簡任第十職

等」之規定，惟因大型地方檢察署之檢察事務官人數較多，且檢察事務官並無可以升任檢察官之法律規定，故其檢察事務官工作多年，縱使績效良好，如未能升任主任檢察事務官，只能一直維持薦任第七職等至第九職等，對於檢察事務官之工作士氣多有影響，故而於民國106年6月14日修正第66條之2條文，特別增列上開「其中二人得列簡任第十職等」之規定藉以鼓勵優秀之檢察事務官留任現職。

(二)檢察事務官之職權

依法院組織法第66條之3第1項之規定：「檢察事務官受檢察官之指揮，處理下列事務：一、實施搜索、扣押、勘驗或執行拘提。二、詢問告訴人、告發人、被告、證人或鑑定人。三、襄助檢察官執行其他第六十條所定之職權。」同條第2項則規定，檢察事務官處理前項前二款事務，視為刑事訴訟法第230條第1項之司法警察官。故檢察事務官在刑事訴訟程序中實施搜索、扣押、勘驗或執行拘提或詢問告訴人、告發人、被告、證人或鑑定人時，其即具有刑事訴訟法所稱司法警察官之身分。故若檢察事務官受檢察官指揮，「襄助」檢察官實施偵查、提起公訴、實行公訴、協助自訴、擔當自訴、指揮刑事裁判執行及執行其他法令所定職務時，顯係基於檢察官之手足地位，實施刑事訴訟法賦予檢察官之權限。

(三)檢察事務官之任用資格

依法院組織法第66條之4第1項規定：「檢察事務官，應就具有下列資格之一者任用之：一、經公務人員高等考試或司法人員特種考試相當等級之檢察事務官考試及格者。二、經律師考試及格，並具有薦任職任用資格者。三、曾任警察官或法務部調查局調查人員三年以上，成績優良，並具有薦任職任用資格者。四、具有公立或經立案之私立大學、獨立學院以上學歷，曾任法院或檢察署書記官，辦理民刑事紀錄三年以上，成績優良，具有薦任職任用資格者。」

又法院組織法第66條之4第2項規定：「各級法院及其分院檢察署為辦理陸海空軍刑法或其他涉及軍事、國家與社會安全及相關案件需要，得借調國防部所屬具軍法官資格三年以上之人員，辦理檢察事務官事務，並準用前條第二項規定。借調期間不得逾四年，其借調方式、年資、待遇、給與、考績、獎懲及相關事項之辦法，由法務部會同國防部定之。」此一規定乃因應有關觸犯軍事刑法之刑事案件於平時均應由各級檢察署偵查追訴，且檢察官有時亦可能偵查涉及軍事、國家與社會安全及相關案件，故有藉重在軍事方面具有專業知識之軍法官加入檢察事務官之行列，以襄助檢察官處理相關案件之偵查及追訴工作。

又法院組織法第66條之4第3項規定：「主任檢察事務官，應就具有檢察事務官及擬任職等任用資格，並具有領導才能者遴任之。」同條第4項則規定：「具律師執業資格者任檢察事務官期間，計入其律師執業年資。」此一規定乃在於吸引優秀律師加入檢察事務官之工作行列，自不待言。

十五、觀護人室之設置

依法院組織法第67條第1項之規定，地方法院及分院檢察署設觀護人室，置觀護人、臨床心理師及佐理員。觀護人在二人以上者，置主任觀護人；在六人以上者，得分組辦事，組長由觀護人兼任，不另列等。又依同條第2項之規定，觀護人，薦任第七職等至第九職等，第73條第1項附表所定第一類地方法院及其分院檢察署之觀護人，其中二人得列簡任第十職等；主任觀護人，薦任第九職等或簡任第十職等；臨床心理師，列師（三）級；佐理員，委任第四職等至第五職等，其中二分之一得列薦任第六職等。

此為關於地方法院及其分院檢察署設置觀護人室之規定，觀護人室之工作主要係執行保護管束之案件，保護管束之對象包括假釋出獄在假釋中

付保護管束者、受緩刑之宣告在緩刑期內付保護管束者、以保護管束代強制戒治及停止強制戒治付保護管束者、以保護管束代其他保安處分者及停止強制工作停止期間並付保護管束者。觀護人室除原來之觀護人外，亦增設臨床心理師及佐理員，以襄助觀護人執行保護管束之業務。

十六、法醫師

依法院組織法第68條第1項之規定，高等法院以下各級法院及其分院檢察署，置法醫師，法醫師在二人以上者，置主任法醫師。法醫師，薦任第七職等至第九職等；主任法醫師，薦任第九職等或簡任第十職等。但地方法院及其分院檢察署法醫師得列委任第五職等。

法醫師之工作主要在於刑事訴訟程序中依刑事訴訟法第216條之規定檢驗或解剖屍體，或依同法第218條會同檢察官、檢察事務官等進行相驗之程序，並鑑定死亡之原因，以作為檢察官犯罪偵查之依據。又依法醫師法第11條之規定：「法醫師檢驗屍體後，應製作檢驗報告書；解剖屍體後，應製作解剖報告書；鑑定死因後，應製作鑑定報告書。」

又依法院組織法第68條第2項之規定，高等法院以下各級法院及其分院檢察署，置檢驗員，委任第三職等至第五職等或薦任第六職等至第八職等。

十七、書記處等設置之準用及執行科之設置

依法院組織法第69條第1項之規定，同法第22條關於地方法院書記處之設置、第23條第3項關於法警之設置、第38條關於高等法院書記處之設置、第52條關於最高法院書記廳之設置等相關規定，於地方法院或其分院檢察署、高等法院或其分院檢察署、最高法院檢察署分別準用之。

又依法院組織法第69條第2項之規定，高等法院以下各級法院及其分院檢察署，得設執行科，掌理關於刑事執行事務，並得分股辦事。科長由

一等書記官兼任；股長由一等書記官或二等書記官兼任，均不另列等。

另依法院組織法第69條第3項之規定，高等法院或其分院檢察署，得設所務科，掌理關於監督看守所及少年觀護所之行政事務，並得分股辦事。置科長一人，薦任第九職等；科員，委任第五職等或薦任第六職等至第七職等；書記，委任第一職等至第三職等；股長由薦任科員兼任，不另列等。

十八、通譯、技士及錄事

依法院組織法第70條第1項之規定，最高法院檢察署、高等法院及分院檢察署置一等通譯，薦任第八職等至第九職等；二等通譯，薦任第六職等至第七職等；三等通譯，委任第四職等至第五職等；技士，委任第五職等或薦任第六職等至第七職等。同條第2項則規定，地方法院及分院檢察署置一等通譯，薦任第七職等至第八職等；二等通譯，薦任第六職等至第七職等；三等通譯，委任第四職等至第五職等；技士，委任第五職等或薦任第六職等至第七職等。又同條第3項則規定，前二項一等通譯、二等通譯總額，不得逾同一檢察署一等通譯、二等通譯、三等通譯總額二分之一。

依法院組織法第71條之規定，各級法院及分院檢察署置錄事，委任第一職等至第三職等。

十九、人事室等之準用

依法院組織法第72條之規定，同法第24條至第26條關於地方法院人事室、會計室、統計室及資訊室設置等相關規定，以及第40條至第42條關於高等法院人事室、會計室、統計室及資訊室設置等相關規定，及第54條至第56條有關最高法院人事室、會計室、統計室及資訊室設置等相關規定，於地方法院或其分院檢察署、高等法院或其分院檢察署、最高法

院檢察署分別準用之。

二十、各級檢察署之類別及員額

　　依法院組織法第73條第1項之規定，地方法院或其分院檢察署之類別及員額，依附表之規定。同條第2項則規定，各地方法院或其分院檢察署應適用之類別及其變更，由行政院定之。另同法第74條第1項規定，高等法院或其分院檢察署之類別及員額，依附表之規定。同條第2項則規定，高等法院或其分院檢察署應適用之類別及其變更，由行政院定之。此外，同法第75條則規定，最高法院檢察署員額，依附表之規定。

二一、司法警察之調度

　　依我國之刑事訴訟法規定，檢察官係偵查之主體，其辦理犯罪之偵查，有時須有其他機關人員之協助，而法院之法官於辦理刑事案件時亦然，故法院組織法第76條第1項特別規定，檢察官得調度司法警察，法官於辦理刑事案件時，亦同。至於檢察官或法官調度司法警察之程序，則依同條第2項之規定，另定調度司法警察條例為之規範。

一、司法年度

　　依法院組織法第77條之規定，司法年度，每年自1月1日起至12月31日止。故法院之業務之進行以各該年度為準，例如案件之編號其年度即依每年之1月1日至12月31日為之。

二、處務規程之訂定

　　依法院組織法第78條之規定，各級法院及分院與各級法院及分院檢察署之處務規程，分別由司法院與法務部定之。法院組織法授權司法院訂定各級法院及分院之處務規程，同時亦授權法務部訂定各級法院及分院檢察署之處務規程。上開處務規程分別規定法院或檢察署之內部編制及各科室所職掌之事項，並規定各項司法人員之職務及相關之作業程序等事項。

三、法院之年度會議及事務分配

(一)法院組織法之原則規定

　　依法院組織法第79條第1項之規定，各級法院及分院於每年度終結前，由院長、庭長、法官舉行會議，按照本法、處務規程及其他法令規定，預定次年度司法事務之分配及代理次序。此乃有關於法院內部各人員在每一司法年度事務分配之依據，依此規定，年度司法事務之分配及代理次序，應於前一年度終結前開會決定之。同條第2項則規定，辦理民事、刑事、行政訴訟及其他特殊專業類型案件之法官，其年度司法事務分配辦

法，由司法院另定之。同條第3項則規定，第1項會議並應預定次年度關於合議審判時法官之配置。故會議應決定行合議制審判之案件，合議庭法官之配置，避免隨不同案件而有不同之合議庭配置，易造成刻意由某合議庭承審特定案件之情形發生。

又依法院組織法第80條之規定，前條會議，以院長為主席，其決議以過半數之意見定之，可否同數時，取決於主席。另依同法第81條之規定，事務分配、代理次序及合議審判時法官之配置，經預定後，因案件或法官增減或他項事故，有變更之必要時，得由院長徵詢有關庭長、法官意見後定之。此乃關於合議庭法官之配置，遇有特殊情況時，得經由院長徵詢有關庭長、法官意見後加以變更，以示慎重。

依法院組織法第82條第1項之規定，地方法院及其分院法官因事故不能執行職務時，得由地方法院院長命候補法官暫代其職務。同條第2項則規定，高等法院或地方法院法官因事故不能執行職務時，得由高等法院或地方法院院長調用其分院法官暫代其職務。同條第3項規定，高等法院及其分院法官因事故不能執行職務時，得由高等法院院長調用地方法院或其分院法官暫代其職務。同條第4項則規定，最高法院法官因事故不能執行職務時，得由最高法院院長商調高等法院或其分院法官暫代其職務。同條第5項則規定，前二項暫代其職務之期間，不得逾六個月。此一規定在於因應法官有不能執行職務例如生重病等情形時，在法院之間就法官人力作合理之調配，惟定有暫代之期間，以免法官事務之處理處於長期不穩定之情況。

(二)法官法之特別規定與法定法官原則

所謂法定法官原則係指為維護法官獨立審判之功能，確保審判之結果符合公平正義，故就個別案件有裁判權限之法官必須事先以一般規範作為準則加以決定，不得就個案逐一決定；易言之，何案件由何法官審理，須行先即以一般性抽象性之原則加以明定，並依此原則決定案件審理之法

官，藉此避免任何人以操控何人審理案件之方式，以操縱審判之結果[1]。

　　法定法官原則我國憲法並未有明文之規定，係由憲法第16條人民訴訟權及第80條法官獨立審判之規定所衍生出之概念，我國大法官會議亦於釋字第665號解釋理由書中闡明：「憲法第16條規定保障人民之訴訟權，其核心內容在於人民之權益遭受侵害時，得請求法院依正當法律程序公平審判，以獲得及時有效之救濟。爲確保人民得受公平之審判，憲法第80條並規定，法官須超出黨派以外，依據法律獨立審判，不受任何干涉。法院經由案件分配作業，決定案件之承辦法官，與司法公正及審判獨立之落實，具有密切關係。爲維護法官之公平獨立審判，並增進審判權有效率運作，法院案件之分配，如依事先訂定之一般抽象規範，將案件客觀公平合理分配於法官，足以摒除恣意或其他不當干涉案件分配作業者，即與保障人民訴訟權之憲法意旨，並無不符。法官就受理之案件，負有合法、公正、妥速處理之職責，而各法院之組織規模、案件負擔、法官人數等情況各異，且案件分配涉及法官之獨立審判職責及工作之公平負荷，於不牴觸法律、司法院訂定之法規命令及行政規則（法院組織法第78條、第79條參照）時，法院就受理案件分配之事務，自得於合理及必要之範圍內，訂定補充規範，俾符合各法院受理案件現實狀況之需求，以避免恣意及其他不當之干預，並提升審判運作之效率。世界主要法治國家中，德意志聯邦共和國基本法第101條第1項雖明文規定，非常法院不得設置；任何人受法律所定法官審理之權利，不得剝奪，此即爲學理所稱之法定法官原則，其內容包括應以事先一般抽象之規範明定案件分配，不得恣意操控由特定法官承辦，以干預審判；惟該原則並不排除以命令或依法組成（含院長及法官代表）之法官會議訂定規範爲案件分配之規定（德國法院組織法第21條之5第1項參照）。其他如英國、美國、法國、荷蘭、丹麥等國，不論爲成文或不成文憲法，均無法定法官原則之規定。惟法院案件

---

[1] 姜世明著，法院組織法，2012年2月，頁23。

之分配不容恣意操控，應爲法治國家所依循之憲法原則。我國憲法基於訴訟權保障及法官依法獨立審判，亦有相同之意旨，已如前述。」

　　爲落實法定法官之原則，法官法第24條乃有關於法官會議之設置及議決事項之規定，依該條之規定：「各法院及其分院設法官會議，議決下列事項：一、依法律及司法院所定事務分配辦法，預定次年度司法事務分配、代理次序及合議審判時法官之配置事項。二、辦理法官考核之建議事項。三、第二十一條所定對法官爲監督處分之建議事項。四、其他與法官權利義務有重大影響之建議事項。前項第一款之議決對象，不包括調至他機關辦事之法官。法官年度司法事務分配後，因案件增減或他項事由，有變更之必要時，得由院長徵詢有關庭長、法官之意見後定之。但遇有法官分發調動，而有大幅變更法官司法事務分配之必要時，應以法官會議議決。院長認爲法官會議關於第一項第一款或第三項但書議決事項所爲決議有違背法令之情事，應於議決後五日內以書面附具理由，交法官會議復議。復議如經三分之二以上法官之出席及出席人數四分之三以上之同意維持原決議時，院長得於復議決議後五日內聲請職務法庭宣告其決議違背法令。法官會議關於第一項第一款或第三項但書議決事項所爲決議經職務法庭宣告爲違背法令者，其決議無效。法官會議自發交復議日起十五日內未議決，或未作成前項維持原決議之議決者，其原決議失其效力。前項情形，院長得提出事務分配方案取代原決議。職務法庭審理第四項之聲請案件，得不經言詞辯論，並應於受理後三十日內爲裁定。院長認爲法官會議就第一項第二款至第四款所列建議事項之決議違背法令或窒礙難行時，應拒絕之，並於一個月內，以書面或其他適當方式說明之。」故依此一規定之內容觀之，法官事務之分配並非由院長加以決定，而係由各法院所設置之法官會議議決決定之。

　　實務上對於各法院自行制定之分案規則規定訴訟案件分案後，有符合一定條件之下，得將其審理案件合併交由另一位法官審理，此種情形是否有違反法定法官之原即不免產生爭議，惟就此大法官會議表示：「……

訴訟案件分配特定法官後，因承辦法官調職、升遷、辭職、退休或其他因案件性質等情形，而改分或合併由其他法官承辦，乃法院審判實務上所不可避免。按刑事訴訟法第7條規定：『有左列情形之一者，爲相牽連之案件：一、一人犯數罪者。二、數人共犯一罪或數罪者。三、數人同時在同一處所各別犯罪者。四、犯與本罪有關係之藏匿人犯、湮滅證據、僞證、贓物各罪者。』第6條規定：『數同級法院管轄之案件相牽連者，得合併由其中一法院管轄（第1項）。前項情形，如各案件已繫屬於數法院者，經各該法院之同意，得以裁定將其案件移送於一法院合併審判之。有不同意者，由共同之直接上級法院裁定之（第2項）。不同級法院管轄之案件相牽連者，得合併由其上級法院管轄。已繫屬於下級法院者，其上級法院得以裁定命其移送上級法院合併審判。但第七條第三款之情形，不在此限（第3項）。』上開第6條規定相牽連刑事案件分別繫屬於有管轄權之不同法院時，得合併由其中一法院管轄，旨在避免重複調查事證之勞費及裁判之歧異，符合訴訟經濟及裁判一致性之要求。且合併之後，仍須適用相同之法律規範審理，如有迴避之事由者，並得依法聲請法官迴避，自不妨礙當事人訴訟權之行使。惟相牽連之數刑事案件分別繫屬於同一法院之不同法官時，是否以及如何進行合併審理，相關法令對此雖未設明文規定，因屬法院內部事務之分配，且與刑事訴訟法第6條所定者，均同屬相牽連案件之處理，而有合併審理之必要，故如類推適用上開規定之意旨，以事先一般抽象之規範，將不同法官承辦之相牽連刑事案件改分由其中之一法官合併審理，自與首開憲法意旨無違。法院組織法第79條第1項規定：『各級法院及分院於每年度終結前，由院長、庭長、法官舉行會議，按照本法、處務規程及其他法令規定，預定次年度司法事務之分配及代理次序。』各級法院及分院之處務規程係由法院組織法第78條授權司法院定之。臺灣臺北地方法院刑事庭分案要點（下稱系爭分案要點）乃本於上開法院組織法規定之意旨，並經臺灣臺北地方法院法官會議授權，由該法院刑事庭庭務會議決議，事先就該法院受理刑事案件之分案、併案、折抵、

改分、停分等相關分配事務,所為一般抽象之補充規範。系爭分案要點第10點規定:『刑事訴訟法第七條所定相牽連案件,業已分由數法官辦理而有合併審理之必要者,由各受理法官協商併辦並簽請院長核准;不能協商時,由後案承辦法官簽請審核小組議決之。』其中『有合併審理之必要』一詞,雖屬不確定法律概念,惟其意義非難以理解,且是否有由同一法官合併審理之必要,係以有無節省重複調查事證之勞費及避免裁判上相互歧異為判斷基準。而併案與否,係由前後案件之承辦法官視有無合併審理之必要而主動協商決定,由法官兼任之院長(法院組織法第13條參照)就各承辦法官之共同決定,審查是否為相牽連案件,以及有無合併審理之必要,決定是否核准。倘院長准予併案,即依照各受理法官協商結果併辦;倘否准併案,則係維持由各受理法官繼續各自承辦案件,故此併案程序之設計尚不影響審判公平與法官對於個案之判斷,並無恣意變更承辦法官或以其他不當方式干涉案件分配作業之可能。復查該分案要點第43點規定:『本要點所稱審核小組,由刑事庭各庭長(含代庭長)組成,並以刑一庭庭長為召集人(第1項)。庭長(含代庭長)不能出席者,應指派該庭法官代理之,惟有利害關係之法官應迴避(第2項)。審核小組會議之決議,應以過半數成員之出席及出席成員過半數意見定之;可否同數時,取決於召集人(第3項)。』審核小組係經刑事庭全體法官之授權,由兼庭長之法官(法院組織法第15條第1項參照)組成,代表全體刑事庭法官行使此等權限。前述各受理法官協商併辦不成時,僅後案承辦法官有權自行簽請審核小組議決併案爭議,審核小組並不能主動決定併案及其承辦法官,且以合議制方式作成決定,此一程序要求,得以避免恣意變更承辦法官。是綜觀該分案要點第10點後段及第43點之規定,難謂有違反明確性之要求,亦不致違反公平審判與審判獨立之憲法意旨。綜上,系爭分案要點第10點及第43點係依法院組織法第78條、第79條第1項之規定及臺灣臺北地方法院法官會議之授權,由該法院刑事庭庭務會議,就相牽連案件有無合併審理必要之併案事務,事先所訂定之一般抽象規範,依其規定

併案與否之程序，足以摒除恣意或其他不當干涉案件分配作業之情形，屬合理及必要之補充規範，故與憲法第16條保障人民訴訟權及第80條法官依據法律獨立審判之意旨，尚無違背。」

又為法官會議議決上開司法事務分配之事項於開會時得以順利進行，法官法第26條乃規定：「法官會議得組成法官司法事務分配小組或其他小組，研擬第二十四條第一項各款所列事項之意見，並提出法官會議議決。前項事務分配小組遇有第二十四條第三項但書情形時，亦得預擬事務分配方案，提出法官會議議決。前二項事務分配方案，應顧及審判業務之需要、承辦法官之專業、職務之穩定及負擔之公平。第一項小組由法官代表組成，任期一年；其人數及得否連任由法官會議議決。前項法官代表，除院長為當然代表外，其餘三分之一由院長指定，另三分之二依法官會議議決之方式產生。」本條所規定之事務分配小組，其功能主要在於為法官會議之議決事務分配事項作會前之準備工作，並事先預為擬定分配方案，避免法官會議進行時程序過於冗長，而效果不彰。

四、法院裁判之公開

依法院組織法第83條第1項前段之規定，各級法院及分院應定期出版公報或以其他適當方式，公開裁判書。依此規定，各級法院及其分院應定期以出版公報或其他適當方式公開其製作之裁判書類，以供社會大眾閱覽並昭公信。以往各級法院及其分院多位司法院頒布「各級法院編印裁判彙編之方式」進行裁判書彙編之編印，供外界參考，惟因目前網際網路發達，故法院之裁判書類公告多置放於網站，供社會大眾以網路加以閱覽，故多數法院停止裁判書彙編之進行，而以網路方式公布裁判書。惟同項但書亦規定，但其他法律另有規定者，依其規定。故其他法律如有規定不得公開或得不公開，則依其規定。例如少年事件處理法第83條第1項規定：「任何人不得於媒體、資訊或以其他公示方式揭示有關少年保護事件或少

年刑事案件之記事或照片，使閱者由該項資料足以知悉其人為該保護事件受調查、審理之少年或該刑事案件之被告。」此屬法律另有規定之情形，應予遵守。

又依法院組織法第83條第2項之規定，前項公開，除自然人之姓名外，得不含自然人之身分證統一編號及其他足資識別該個人之資料。蓋個人之隱私權乃人民之基本權利之一，並受憲法第22條規定所保障，惟同時人民對於相關資訊亦有知之權利，為平衡此二項權利，乃特別規定裁判書之公開內容，原則上自然人之姓名應予公開，但於公開技術可行範圍內，得限制裁判書內容中自然人之出生年月日、身分證統一編號、住居所及其他足資識別該個人之資料，以資保護個人之隱私並兼顧人民知之權利。

此外依法院組織法第83條第3項之規定，高等法院以下各級法院及其分院檢察署，應於第一審裁判書公開後，公開起訴書，並準用前二項規定。此乃法院組織法於民國107年6月13日公布修正所增訂之規定，其理由在於公開檢察官之起訴書，透過資訊之透明化，使公眾得藉由起訴書所載之犯罪事實及證據並所犯法條等事項為公開之檢驗，以加強對檢察官履行法定性義務及客觀性義務之監督，然而考量刑事訴訟無罪推定之原則及被告受公平審判之權利，起訴書公開之時點應限於第一審判決之後。

一、法庭之開庭

依法院組織法第84條第1項之規定，法庭開庭，於法院內爲之。但法律別有規定者，不在此限。故原則上法院開庭應於所設置之法庭內爲之，不得任意擇定地點爲之。

依法院組織法第84條第2項之規定，法院內開庭時，在法庭實施訴訟程序之公務員及依法執行職務之人、訴訟當事人與訴訟關係人，均應設置席位；其席位布置，應依當事人平等之原則爲之。蓋在法庭進行訴訟時，所有參與訴訟之人均應有席位，以表彰其於訴訟上之地位，且席位之布置既象徵當事人於訴訟上之地位，自應以平等方式爲之，不得有歧視之情形發生。

又依法院組織法第84條第3項之規定，除參與審判之法官或經審判長許可者外，在庭之人陳述時，起立，陳述後復坐。惟目前多數法院在當事人進行陳述時均允許當事人就坐，以配合與書記官制作筆錄同步之電腦螢幕之顯示及觀看。又依同條第4項之規定，審判長蒞庭及宣示判決時，在庭之人均應起立，此規定乃在於表現對於法院及法官職務之尊重。另同條第5項則規定，法庭席位布置及旁聽規則，由司法院定之，故司法院目前頒布有法庭席位布置規則及法庭旁聽規則，以作爲各級法院法庭席位布置及當事人以外之非訴訟相關人士旁聽開庭之依循標準。（詳見附錄10「法庭席位布置規則」及附錄11「法庭旁聽規則」）

另依法院組織法第85條之規定，高等法院以下各級法院或分院於必要時，得在管轄區域內指定地方臨時開庭。前項情形，其法官除就本院

法官中指派者外，得以所屬分院或下級法院法官充之。第1項臨時開庭辦法，由司法院定之。

二、公開審理

(一)原則─公開

　　依法院組織法第86條前段之規定，訴訟之辯論及裁判之宣示，應公開法庭行之。此一規定即在宣示法院之審判應採公開審理之原則，所謂公開審理原則，通常係指法院之審判應處於一般之國民皆得在不受限制之下加以見聞之狀態。公開審理原則之建立，在於讓一般之國民均得以共同監督法院法官開庭之進行情形，如此始得合理期待存在公平、公正審判之可能，若法院審理案件係採取秘密審理之原則，審理之過程均不加以公開，則在欠缺公眾監督之情形下，即容易產生審判者恣意形成心證，濫行認定犯罪事實並定罪處刑之情形，更可能使司法審判淪落成為政治上迫害異議人士之工具，故公開審理之原則係用以確保審判公平、公正之重要手段之一，且為當今世界上各法治國家法院審判之基本原則之一[1]。

(二)例外─不公開

　　公開審理之原則係法院審理案件之基本原則，惟其亦有例外之情形，在具有特定情形之案件進行審理時，例外不予公開進行，此種不公開之情形包括不得公開（即絕對不公開）及得不公開（即相對不公開），所謂不得公開係指絕對不能公開審理之意，法院之法官於此情形之下審理案件時不得公開進行，否則即屬違法；所謂得不公開則係指得公開亦得不公

---

[1] 例如在美國刑事司法程序中，被告有受公開審判之權利（right to a public trial），且此一權利係經美國聯邦憲法明文加以保障，依美國聯邦憲法第六修正案之規定：「在所有之刑事追訴程序中，被告享有……受公開審判之權利」（In all criminal prosecutions, the accused enjoy the right to a......public trial）。

開，此時應由審理案件之法官，依照具體案件之個別狀況決定是否不公開審理，亦即對於是否案件是否公開審理法官有裁量之權限。

　　依法院組織法第86條之但書規定：「但有妨害國家安全、公共秩序或善良風俗之虞時，法院得決定不予公開。」此乃法院組織法關於公開審理原則之例外規定；易言之公開審理之原則並非絕對，於特別之情況下仍得加以限制，而採取不公開審理之原則。所謂特別之情況，包括案件有妨害國家安全、公共秩序或善良風俗之虞等情形，案件是否有上開情形，則應依具體個案之內容加以判斷，此種情形係屬於例外之情形，故法官於決定不予公開審理時應慎重為之，不得任意決定案件不公開審理以迴避公眾之監督。

　　除法院組織法本身之規定外，其餘之法律亦有規定審理不公開之情形，例如在刑事訴訟程序部分，性侵害犯罪之案件其審判不得公開，此為性侵害防治條例第18條第1項所明文規定；又自訴案件於第一次審判期日前訊問自訴人或被告時不公開，此為刑事訴訟法第326條第2項所明文規定；此外少年保護事件之調查及審理不公開，少年刑事案件之審判得不公開，此分別為少年事件處理法第34條、第73條第1項所明文規定；另訴訟之辯論有危害證人生命身體或自由之虞者，法院得決定不公開，證人保護法第20條亦有規定。又在民事訴訟程序部分，例如民事訴訟之調解程序得不公開，此民事訴訟法第510條第2項明文規定；另外如家事事件之處理程序，以不公開法庭行之，家事事件法第9條第1項前段亦定有明文規定。

　　依法院組織法第87條第1項之規定，法庭不公開時，審判長應將不公開之理由宣示[2]。此規定在於法院應明白宣示決定採取不公開審理之理由，使一般社會大眾瞭解，並避免法官恣意對於案件採取不公開審理之方

2　例如民事訴訟法第212條第5款即規定：「法院書記官應作言詞辯論筆錄，記載下列各款事項：……五、辯論之公開或不公開，如不公開者，其理由。」

式進行審判。又同條第2項則規定，前項情形，審判長仍得允許無妨礙之人旁聽，蓋不公開審理係例外之情形，故如對於審判之公開不產生上述國家安全或公共秩序等等危害之情形，原則上仍得允許其等旁聽為宜，故特此規定。

三、審判長之職權

依法院組織法第88條之規定，審判長於法庭之開閉及審理訴訟，有指揮之權。故法庭活動之開始、結束，及法庭於訴訟進行之中，有關程序之進行，均應由審判長指揮為之，此乃審判長之指揮權，其他人包括合議庭之其他庭員均不得置喙。

又依法院組織法第89條之規定，法庭開庭時，審判長有維持秩序之權。此乃關於審判長於開庭時維持秩序權之明文規定，蓋法庭活動之進行，應依訴訟程序相關規定為之，任何人不得加以破壞或違反，如法庭之活動失其秩序，非但訴訟無法順利進行，且有損法院之尊嚴，故法庭進行訴訟程序中秩序之維持，特別規定亦係屬於審判長之權限。

另依法院組織法第90條第1項之規定，法庭開庭時，應保持肅靜，不得有大聲交談、鼓掌、攝影、吸煙、飲食物品及其他類似之行為。非經審判長核准，並不得錄音。故法庭開庭之時在場之相關人士，均應保持肅靜，以維護法庭之尊嚴，且原則上在法庭不得有大聲交談、鼓掌、攝影、吸煙、飲食物品及其他類似之行為，以免影響法庭訴訟之進行，至於錄音則除經審判長許可外，原則上亦不得為之。同條第2項則規定，前項錄音辦法，由司法院定之。

又依法院組織法第91條第1項之規定，有妨害法庭秩序或其他不當行為者，審判長得禁止其進入法庭或命其退出法庭，必要時得命看管至閉庭時。同條第2項亦規定，前項處分，不得聲明不服。蓋法庭秩序之維護有即時處理之必要，故審判長對於禁止進入法庭或命其退出法庭及看管之處

分，應即時執行，不得聲明不服，以免影響法庭訴訟之進行。又同條第3項則規定，前二項之規定，於審判長在法庭外執行職務時準用之。

又依法院組織法第92條之規定，律師在法庭代理訴訟或辯護案件，其言語行動如有不當，審判長得加以警告或禁止其開庭當日之代理或辯護。非律師而為訴訟代理人或辯護人者，亦同。律師不論在民事案件擔任訴訟代理人或刑事案件擔任辯護人，其應就案件之進行，依訴訟法律規定之程序進行，其言語或行動，亦應遵守法庭之秩序，如有不當之情形，審判長亦有權限加以警告，或嚴重者亦得禁止其開庭當日之代理或辯護。至於非律師擔任訴訟代理人或辯護人之情形，亦同有該規定之適用。

依法院組織法第93條之規定，法院開庭時，審判長如行使上開所述之處分，應記明其事由於筆錄，以避免將來發生爭議。

依法院組織法第94條之規定，第84條至第93條有關審判長之規定，於受命法官、受託法官執行職務時準用之。並無論民事案件或刑事案件，在進行準備程序之時，由受命法官或受託法官為之，此時亦應賦予其等與審判長同一之維持法庭秩序之權限，否則如發生滋擾法庭情事，在場之受命法官或受託法官推事，竟無權維持法庭秩序，當非法院組織法規定法庭警察權之立法原意，惟為免爭議特別加以明文規定。

此外依法院組織法第95條之規定，違反審判長、受命法官、受託法官所發維持法庭秩序之命令，致妨害法院執行職務，經制止不聽者，處三月以下有期徒刑、拘役或三千元以下罰金。此為關於違反法庭秩序罪之規定，其主觀上必須有違反審判長、受命法官、受託法官所發維持法庭秩序命令之故意，客觀上亦有違反之行為，並因其行為導致妨害法院執行職務，並經制止不聽，為其犯罪之構成要件。

四、開庭之形式

依法院組織法第96條第1項之規定，法官及書記官在法庭執行職務

時，應服制服，檢察官、公設辯護人及律師在法庭執行職務時，亦同。而依同條第2項則規定，前項人員之服制，由司法院會同行政院定之。

另依法院組織法第97條之規定，法院為審判時，應用國語。為因應此一規定，故同法第98條乃規定，訴訟當事人、證人、鑑定人及其他有關係之人，如有不通曉國語者，由通譯傳譯之；其為聽覺或語言障礙者，除由通譯傳譯外，並得依其選擇以文字訊問，或命以文字陳述。又依同法第99條之規定，訴訟文書應用我國文字，但有供參考之必要時，應附記所用之方言或外國語文。

上開法院組織法第97條至第99條之規定，依法院組織法第100條之規定，於辦理檢察事務時準用之。故檢察官或檢察事務官於辦理檢察事務時，亦應使用國語，並對於不通國語或聾啞之人使用傳譯，並於相關之文書使用我國之文字，但有供參考之必要時，應附記所用之方言或外國語文。

　　如上所述，法官審理案件有獨立制與合議制二種型式，如係獨立制，則審判之結果完全由該名法官決定，如係合議制，則審判之結果則係由合議審判之全體法官決定。依法院組織法第101條之規定，合議裁判案件，應依本法所定法官人數評議決定之。故合議案件由三至五位法官合議之全體法官經由評議之方式，決定案件如何裁判。

　　依法院組織法第102條之規定，裁判之評議，以審判長爲主席。故合議庭之法官進行評議程序時，係以審判長作爲主席，主持合議之進行。

　　又依法院組織法第103條之規定，裁判之評議，於裁判確定前均不公開。故合議庭之法官進行評議之經過情形，於案件之裁判確定之前，均不得加以公開，任何人亦不得要求審閱其內容。

　　合議制案件裁判前之評議，依法院組織法第104條之規定，評議時法官應各陳述意見，其次序以資淺者爲先，資同以年少者爲先，遞至審判長爲終。故評議各參與合議審判之法官均應表示其法律上之意見，且其次序應由資淺之法官爲先，資同者以年少者爲先，最終至審判長爲止，其規定之目的在於如由審判長先表示意見，則因審判長有時爲兼任庭長之法官，否則亦爲資深之法官，其表示之意見可能對於其他資淺之法官產生心理上之拘束，使其等不易完整表示其意見，或附合審判長之意見，如此合議之評議形成形式化，當非合議審判設立之本旨，支特別規定審判長最後表示意見。

　　合議制案件之裁判經過評議之程序而產生，依法院組織法第105條第1項之規定，評議以過半數之意見決定之。故合議制之案件如何裁判，應

以評議時過半數之意見加以決定。依此參與合議審判之受命法官或陪席法官，其行使評議之職權及對判決結果之影響程度，依法與審判長並無差異。惟如參與評議之法官意見者未過半數時，則如何決定，同條第2項即規定，關於數額，如法官之意見分三說以上，各不達過半數時，以最多額之意見順次算入次多額之意見，至達過半數為止。例如，三位法官合議之案件，甲法官主張賠償之金額為新臺幣十萬元，乙法官主張新臺幣八萬元，丙法官主張新臺幣七萬元，則由最高金額之甲法官意見順次算入乙法官之意見，如此即過半數，此時即以乙法官之金額為準，作為評議裁判之決定。又同條第3項則規定，關於刑事，如法官之意見分三說以上，各不達過半數時，以最不利於被告之意見順次算入次不利於被告之意見，至達過半數為止。例如甲法官認為處判處被告有期徒刑二年，乙法官認為應判處被告有期徒刑一年十月，丙法官認為應判處被告有期徒刑一年八月，則以最不利被告之甲法官意見順次算入乙法官之意見，如此即過半數，即以乙法官之意見作為評議之決定，判處被告有期徒刑一年十月。

評議之經過應予記載並守密，依法院組織法第106條第1項之規定，評議時各法官之意見應記載於評議簿，並應於該案裁判確定前嚴守秘密。故在該案件之裁判確定之前，合議庭之法官對於評議之經過情形，各法官而表示之意見均有守密之義務，不得任意對外加以公開。同條第2項則規定，案件之當事人、訴訟代理人、辯護人或曾為輔佐人，得於裁判確定後聲請閱覽評議意見。但不得抄錄、攝影或影印。故合議案件之評議經過，於該案件裁判確定後，該案件之當事人、訴訟代理人、辯護人或曾為輔佐人之人，得於裁判確定後聲請閱覽評議意見，瞭解其案件各法官表示意見及裁判結果產生之情形，但僅止於閱覽，不得為抄錄、攝影或影印等行為。

又依法院組織法第107條之規定，法院處理事務，應互相協助。依此規定，係指無隸屬關係之法院之間，其於法律之規定有互相協助之義務，但應注意此協助之義務，不應違反法院管轄之規定。所謂法律規定法院互相協助之情形，例如刑事訴訟法第153條有關法院間囑託搜索或扣押之規定，或同法第192條規定於勘驗時準用等規定均屬之[1]。

另依法院組織法第108條之規定，檢察官執行職務，應互相協助。檢察機關基於檢察一體及行政一體之精神，於互不隸屬之檢察署之間，其檢察官互相協助自為理所當然，例如刑事訴訟法第82條有關囑託拘提之規定即是[2]，另外如上開刑事訴訟法第153條及第192條亦均屬之。

又依法院組織法第109條之規定，書記官於權限內之事務，應互相協助，觀護人、執達員、法警，亦同。此乃關於法官及檢察官以外之其他司法人員之間基於法律規定之職權，有互相協助之義務，例如法院書記官應依職權為送達，此送達，原則上均由法院書記官交執達員或郵務機構行之，而民事訴訟第125條即有關於於管轄區域外囑託送達之規定[3]。另執達員有關強制執行程序，亦有準用民事訴訟程序囑託送達之相關規定。

---

[1] 我國之刑事訴訟法第153條規定：「搜索或扣押，得由審判長或檢察官囑託應行搜索、扣押地之法官或檢察官行之。受託法官或檢察官發現應在他地行搜索、扣押者，該法官或檢察官得轉囑託該地之法官或檢察官。」同法第219條則規定：「第一百二十七條、第一百三十二條、第一百四十六條至第一百五十一條及第一百五十三條之規定，於勘驗準用之。」

[2] 我國刑事訴訟法第82條規定：「審判長或檢察官得開具拘票應記載之事項，囑託被告所在地之檢察官拘提被告；如被告不在該地者，受託檢察官得轉囑託其所在地之檢察官。」

[3] 我國民事訴訟法第125條規定：「法院得向送達地地方法院為送達之囑託。」

法院係司法機關殆無疑義，而檢察機關係屬廣義之司法機關亦如上述，故法院及檢察署等機關具有高度之獨立性，惟基於國家機關之行政作用，上開機關亦非完全獨立而不受任何之監督，故法院組織法乃有關於對於法院及檢察署之行政監督之相關規定，法院之行政監督涉及審判獨立之問題，而檢察署之行政監督則又與檢察一體有關，以下即分別加以論述。

第一節　法院之司法行政監督

一、行政監督之基本原則

依法院組織法第110條之規定：「各級法院行政之監督，依左列規定：一、司法院院長監督各級法院及分院。二、最高法院院長監督該法院。三、高等法院院長監督該法院及其分院與所屬地方法院及其分院。四、高等法院分院院長監督該分院與轄區內地方法院及其分院。五、地方法院院長監督該法院及其分院。六、地方法院分院院長監督該分院。」此即有關法院之司法行政監督之規定。對於法院之司法行政監督，由於涉及敏感之司法獨立之問題，故其行政監督應有一定之原則，包括下列各項：

(一)司法行政監督之行使與行使方式，須有法律或有效命令規則作為依據。

上級司法機關對於下級司法機關為行政上之監督，應於事先訂有一定

之準則，而非由上級法院之長官，恣意對於下級法院之業務加以指導或指示下級法院人員如何行使職權。所謂之準則，須有法律之依據，或須有機關本於其職權所訂定之命令、規則等，使下級法院之人員得以遵循。

(二)司法行政監督原則上係就通案為之，不宜針對個案為之。

　　對於法院之司法行政監督原則上應係就一般通案為之，避免就法院所審理之個別案件為行政上之監督，如此方可避免藉由行政監督之名，而行干涉審判之實，以保障審判之獨立性。

(三)司法行政之監督，如係針對個案為之，須其程序顯然違法，不得以法律見解不一，而強其求同。

　　司法行政監督如係針對個別案件為之，則應以個別案件之進行，其程序顯然違反法律之規定為限，如係屬於對於法律之解釋有不同見解之問題，不得以行政監督之名加以指示案件處理之方式。

(四)司法行政監督之行使，宜以書面方式為之。

　　為落實審判之獨立，並避免將來發生審判是否受到上級法院干涉之爭議，對於法院之行政監督宜以書面之方式為之，儘量避免以口頭方式加以指示，以免將來發生爭議時，無法有相當之依據作為判斷之基礎。

(五)司法行政監督，應儘量避免行使於案件裁判之前。

　　對於法院之司法行政監督，應避免於個別案件尚在進行審判程序之中為之，而應於案件審理終結並由法官作出裁判後為之，如此始得以避免有干涉審判之嫌。

二、對於法官之行政監督

依法院組織法第110條之司法行政監督係針對法院之所有司法人員之事務而言，至於法官部分因性質較爲特殊，且因應法官法之制定，故在法官法有特別之規定。依法官法第19條第1項之規定，法官於其獨立審判不受影響之限度內，受職務監督。職務監督包括制止法官違法行使職權、糾正法官不當言行及督促法官依法迅速執行職務。故依本條之規定法官行使審判之職務，除於審判之核心業務本身具有獨立性之外，並非完全不受行政上之監督，本項特別規定對於法官得施以行政監督之內容包括「制止法官違法行使職權」、「糾正法官不當言行」及「督促法官依法迅速執行職務」等事項。此規定相對於法院組織法第110條之規定係屬於針對法官部分之特別規定應優先加以適用。

又依法官法第20條之規定：「法官之職務監督，依下列規定：一、司法院院長監督各法院法官及公務員懲戒委員會委員。二、最高法院院長監督該法院法官。三、最高行政法院院長監督該法院法官。四、公務員懲戒委員會委員長監督該委員會委員。五、高等法院院長監督該法院及其分院與所屬地方法院及其分院法官。六、高等法院分院院長監督該分院與轄區內地方法院及其分院法官。七、高等行政法院院長監督該法院及其分院法官。八、高等行政法院分院院長監督該分院法官。九、專業法院院長監督該法院法官。十、地方法院院長監督該法院及其分院法官。十一、地方法院分院院長監督該分院法官。」

又關於職務監督權人之對於法官處分之權限，則依法官法第21條第1項之規定：「前條所定職務監督權人，對於被監督之法官得爲下列處分：一、關於職務上之事項，得發命令促其注意。二、違反職務上之義務、怠於執行職務或言行不檢者，加以警告。」同條第2項則又規定：「基於保障人民之訴訟權及服公職權益，各法院或分院院長，得對該院法官遲延未結之案件，提經法官會議決議改分同院其他法官辦理，或爲其他適當之處

理。」

又依法官法第22條第1項之規定，職務監督之處分權之內容為：「被監督之法官有前條第一項第二款之情事，情節重大者，第二十條所定職務監督權人得以所屬機關名義，請求法官評鑑委員會評鑑，或移由司法院依第五十一條第二項、第三項規定辦理。」同條第2項則規定：「被監督之法官有前條第一項第二款之情事，經警告後一年內再犯，或經警告累計達三次者，視同情節重大。」

三、司法監督與審判獨立

所謂司法行政監督，是指各級法院與各級法院檢察署，除司法審判事務外，關於司法行政事務之運作，可藉由命令、警告及懲戒等三種行政監督方法，由上級機關對下級機關予以行政上的監察與督促。司法行政監督係屬於司法行政權的一種，其階級分明、上下服從，但法官之審判權為司法裁判權，應超然獨立於司法行政監督之外，故司法行政監督權之實施，應以司法行政事務為限，不得介入或干預法官審判之事務。

實務上我國之大法官會議曾對於審判獨立與司法行政監督之分際作出解釋，依司法院大法官會議釋字第530號解釋謂：「憲法第80條規定法官須超出黨派以外，依據法律獨立審判，不受任何干涉，明文揭示法官從事審判僅受法律之拘束，不受其他任何形式之干涉；法官之身分或職位不因審判之結果而受影響；法官唯本良知，依據法律獨立行使審判職權。審判獨立乃自由民主憲政秩序權力分立與制衡之重要原則，為實現審判獨立，司法機關應有其自主性；本於司法自主性，最高司法機關就審理事項並有發布規則之權；又基於保障人民有依法定程序提起訴訟，受充分而有效公平審判之權利，以維護人民之司法受益權，最高司法機關自有司法行政監督之權限。司法自主性與司法行政監督權之行使，均應以維護審判獨立為目標，因是最高司法機關於達成上述司法行政監督之目的範圍內，雖得發

布命令，但不得違反首揭審判獨立之原則。最高司法機關依司法自主性發布之上開規則，得就審理程序有關之細節性、技術性事項為規定；本於司法行政監督權而發布之命令，除司法行政事務外，提供相關法令、有權解釋之資料或司法實務上之見解，作為所屬司法機關人員執行職務之依據，亦屬法之所許。惟各該命令之內容不得牴觸法律，非有法律具體明確之授權亦不得對人民自由權利增加法律所無之限制；若有涉及審判上之法律見解者，法官於審判案件時，並不受其拘束，業經本院釋字第216號解釋在案。司法院本於司法行政監督權之行使所發布之各注意事項及實施要點等，亦不得有違審判獨立之原則。」另上開所述大法官會議第539號解釋亦謂：「……凡足以影響因法官身分及其所應享有權利或法律上利益之人事行政行為，固須依據法律始得為之，惟不以憲法明定者為限。若未涉及法官身分及其應有權益之人事行政行為，於不違反審判獨立原則範圍內，尚非不得以司法行政監督權而為合理之措置。」依此可知，為保障人民之基本權利、落實公平審判之原則，司法機關自應有其自主性，而基於此一司法機關自主性之存在，司法機關當然可就其所職掌範圍內之行政事務行使行政監督之權限，但其前提為不得影響法官審判之獨立性。

　　惟有時司法行政監督是否涉及法官審判之業務易生爭議？例如對於拖延訴訟、積案不結之法官，以司法行政監督之方式加以處理，是否違反審判獨立之原則即是。如以司法行政監督是以輔助司法審判獨立為目的，而依上開大法官會議釋字第530號及第539號之意旨而言，在不違反審判獨立之原則範圍內，如果法官有違法失職或廢弛職務等情事，則可藉由司法行政監督之運作，而為合理的措置，此並非法所不許。

第二節　檢察署之司法行政監督

　　依法院組織法第111條之規定：「各級法院檢察署行政之監督，依左

列規定：一、法務部部長監督各級法院及分院檢察署。二、最高法院檢察署檢察總長監督該檢察署。三、高等法院檢察署檢察長監督該檢察署及其分院檢察署與所屬地方法院及其分院檢察署。四、高等法院分院檢察署檢察長監督該檢察署與轄區內地方法院及其分院檢察署。五、地方法院檢察署檢察長監督該檢察署及其分院檢察署。六、地方法院分院檢察署檢察長監督該檢察署。」此乃關於各級檢察署基於檢察業務之需要所訂定之行政監督之規定。

檢察機關基於檢察一體之規定，上下級檢察署之間有行政監督之權限，相對於法院而言，似乎較為理所當然，惟檢察一體之最高層次至檢察總長，故行政院法務部對於各級法院及其分院之檢察署是否當然具有司法行政監督之權，即有明文規定之必要，故上開法院組織法第111條第1款即規定「法務部部長監督各級法院及分院檢察署」。而依司法院大法官會議釋字第530號解釋謂：「……檢察官偵查刑事案件之檢察事務，依檢察一體之原則，檢察總長及檢察長有法院組織法第63條及第64條所定檢察事務指令權，是檢察官依刑事訴訟法執行職務，係受檢察總長或其所屬檢察長之指揮監督，與法官之審判獨立尚屬有間。關於各級法院檢察署之行政監督，依法院組織法第111條第1款規定，法務部部長監督各級法院及分院檢察署，從而法務部部長就檢察行政監督發布命令，以貫徹刑事政策及迅速有效執行檢察事務，亦非法所不許。」故法務部部長得經由行政監督對於檢察體系之事務加以指揮監督，此與法院強調審判獨立在性質上有即大之差異。

除上開法院組織法之規定外，法官法中對於各級法院及其分院檢察署行政監督權之行使亦有規定，依法官法第94條之規定：「各級法院及其分院檢察署行政之監督，依下列規定：一、法務部部長監督各級法院及分院檢察署。二、最高法院檢察署檢察總長監督該檢察署。三、高等法院檢察署檢察長監督該檢察署及其分院檢察署與所屬地方法院及其分院檢察署。四、高等法院檢察署智慧財產分署檢察長監督該分署。五、高等法院

分院檢察署檢察長監督該檢察署與轄區內地方法院及其分院檢察署。六、
地方法院檢察署檢察長監督該檢察署及其分院檢察署。七、地方法院分院
檢察署檢察長監督該檢察署。前項行政監督權人為行使監督權，得就一般
檢察行政事務頒布行政規則，督促全體檢察官注意辦理。但法務部部長不
得就個別檢察案件對檢察總長檢察長、主任檢察官、檢察官為具體之指
揮、命令。」此及法官法對於檢察署行政監督之特別規定應慢先於法院組
織法之規定，而法官法中有關於檢察署行政監督之規定主要目的在於規範
對於檢察官之行政監督，故上開條文中特別規定「但法務部部長不得就個
別檢察案件對檢察總長檢察長、主任檢察官、檢察官為具體之指揮、命
令」。使法務部部長對於檢察體系之指揮監督有一定之規範，易言之，僅
得就通案發布命令規則等，不得干預檢察官個案之進行，以免政治力不當
介入偵查之作為。

　　又關於檢察署之職務監督，依法官法第95條之規定：「前條所定監
督權人，對於被監督之檢察官得為下列處分：一、關於職務上之事項，
得發命令促其注意。二、有廢弛職務、侵越權限或行為不檢者，加以警
告。」又依同法第96條之規定：「被監督之檢察官有前條第二款之情
事，情節重大者，第九十四條所定監督權人得以所屬機關名義，請求檢察
官評鑑委員會評鑑，或移由法務部準用第五十一條第二項、第三項規定辦
理。被監督之檢察官有前條第二款之情事，經警告後一年內再犯，或經警
告累計達三次者，視同情節重大。」此為檢察首長對於檢察官為職務監督
及處分之規定。

第三節　司法行政監督之內容

　　依法院組織法第112條之規定，依前二條規定有監督權者，對於被監
督之人員得為左列處分：「一、關於職務上之事項，得發命令使之注意。

二、有廢弛職務，侵越權限或行為不檢者，加以警告。」故法院及檢察署之司法行政監督之內容，包括得以就職務相關事項發命令促使相關人員注意，並得就有廢弛職務，侵越權限或行為不檢之人員，加以警告。

　　另外，依法院組織法第113條之規定，被監督之人員，如有前條第2款情事，而情節較重或經警告不悛者，監督長官得依公務員懲戒法辦理。亦即上開行政監督對於廢弛職務，侵越權限或行為不檢之情節較為嚴重者，或對於有廢弛職務，侵越權限或行為不檢之相關人員加以警告仍無效果後，得依公務員懲戒法之相關規定加以處理。並法院或檢察署之人員亦係公務人員，自然有公務員懲戒法之適用，自不待言。

　　又依法院組織法第114條之規定，本章之規定，不影響審判權之行使。故司法之行政監督，不得影響法院審判權之行使，自乃當然之理，業如前述，在此不予贅述。

第 ⑭ 章 附 則

一、現職人員之僱用

依法院組織法第114條之1規定，各級法院及各級法院檢察署原依雇員管理規則進用之現職執達員、法警、錄事、庭務員、雇員，其未具公務人員任用資格者，得占用原職之職缺，繼續僱用至離職時為止。此乃因應公務人員任用法及中央機關職務列等表修正公（發）布之後[1]，各機關自民國85年11月16日起即不得再依「雇員管理規則」雇用執達員、錄事、庭務員、法警等人員，且雇員管理規則已於87年1月1日廢止，故特別增訂本條文之規定，以保障先前依雇員管理規則僱用之執達員、法警、錄事、庭務員、雇員等人員，得繼續工作至其等離職為止。

二、檢察機關名稱之變更

我國自最早法院組織法制定以來，對於檢察署之名稱均維持在前面加上「法院」二字，例如「臺灣臺北地方法院檢察署」是，其乃在於表彰檢察署係相對應法院而執行職務，亦係早年法院（除最高法院外）與檢察機關同屬於行政院下司法行政部之產物。惟為避免「法院」二字使人誤解檢察署係屬法院之內部機構，故而於民國107年5月23日增訂法院組織法第114條之2，作出名稱上之變更。依其條文規定，本法及其他法律所稱地方法院檢察署、高等法院檢察署、最高法院檢察署、高等法院及其分院

---

[1] 公務人員任用法第37條規定：「雇員管理規則，由考試院定之。前項規則適用至中華民國八十六年十二月三十一日止。期限屆滿仍在職之雇員，得繼續僱用至離職為止。本條文修正施行後，各機關不得新進雇員。」

檢察署、高等法院檢察署智慧財產分署、高等法院以下各級法院及其分院檢察署、地方法院及其分院檢察署、各級法院及分院檢察署，自本法中華民國107年5月8日修正條文施行之日起，分別改稱為地方檢察署、高等檢察署、最高檢察署、高等檢察署及其檢察分署、高等檢察署智慧財產檢察分署、高等檢察署以下各級檢察署及其檢察分署、地方檢察署及其檢察分署、各級檢察署及檢察分署。此一法律增訂後，各級檢察署之名稱均統一不再加上「法院」二字，使檢察機關之名稱不致使人誤會其係屬法院之一部分，當係正確之立法。

三、施行日期

依中央法規標準法第12條之規定，法規應規定施行日期，或授權以命令規定施行日期，因應此一規定，故而法院組織法之施行日期，乃於法院組織法第115條定有明文之規定。依該條第1項之規定：「本法自公布日施行」，又依中央法規標準法第13條之規定，法規明定自公布或發布日施行者，自公布或發布之日起算至第三日起發生效力，故而法院組織法之施行日期，應自該法律公布之日起算至第三日即發生效力。另依同條第2項之規定：「中華民國一百零七年十二月七日修正之條文，自公布後六個月施行。」故而於民國107年12月7日三讀修正通過並經總統府於民國108年1月4日公布之條文部分（見前所述內容），於公布後6個月始發生開始施行，亦即民國108年7月4日發生效力。此乃因107年12月7日修正之條文，涉及最高法院大法庭之設置及運作，無法於修法並公布後立即施行，故而特別規定自公布後6個月施行，以資實務運作上有充分之時間得以準備。

最高法院法官之選任

　　司法院於民國107年5月31日於院會中通過不顧外界之爭議及考試院反對之立場，於院會中通過修正法院組織法、法官法，將最高法院、最高行政法院法官改為特任官，其選任之方式則改由司法院長提二倍之人選，交給遴選委員會遴選，最後獲得遴選之名單出爐後報請總統任命，遴選委員含法官、檢察官、律師、學者，更增加立法委員代表，草案將於會銜相關單位後送立法院審議，此舉引發社會各界之熱議。對此司法院官方之回應則，係認為各國之終審法院法官均有類似之特任官性質，其優點在於選才不受年資、期別限制，只要審核當事人是否具有擔任最高法院、最高行政法院法官之能力，且透過此種遴選之方式，可使終審法院之法官更具有崇隆性。

　　此一變革之方向引起正反雙方之論辯，有法界人士提出質疑，認為所謂「能力」之判斷標準何在？此一模式正是一些捨審判業務而就行政業務之法官坐大位者之寫照，此種不以審判上之工作表現選任之方式，勢必難免於更狹隘之近親繁殖，且所謂終審法院之法官更有崇隆性之說法，則係在製造法官之階級，使得法官之間有大小之分，難道在一般之法院辦理審判事務之法官，其地位較之最高法院之法官較為低下。亦有法官反諷，如果此一制度實施，此後想當最高法院法官者，須從第一審擔任法官開始，便積極爭取曝光度、知名度，多寫文章投稿批評同僚欠缺法學素養及人權觀念，彰顯自己法學素養、人權觀念均比同僚高出許多，同時亦要與相關司法改革之團體保持緊密良好之關係，更要時常跟政治人物交際應酬，無

非使得法官之獨立性遭受嚴重之挑戰。

　　其實如此之修法方向在早年之司法改革國事會議中最早被提出，其理由認為現在終審法院之法官人數太多，必須一直將下級審資深之法官調至最高法院辦事，導致下級審法院事實上均由年資較淺之法官擔任審判之業務，民眾擔心是否會有法官經驗不足之問題，而改為不看年資之選任制度可以有效精簡終審法院人力、並使經驗豐富之法官留在下級審；此外此一制度亦可以使基層之意見流入終審法院，豐富終審法院之視野，同時亦可以透過嚴密之審查程序增加法院之民主正當性。外國不乏法官由政治任命產生之例子，例如美國聯邦法院之法官，即係由美國總統提名，經送交國會表決同意後任命，為政治任命之方式。

　　本文認為此一修法之方向，就法官之地位而言，其實並無太大之影響，蓋法官終身職已有憲法之保障，且目前依照法官法之規定，法官已無考績，亦無職等之分，而係依照年資分級並受薪，法官之人事制度已甚完善，修法後造成之主要問題應在於最高法院法官人數減少後，如何應對龐大之案件量。故而最高法院法官之選任，應與我國目前之訴訟制度一併加以修正，始得以發揮其功效，依照目前我國之訴訟制度原則上第一審及第二審係採取「覆審制」，亦即第一審審理過之事實，在第二審可以全部重新再審一遍，此種制度之設計，導致許多人認為第二審才是案件進行訴訟真正之重點，造成第一審法院事實審之功能不彰，加以最高法院發回更審案件不少，長期下來高等法院案件量過多無法負荷，隨之最高法院亦長年受到案件數量龐大無法因應之困擾。此一狀況使得原應隨著法院之級別越高、案件量越來越少之「金字塔型訴訟架構」理想難以實現，而變成了第二審及第三審過度肥大之圓型結構。故而，如最高法院法官要精簡並改為特任官，應一併修法，將第二審之訴訟改為續審制，甚至改為單純之法律審，而同時建立起第一審為堅實之事實審之制度，僅有重要法律爭議之案件，使得以上訴至最高法院。總之，最高法院法官之選任及是否改為特任官，其影響所及係相關訴訟制度應一併加以修正，否則僅將最高法院法官

之選任變革，對於目前司法之環境並無實際之改革作用，對於促成法官整體素質提升、同時增進人民的福祉亦無助益，值得司法院及立法委員三思。

附錄一　法院組織法

【民國108年1月4日修正】

第一章　總則

第 1 條　本法所稱法院，分左列三級：
一、地方法院。
二、高等法院。
三、最高法院。

第 2 條　法院審判民事、刑事及其他法律規定訴訟案件，並依法管轄非訟事件。

第 3 條　地方法院審判案件，以法官一人獨任或三人合議行之。
高等法院審判案件，以法官三人合議行之。
最高法院審判案件，除法律另有規定外，以法官五人合議行之。

第 4 條　合議審判，以庭長充審判長；無庭長或庭長有事故時，以庭員中資深者充之，資同以年長者充之。
獨任審判，即以該法官行審判長之職權。

第 5 條　法官審判訴訟案件，其事務分配及代理次序，雖有未合本法所定者，審判仍屬有效。
前項規定，於非訟事件之處理準用之。

第 6 條　高等法院分院及地方法院分院審判訴訟案件及處理非訟事件，適用關於各該本院之規定。

第 7 條　地方法院及其分院、高等法院及其分院管轄區域之劃分或變更，由司法院定之。

第二章　地方法院

第 8 條　直轄市或縣（市）各設地方法院。但得視其地理環境及案件多寡，增設地方法院分院；或合設地方法院；或將其轄區之一部劃歸其他地方法院或其分院，不受行政區劃限制。
在特定地區，因業務需要，得設專業地方法院；其組織及管轄等事項，以法律定之。

第 9 條　地方法院管轄事件如左：
一、民事、刑事第一審訴訟案件。但法律別有規定者，不在此限。
二、其他法律規定之訴訟案件。
三、法律規定之非訟事件。

第 10 條　地方法院得設簡易庭，其管轄事件依法律之規定。

第 11 條　地方法院或其分院之類別及員額，依附表之規定。

　　　　　各地方法院或其分院應適用之類別及其變更，由司法院定之。

第 12 條　地方法院置法官，薦任第八職等至第九職等或簡任第十職等至第十一職等；試署法官，薦任第七職等至第九職等；候補法官，薦任第六職等至第八職等。

　　　　　實任法官繼續服務十年以上，成績優良，經審查合格者，得晉敘至簡任第十二職等至第十三職等；繼續服務十五年以上，成績優良，經審查合格者，得晉敘至簡任第十二職等至第十四職等。

　　　　　前項簡任第十四職等法官員額，不得逾地方法院實任法官總額三分之一。

　　　　　第二項晉敘法官之資格、審查委員會之組成、審查程序及限制不得申請晉敘情形等事項之審查辦法，由司法院定之。

　　　　　司法院因應地方法院業務需要，得調候補法官至地方法院辦事，承法官之命，辦理訴訟案件程序及實體之審查、法律問題之分析、資料之蒐集、裁判書之草擬等事務。

　　　　　地方法院於必要時，得置法官助理，依聘用人員聘用條例聘用各種專業人員充任之；承法官之命，辦理訴訟案件程序之審查、法律問題之分析、資料之蒐集等事務。

　　　　　候補法官調地方法院辦事期間，計入其候補法官年資。

　　　　　具律師執業資格者，經聘用充任法官助理期間，計入其律師執業年資。

　　　　　法官助理之遴聘、訓練、業務、管理及考核等相關事項，由司法院以命令定之。

第 13 條　地方法院置院長一人，由法官兼任，簡任第十職等至第十二職等，綜理全院行政事務。但直轄市地方法院兼任院長之法官，簡任第十一職等至第十三職等。

第 14 條　地方法院分設民事庭、刑事庭、行政訴訟庭，其庭數視事務之繁簡定之；必要時得設專業法庭。

第14-1條　地方法院與高等法院分設刑事強制處分庭，辦理偵查中強制處分聲請案件之審核。但司法院得視法院員額及事務繁簡，指定不設刑事強制處分庭之法院。

　　　　　承辦前項案件之法官，不得辦理同一案件之審判事務。

　　　　　前二項之規定，自中華民國一百零六年一月一日施行。

第 15 條　民事庭、刑事庭、行政訴訟庭、專業法庭及簡易庭之庭長，除由兼任院長之法官兼任者外，餘由其他法官兼任，簡任第十職等至第十一職等或薦任

　　第九職等，監督各該庭事務。

　　曾任高等法院或其分院法官二年以上，調地方法院或其分院兼任院長或庭長之法官、法官者，得晉敘至簡任第十二職等至第十四職等。

第 16 條　地方法院設民事執行處，由法官或司法事務官辦理其事務；其法官在二人以上者，由一人兼任庭長，簡任第十職等至第十一職等或薦任第九職等，監督該處事務。

第 17 條　地方法院設公設辯護人室，置公設辯護人，薦任第七職等至第九職等或簡任第十職等至第十一職等；其公設辯護人在二人以上者，置主任公設辯護人，薦任第九職等或簡任第十職等至第十二職等。

　　實任公設辯護人服務滿十五年以上，成績優良，經審查合格者，得晉敘至簡任第十二職等。

　　曾任高等法院或其分院、智慧財產法院公設辯護人四年以上，調地方法院或其分院之公設辯護人，成績優良，經審查合格者，得晉敘至簡任第十二職等。

　　曾任高等法院或其分院、智慧財產法院公設辯護人之服務年資，合併計算。

　　第二項、第三項之審查辦法，由司法院定之。

　　具律師資格者於擔任公設辯護人期間，計入其律師執業期間。

第17-1條　地方法院設司法事務官室，置司法事務官，薦任第七職等至第九職等；司法事務官在二人以上者，置主任司法事務官，薦任第九職等至簡任第十職等。

　　具律師執業資格者，擔任司法事務官期間，計入其律師執業年資。

第17-2條　司法事務官辦理下列事務：

　　一、返還擔保金事件、調解程序事件、督促程序事件、保全程序事件、公示催告程序裁定事件、確定訴訟費用額事件。

　　二、拘提、管收以外之強制執行事件。

　　三、非訟事件法及其他法律所定之非訟事件。

　　四、其他法律所定之事務。

　　司法事務官得承法官之命，彙整起訴及答辯要旨，分析卷證資料，整理事實及法律疑義，並製作報告書。

　　司法事務官辦理第一項各款事件之範圍及日期，由司法院定之。

第 18 條　地方法院設調查保護室，置少年調查官、少年保護官、家事調查官、心理測驗員、心理輔導員及佐理員。少年調查官、少年保護官及家事調查官合計二人以上者，置主任調查保護官一人；合計六人以上者，得分組辦事，

　　　　　組長由少年調查官、少年保護官或家事調查官兼任，不另列等。

　　　　　少年調查官、少年保護官及家事調查官，薦任第七職等至第九職等；主任調查保護官，薦任第九職等至簡任第十職等；心理測驗員及心理輔導員，薦任第六職等至第八職等；佐理員，委任第四職等至第五職等，其中二分之一得列薦任第六職等。

第 19 條　地方法院設公證處，置公證人及佐理員；公證人在二人以上者，置主任公證人。公證人，薦任第七職等至第九職等；主任公證人，薦任第九職等或簡任第十職等；佐理員，委任第三職等至第五職等。

第 20 條　地方法院設提存所，置主任及佐理員。主任，薦任第九職等或簡任第十職等；佐理員，委任第三職等至第五職等或薦任第六職等至第八職等。

　　　　　前項薦任佐理員員額，不得逾同一法院佐理員總額二分之一。

第 21 條　地方法院設登記處，置主任及佐理員。主任，薦任第九職等或簡任第十職等；佐理員，委任第三職等至第五職等或薦任第六職等至第八職等。

　　　　　前項薦任佐理員員額，不得逾同一法院佐理員總額二分之一。

第 22 條　地方法院設書記處，置書記官長一人，薦任第九職等至簡任第十職等，承院長之命處理行政事務；一等書記官，薦任第八職等至第九職等；二等書記官，薦任第六職等至第七職等；三等書記官，委任第四職等至第五職等，分掌紀錄、文書、研究考核、總務、資料及訴訟輔導等事務，並得分科、分股辦事，科長由一等書記官兼任，股長由一等書記官或二等書記官兼任，均不另列等。

　　　　　前項一等書記官、二等書記官總額，不得逾同一法院一等書記官、二等書記官、三等書記官總額二分之一。

第 23 條　地方法院置一等通譯，薦任第七職等至第八職等；二等通譯，薦任第六職等至第七職等；三等通譯，委任第四職等至第五職等；技士，委任第五職等或薦任第六職等至第七職等；執達員，委任第三職等至第五職等；錄事、庭務員，均委任第一職等至第三職等。

　　　　　前項一等通譯、二等通譯總額，不得逾同一法院一等通譯、二等通譯、三等通譯總額二分之一。

　　　　　地方法院為辦理值庭、執行、警衛、解送人犯及有關司法警察事務，置法警；法警長，委任第五職等或薦任第六職等至第七職等；副法警長，委任第四職等至第五職等或薦任第六職等；法警，委任第三職等至第五職等；其管理辦法，由司法院會同行政院定之。

　　　　　地方法院因傳譯需要，應逐案約聘原住民族或其他各種語言之特約通譯；其約聘辦法，由司法院定之。

第 24 條　地方法院設人事室，置主任一人，薦任第八職等至第九職等，副主任一人，薦任第七職等至第九職等；必要時得依法置佐理人員，依法律規定辦理人事管理、人事查核等事項。

直轄市地方法院人事室，必要時得分股辦事，由佐理人員兼任之，不另列等。事務較簡之地方法院，得僅置人事管理員，委任第五職等至薦任第七職等。

第 25 條　地方法院設會計室、統計室，各置主任一人，均薦任第八職等至第九職等；必要時得依法各置佐理人員，依法律規定分別辦理歲計、會計、統計等事項。

直轄市地方法院會計室、統計室，必要時得分股辦事，均由佐理人員兼任，不另列等。事務較簡之地方法院，得僅置會計員、統計員，均委任第五職等至薦任第七職等。

第 26 條　地方法院設資訊室，置主任一人，薦任第七職等至第九職等，承院長之命處理資訊室之行政事項；資訊管理師，薦任第六職等至第七職等，操作員，委任第三職等至第五職等；必要時得置設計師，薦任第六職等至第八職等，以處理資訊事項。

第 27 條　地方法院分院置院長一人，由法官兼任，簡任第十職等至第十二職等，綜理該分院行政事務。

第 28 條　地方法院院長，得派本院法官兼行分院法官之職務。

第 29 條　地方法院分院管轄事件，與地方法院同。

第 30 條　第十一條至第二十六條規定，於地方法院分院準用之。

第三章　高等法院

第 31 條　省、直轄市或特別區域各設高等法院。但得視其地理環境及案件多寡，增設高等法院分院；或合設高等法院；或將其轄區之一部劃歸其他高等法院或其分院，不受行政區劃之限制。

第 32 條　高等法院管轄事件如下：

一、關於內亂、外患及妨害國交之刑事第一審訴訟案件。

二、不服地方法院及其分院第一審判決而上訴之民事、刑事訴訟案件。但法律另有規定者，從其規定。

三、不服地方法院及其分院裁定而抗告之案件。但法律另有規定者，從其規定。

四、其他法律規定之訴訟案件。

第 33 條　高等法院或其分院之類別及員額，依附表之規定。

高等法院或其分院應適用之類別及其變更，由司法院定之。

第 34 條　高等法院置法官，簡任第十職等至第十一職等或薦任第九職等；試署法官，薦任第七職等至第九職等。

高等法院法官繼續服務二年以上，得晉敘至簡任第十二職等至第十四職等；依第十二條第二項規定晉敘有案者，得敘至簡任第十二職等至第十三職等或簡任第十二職等至第十四職等。

司法院因應高等法院業務需要，得調地方法院或其分院試署法官或候補法官至高等法院辦事，承法官之命，辦理訴訟案件程序及實體之審查、法律問題之分析、資料之蒐集、裁判書之草擬等事務。

高等法院於必要時得置法官助理，依聘用人員聘用條例聘用各種專業人員充任之，承法官之命，辦理訴訟案件程序之審查、法律問題之分析、資料之蒐集等事務。

試署法官或候補法官調高等法院辦事期間，計入其試署法官或候補法官年資。

具律師執業資格者，經聘用充任法官助理期間，計入其律師執業年資。

第十二條第九項規定，於高等法院準用之。

第 35 條　高等法院置院長一人，由法官兼任，簡任第十三職等至第十四職等，綜理全院行政事務。

第 36 條　高等法院分設民事庭、刑事庭，其庭數視事務之繁簡定之；必要時得設專業法庭。各庭庭長，除由兼任院長之法官兼任者外，餘由其他法官兼任，簡任第十一職等至第十三職等，監督各該庭事務。

第 37 條　高等法院設公設辯護人室，置公設辯護人，簡任第十職等至第十一職等或薦任第九職等；其公設辯護人在二人以上者，置主任公設辯護人，簡任第十職等至第十二職等。

前項公設辯護人繼續服務四年以上，成績優良，經審查合格者，得晉敘至簡任第十二職等；已依第十七條第二項、第三項、少年及家事法院組織法第十一條第二項、第三項規定晉敘有案者，得敘至簡任第十二職等。

前項公設辯護人之服務年資與曾任高等法院分院、智慧財產法院公設辯護人之服務年資，合併計算。

第二項之審查辦法，由司法院定之。

第 38 條　高等法院設書記處，置書記官長一人，薦任第九職等至簡任第十一職等，承院長之命處理行政事務；一等書記官，薦任第八職等至第九職等；二等書記官，薦任第六職等至第七職等；三等書記官，委任第四職等至第五職等，分掌紀錄、文書、研究考核、總務、資料及訴訟輔導事務，並得分

科、分股辦事，科長由一等書記官兼任；股長由一等書記官或二等書記官兼任，均不另列等。

前項一等書記官、二等書記官總額，不得逾同一法院一等書記官、二等書記官、三等書記官總額二分之一。

第 39 條　高等法院置一等通譯，薦任第八職等至第九職等；二等通譯，薦任第六職等至第七職等；三等通譯，委任第四職等至第五職等；技士，委任第五職等或薦任第六職等至第七職等；執達員，委任第三職等至第五職等；錄事、庭務員，均委任第一職等至第三職等。

前項一等通譯、二等通譯總額，不得逾同一法院一等通譯、二等通譯、三等通譯總額二分之一。

第二十三條第三項、第四項規定，於高等法院或其分院準用之。

第 40 條　高等法院設人事室，置主任一人，簡任第十職等，副主任一人，薦任第九職等或簡任第十職等；科員，委任第四職等至第五職等或薦任第六職等至第七職等，其中薦任科員不得逾同一法院科員總額三分之一，依法律規定辦理人事管理、人事查核等事項，並得分科辦事；科長，薦任第九職等。

第 41 條　高等法院設會計室、統計室，各置主任一人，均簡任第十職等；必要時得依法各置佐理人員，依法律規定分別辦理歲計、會計、統計等事項，並得分科辦事；科長，薦任第九職等。

第 42 條　高等法院設資訊室，置主任一人，簡任第十職等，承院長之命處理資訊室之行政事項；資訊管理師，薦任第六職等至第七職等，操作員，委任第三職等至第五職等；必要時得置科長、設計師，科長，薦任第九職等，設計師，薦任第六職等至第八職等，處理資訊事項。

第 43 條　高等法院分院置院長一人，由法官兼任，簡任第十二職等至第十四職等，綜理該分院行政事務。

第 44 條　高等法院院長得派本院法官兼行分院法官職務。

第 45 條　高等法院分院管轄事件，與高等法院同。

第 46 條　第三十四條至第四十二條之規定，於高等法院分院準用之。

第四章　最高法院

第 47 條　最高法院設於中央政府所在地。

第 48 條　最高法院管轄事件如左：
　　一、不服高等法院及其分院第一審判決而上訴之刑事訴訟案件。
　　二、不服高等法院及其分院第二審判決而上訴之民事、刑事訴訟案件。
　　三、不服高等法院及其分院裁定而抗告之案件。

　　　　　四、非常上訴案件。

　　　　　五、其他法律規定之訴訟案件。

第 49 條　最高法院員額，依附表之規定。

第 50 條　最高法院置院長一人，特任，綜理全院行政事務，並任法官。

第 51 條　最高法院置法官，簡任第十三職等至第十四職等；分設民事庭、刑事庭，其庭數視事務之繁簡定之；各庭置庭長一人，除由院長兼任者外，餘由法官兼任，簡任第十四職等，監督各該庭事務。

　　　　　司法院得調高等法院以下各級法院及其分院法官或候補法官至最高法院辦事，承法官之命，辦理訴訟案件程序及實體之審查、法律問題之分析、資料之蒐集、裁判書之草擬等事務。

　　　　　最高法院於必要時得置法官助理，依聘用人員聘用條例聘用各種專業人員充任之；承法官之命，辦理訴訟案件程序之審查、法律問題之分析、資料之蒐集等事務。

　　　　　法官或候補法官調最高法院辦事期間，計入其法官或候補法官年資。

　　　　　具律師執業資格者經聘用充任法官助理期間，計入其律師執業年資。

第51-1條　最高法院之民事庭、刑事庭為數庭者，應設民事大法庭、刑事大法庭，裁判法律爭議。

第51-2條　最高法院民事庭、刑事庭各庭審理案件，經評議後認採為裁判基礎之法律見解，與先前裁判之法律見解歧異者，應以裁定敘明理由，依下列方式處理：

　　　　　一、民事庭提案予民事大法庭裁判。

　　　　　二、刑事庭提案予刑事大法庭裁判。

　　　　　最高法院民事庭、刑事庭各庭為前項裁定前，應先以徵詢書徵詢其他各庭之意見。受徵詢庭應於三十日內以回復書回復之，逾期未回復，視為主張維持先前裁判之法律見解。經任一受徵詢庭主張維持先前裁判之法律見解時，始得為前項裁定。

第51-3條　最高法院民事庭、刑事庭各庭審理案件，經評議後認採為裁判基礎之法律見解具有原則重要性，得以裁定敘明理由，提案予民事大法庭、刑事大法庭裁判。

第51-4條　最高法院民事庭、刑事庭各庭審理案件期間，當事人認為足以影響裁判結果之法律見解，民事庭、刑事庭先前裁判之見解已產生歧異，或具有原則重要性，得以書狀表明下列各款事項，向受理案件之民事庭、刑事庭聲請以裁定提案予民事大法庭、刑事大法庭裁判：

　　　　　一、所涉及之法令。

二、法律見解歧異之裁判，或法律見解具有原則重要性之具體內容。

三、該歧異見解或具有原則重要性見解對於裁判結果之影響。

四、聲請人所持法律見解。

前項聲請，檢察官以外之當事人應委任律師為代理人或辯護人為之。但民事事件之聲請人釋明有民事訴訟法第四百六十六條之一第一項但書、第二項情形，不在此限。

最高法院民事庭、刑事庭各庭受理第一項之聲請，認為聲請不合法律上之程式或法律上不應准許，應以裁定駁回之。

第51-5條　提案庭於大法庭言詞辯論終結前，因涉及之法律爭議已無提案之必要，得以裁定敘明理由，撤銷提案。

第51-6條　民事大法庭、刑事大法庭裁判法律爭議，各以法官十一人合議行之，並分別由最高法院院長及其指定之庭長，擔任民事大法庭或刑事大法庭之審判長。

民事大法庭、刑事大法庭之庭員，由提案庭指定庭員一人及票選之民事庭、刑事庭法官九人擔任。

前項由票選產生之大法庭庭員，每庭至少應有一人，且兼任庭長者不得逾總人數二分之一。

第51-7條　前條第一項由院長指定之大法庭審判長、第二項之票選大法庭庭員任期均為二年。票選庭員之人選、遞補人選，由法官會議以無記名投票，分別自民事庭、刑事庭全體法官中依得票數較高，且符合前條第三項規定之方式選舉產生。遞補人選之任期至原任期屆滿為止。

院長或其指定之大法庭審判長出缺或有事故不能擔任審判長時，由前項遞補人選遞補之，並以大法庭庭員中資深庭長充審判長，無庭長者，以其他資深庭員充之，資同以年長者充之。票選之大法庭庭員出缺或有事故，不能擔任民事大法庭、刑事大法庭庭員時，由前項遞補人選遞補之。

前條第二項提案庭指定之庭員出缺、有事故不能擔任民事大法庭、刑事大法庭庭員時，由提案庭另行指定庭員出任。

民事大法庭、刑事大法庭審理中之法律爭議，遇民事大法庭、刑事大法庭庭員因改選而更易時，仍由原審理該法律爭議之民事大法庭、刑事大法庭繼續審理至終結止；其庭員出缺或有事故不能擔任民事大法庭、刑事大法庭庭員時，亦按該法律爭議提交民事大法庭、刑事大法庭時之預定遞補人選遞補之。

第51-8條　民事大法庭、刑事大法庭裁判法律爭議，應行言詞辯論。

前項辯論，檢察官以外之當事人應委任律師為代理人或辯護人為之。於民

事事件委任訴訟代理人，準用民事訴訟法第四百七十四條第三項之規定；於刑事案件被告未選任辯護人者，審判長應指定公設辯護人或律師為被告行言詞辯論。

第一項之辯論期日，民事事件被上訴人未委任訴訟代理人或當事人一造之訴訟代理人未到場者，由他造之訴訟代理人陳述後為裁定；兩造之訴訟代理人均未到場者，得不行辯論。刑事案件被告之辯護人、自訴代理人中一造或兩造未到場者，亦同。

民事大法庭、刑事大法庭認有必要時，得依職權或依當事人、其代理人或辯護人之聲請，就專業法律問題選任專家學者，以書面或於言詞辯論時到場陳述其法律上意見。

前項陳述意見之人，應揭露下列資訊，並準用民事訴訟法或刑事訴訟法關於鑑定人之規定：

一、相關專業意見或資料之準備或提出，是否與當事人、關係人或其代理人或辯護人有分工或合作關係。

二、相關專業意見或資料之準備或提出，是否受當事人、關係人或其代理人或辯護人之金錢報酬或資助及其金額或價值。

三、其他提供金錢報酬或資助者之身分及其金額或價值。

第51-9條　民事大法庭、刑事大法庭裁判法律爭議，應以裁定記載主文與理由行之，並自辯論終結之日起三十日內宣示。

法官於評議時所持法律上之意見與多數意見不同，經記明於評議簿，並於裁定宣示前補具不同意見書者，應與裁定一併公布。

第51-10條　民事大法庭、刑事大法庭之裁定，對提案庭提交之案件有拘束力。

第51-11條　除本法另有規定外，民事訴訟法、刑事訴訟法及其他相關法律之規定與大法庭規範性質不相牴觸者，亦準用之。

第52條　最高法院設書記廳，置書記官長一人，簡任第十一職等至第十三職等，承院長之命處理行政事務；一等書記官，薦任第八職等至第九職等；二等書記官，薦任第六職等至第七職等；三等書記官，委任第四職等至第五職等，分掌紀錄、文書、研究考核、總務、資料及訴訟輔導等事務，並得分科、分股辦事，科長由一等書記官兼任；股長由一等書記官或二等書記官兼任，均不另列等。

前項一等書記官、二等書記官總額，不得逾一等書記官、二等書記官、三等書記官總額二分之一。

第53條　最高法院置一等通譯，薦任第八職等至第九職等；二等通譯，薦任第六職等至第七職等；三等通譯，委任第四職等至第五職等；技士，委任第五職

等或薦任第六職等至第七職等；執達員，委任第三職等至第五職等；錄
事、庭務員，均委任第一職等至第三職等。

前項一等通譯、二等通譯總額，不得逾一等通譯、二等通譯、三等通譯總
額二分之一。

第二十三條第三項、第四項之規定，於最高法院準用之。

第 54 條　最高法院設人事室，置主任一人，簡任第十職等，副主任一人，薦任第九
職等或簡任第十職等；科員，委任第四職等至第五職等或薦任第六職等至
第七職等，其中薦任科員不得逾總額三分之一，依法律規定辦理人事管
理、人事查核等事項，並得分股辦事；股長由科員兼任，不另列等。

第 55 條　最高法院設會計室、統計室，各置主任一人，均簡任第十職等；必要時得
依法各置佐理人員，依法律規定分別辦理歲計、會計、統計等事項，並得
分股辦事；股長由佐理人員兼任，不另列等。

第 56 條　最高法院設資訊室，置主任一人，簡任第十職等，承院長之命處理資訊室
之行政事項；設計師，薦任第六職等至第八職等；資訊管理師，薦任第六
職等至第七職等；操作員，第三職等至第五職等，處理資訊事項。

第 57 條　（刪除）

第57-1條　最高法院於中華民國一百零七年十二月七日本法修正施行前依法選編之判
例，若無裁判全文可資查考者，應停止適用。

未經前項規定停止適用之判例，其效力與未經選編為判例之最高法院裁判
相同。

於中華民國一百零七年十二月七日本法修正之條文施行後三年內，人民於
上開條文施行後所受確定終局裁判援用之判例、決議，發生牴觸憲法之疑
義者，得準用司法院大法官審理案件法第五條第一項第二款之規定聲請解
釋憲法。

第五章　檢察機關

第 58 條　各級法院及分院各配置檢察署。

第 59 條　各級法院及分院檢察署置檢察官，最高法院檢察署以一人為檢察總長，其
他法院及分院檢察署各以一人為檢察長，分別綜理各該署行政事務。

各級法院及分院檢察署檢察官員額在六人以上者，得分組辦事，每組以一
人為主任檢察官，監督各該組事務。

第59-1條　法務部設檢察官人事審議委員會，審議高等法院檢察署以下各級法院及其
分院檢察署主任檢察官、檢察官之任免、轉任、遷調、考核及獎懲事項。

前項審議之決議，應報請法務部部長核定後公告之。

法務部部長遴任檢察長前，檢察官人事審議委員會應提出職缺二倍人選，由法務部部長圈選之。檢察長之遷調應送檢察官人事審議委員會徵詢意見。

檢察官人事審議委員會置委員十七人，由法務部部長指派代表四人、檢察總長及其指派之代表三人與全體檢察官所選出之代表九人組成之，由法務部部長指派具司法官身分之次長為主任委員。

前項選任委員之任期，均為一年，連選得連任一次。

全體檢察官代表，以全國為單一選區，以秘密、無記名及單記直接選舉產生，每一檢察署以一名代表為限。

檢察官人事審議委員會之組成方式、審議對象、程序、決議方式及相關事項之審議規則，由法務部徵詢檢察官人事審議委員會後定之。

第 60 條　檢察官之職權如左：

一、實施偵查、提起公訴、實行公訴、協助自訴、擔當自訴及指揮刑事裁判之執行。

二、其他法令所定職務之執行。

第 61 條　檢察官對於法院，獨立行使職權。

第 62 條　檢察官於其所屬檢察署管轄區域內執行職務。但遇有緊急情形或法律另有規定者，不在此限。

第 63 條　檢察總長依本法及其他法律之規定，指揮監督該署檢察官及高等法院以下各級法院及分院檢察署檢察官。

檢察長依本法及其他法律之規定，指揮監督該署檢察官及其所屬檢察署檢察官。

檢察官應服從前二項指揮監督長官之命令。

第63-1條　高等法院以下各級法院及其分院檢察署為辦理重大貪瀆、經濟犯罪、嚴重危害社會秩序案件需要，得借調相關機關之專業人員協助偵查。

高等法院以下各級法院及其分院檢察署檢察官執行前項職務時，得經臺灣高等法院檢察署檢察長或檢察總長之指定，執行各該審級檢察官之職權，不受第六十二條之限制。

中華民國一百零五年十一月十八日修正之本條規定，自一百零六年一月一日施行。

第 64 條　檢察總長、檢察長得親自處理其所指揮監督之檢察官之事務，並得將該事務移轉於其所指揮監督之其他檢察官處理之。

第 65 條　高等法院及地方法院檢察署檢察長，得派本署檢察官兼行其分院檢察署檢察官之職務。

第 66 條　最高法院檢察署檢察總長，特任；主任檢察官，簡任第十四職等；檢察官，簡任第十三職等至第十四職等。

　　　　高等法院檢察署檢察長，簡任第十三職等至第十四職等；其分院檢察署檢察長，簡任第十二職等至第十四職等。高等法院及分院檢察署主任檢察官，簡任第十一職等至第十三職等；檢察官，簡任第十職等至第十一職等或薦任第九職等；繼續服務二年以上者，得晉敘至簡任第十二職等至第十四職等。

　　　　地方法院及分院檢察署檢察長，簡任第十職等至第十二職等；主任檢察官，簡任第十職等至第十一職等或薦任第九職等；檢察官，薦任第八職等至第九職等或簡任第十職等至第十一職等；試署檢察官，薦任第七職等至第九職等；候補檢察官，薦任第六職等至第八職等。但直轄市地方法院檢察署檢察長，簡任第十一職等至第十三職等。

　　　　曾任高等法院或其分院檢察署檢察官二年以上，調地方法院或其分院檢察署檢察長、主任檢察官、檢察官者，得晉敘至簡任第十二職等至第十四職等。

　　　　第三十四條第二項後段於高等法院及分院檢察署主任檢察官、檢察官準用之。

　　　　第二項、第四項之規定，溯自中華民國九十年一月十九日生效。

　　　　第十二條第二項至第四項於地方法院及分院檢察署主任檢察官、檢察官準用之；其審查辦法由法務部定之。

　　　　最高法院檢察署檢察總長由總統提名，經立法院同意任命之，任期四年，不得連任。

　　　　總統應於前項規定生效後一個月內，向立法院提出最高法院檢察署檢察總長人選。

　　　　最高法院檢察署檢察總長除年度預算案及法律案外，無須至立法院列席備詢。

　　　　最高法院檢察署檢察總長因故出缺或無法視事時，總統應於三個月內重新提出人選，經立法院同意任命之，其任期重行計算四年，不得連任。

　　　　最高法院檢察署檢察總長於任命時具司法官身分者，於卸任時，得回任司法官。

　　　　最高法院檢察署檢察總長於任滿前一個月，總統應依第八項規定辦理。

第66-1條　法務部得調高等法院以下各級法院及其分院檢察署檢察官或候補檢察官至最高法院檢察署辦事，承檢察官之命，辦理訴訟案件程序之審查、法律問題之分析、資料之蒐集及書類之草擬等事項。

法務部得調地方法院及其分院檢察署試署檢察官或候補檢察官至高等法院或其分院檢察署辦事,承檢察官之命,協助檢察官辦理訴訟案件程序之審查、法律問題之分析、資料之蒐集及書類之草擬等事項。

法務部得調候補檢察官至地方法院或其分院檢察署辦事,承實任檢察官之命,協助檢察官辦理訴訟案件程序之審查、法律問題之分析、資料之蒐集及書類之草擬等事項。

檢察官、試署檢察官或候補檢察官依前三項規定調辦事期間,計入其檢察官、試署檢察官或候補檢察官年資。

第66-2條 各級法院及其分院檢察署設檢察事務官室,置檢察事務官;檢察事務官在二人以上者,置主任檢察事務官;並得視業務需要分組辦事,各組組長由檢察事務官兼任,不另列等。

檢察事務官,薦任第七職等至第九職等,第七十三條第一項附表所定第一類地方法院及其分院檢察署之檢察事務官,其中二人得列簡任第十職等;主任檢察事務官,薦任第九職等或簡任第十職等。

第66-3條 檢察事務官受檢察官之指揮,處理下列事務:

一、實施搜索、扣押、勘驗或執行拘提。

二、詢問告訴人、告發人、被告、證人或鑑定人。

三、襄助檢察官執行其他第六十條所定之職權。

檢察事務官處理前項前二款事務,視為刑事訴訟法第二百三十條第一項之司法警察官。

第66-4條 檢察事務官,應就具有下列資格之一者任用之:

一、經公務人員高等考試或司法人員特種考試相當等級之檢察事務官考試及格者。

二、經律師考試及格,並具有薦任職任用資格者。

三、曾任警察官或法務部調查局調查人員三年以上,成績優良,並具有薦任職任用資格者。

四、具有公立或經立案之私立大學、獨立學院以上學歷,曾任法院或檢察署書記官,辦理民刑事紀錄三年以上,成績優良,具有薦任職任用資格者。

各級法院及其分院檢察署為辦理陸海空軍刑法或其他涉及軍事、國家與社會安全及相關案件需要,得借調國防部所屬具軍法官資格三年以上之人員,辦理檢察事務官事務,並準用前條第二項規定。借調期間不得逾四年,其借調方式、年資、待遇、給與、考績、獎懲及相關事項之辦法,由法務部會同國防部定之。

　　　　　　主任檢察事務官，應就具有檢察事務官及擬任職等任用資格，並具有領導
　　　　　　才能者遴任之。

　　　　　　具律師執業資格者任檢察事務官期間，計入其律師執業年資。

第 67 條　地方法院及分院檢察署設觀護人室，置觀護人、臨床心理師及佐理員。觀
　　　　　　護人在二人以上者，置主任觀護人；在六人以上者，得分組辦事，組長由
　　　　　　觀護人兼任，不另列等。

　　　　　　觀護人，薦任第七職等至第九職等，第七十三條第一項附表所定第一類地
　　　　　　方法院及其分院檢察署之觀護人，其中二人得列簡任第十職等；主任觀護
　　　　　　人，薦任第九職等或簡任第十職等；臨床心理師，列師（三）級；佐理
　　　　　　員，委任第四職等至第五職等，其中二分之一得列薦任第六職等。

第 68 條　高等法院以下各級法院及其分院檢察署，置法醫師，法醫師在二人以上
　　　　　　者，置主任法醫師。法醫師，薦任第七職等至第九職等；主任法醫師，薦
　　　　　　任第九職等或簡任第十職等。但地方法院及其分院檢察署法醫師得列委任
　　　　　　第五職等。

　　　　　　高等法院以下各級法院及其分院檢察署，置檢驗員，委任第三職等至第五
　　　　　　職等或薦任第六職等至第八職等。

第 69 條　第二十二條、第二十三條第三項、第三十八條、第五十二條之規定，於地
　　　　　　方法院或其分院檢察署、高等法院或其分院檢察署、最高法院檢察署分別
　　　　　　準用之。

　　　　　　高等法院以下各級法院及其分院檢察署，得設執行科，掌理關於刑事執行
　　　　　　事務，並得分股辦事。科長由一等書記官兼任；股長由一等書記官或二等
　　　　　　書記官兼任，均不另列等。

　　　　　　高等法院或其分院檢察署，得設所務科，掌理關於監督看守所及少年觀護
　　　　　　所之行政事務，並得分股辦事。置科長一人，薦任第九職等；科員，委任
　　　　　　第五職等或薦任第六職等至第七職等；書記，委任第一職等至第三職等；
　　　　　　股長由薦任科員兼任，不另列等。

第 70 條　最高法院檢察署、高等法院及分院檢察署置一等通譯，薦任第八職等至第
　　　　　　九職等；二等通譯，薦任第六職等至第七職等；三等通譯，委任第四職等
　　　　　　至第五職等；技士，委任第五職等或薦任第六職等至第七職等。

　　　　　　地方法院及分院檢察署置一等通譯，薦任第七職等至第八職等；二等通
　　　　　　譯，薦任第六職等至第七職等；三等通譯，委任第四職等至第五職等；技
　　　　　　士，委任第五職等或薦任第六職等至第七職等。

　　　　　　前二項一等通譯、二等通譯總額，不得逾同一檢察署一等通譯、二等通
　　　　　　譯、三等通譯總額二分之一。

第 71 條　各級法院及分院檢察署置錄事，委任第一職等至第三職等。

第 72 條　第二十四條至第二十六條、第四十條至第四十二條、第五十四條至第五十六條之規定，於地方法院或其分院檢察署、高等法院或其分院檢察署、最高法院檢察署分別準用之。

第 73 條　地方法院或其分院檢察署之類別及員額，依附表之規定。

　　　　各地方法院或其分院檢察署應適用之類別及其變更，由行政院定之。

第 74 條　高等法院或其分院檢察署之類別及員額，依附表之規定。

　　　　高等法院或其分院檢察署應適用之類別及其變更，由行政院定之。

第 75 條　最高法院檢察署員額，依附表之規定。

第 76 條　檢察官得調度司法警察，法官於辦理刑事案件時，亦同。

　　　　調度司法警察條例另定之。

第六章　司法年度及事務分配

第 77 條　司法年度，每年自一月一日起至十二月三十一日止。

第 78 條　各級法院及分院與各級法院及分院檢察署之處務規程，分別由司法院與法務部定之。

第 79 條　各級法院及分院於每年度終結前，由院長、庭長、法官舉行會議，按照本法、處務規程及其他法令規定，預定次年度司法事務之分配及代理次序。

　　　　辦理民事、刑事、行政訴訟及其他特殊專業類型案件之法官，其年度司法事務分配辦法，由司法院另定之。

　　　　第一項會議並應預定次年度關於合議審判時法官之配置。

第 80 條　前條會議，以院長為主席，其決議以過半數之意見定之，可否同數時，取決於主席。

第 81 條　事務分配、代理次序及合議審判時法官之配置，經預定後，因案件或法官增減或他項事故，有變更之必要時，得由院長徵詢有關庭長、法官意見後定之。

第 82 條　地方法院及其分院法官因事故不能執行職務時，得由地方法院院長命候補法官暫代其職務。

　　　　高等法院或地方法院法官因事故不能執行職務時，得由高等法院或地方法院院長調用其分院法官暫代其職務。

　　　　高等法院及其分院法官因事故不能執行職務時，得由高等法院院長調用地方法院或其分院法官暫代其職務。

　　　　最高法院法官因事故不能執行職務時，得由最高法院院長商調高等法院或其分院法官暫代其職務。

前二項暫代其職務之期間，不得逾六個月。

第 83 條　各級法院及分院應定期出版公報或以其他適當方式，公開裁判書。但其他法律另有規定者，依其規定。

前項公開，除自然人之姓名外，得不含自然人之身分證統一編號及其他足資識別該個人之資料。

高等法院以下各級法院及其分院檢察署，應於第一審裁判書公開後，公開起訴書，並準用前二項規定。

第七章　法庭之開閉及秩序

第 84 條　法庭開庭，於法院內為之。但法律別有規定者，不在此限。

法院內開庭時，在法庭實施訴訟程序之公務員及依法執行職務之人、訴訟當事人與訴訟關係人，均應設置席位；其席位布置，應依當事人平等之原則為之。

除參與審判之法官或經審判長許可者外，在庭之人陳述時，起立，陳述後復坐。

審判長蒞庭及宣示判決時，在庭之人均應起立。

法庭席位布置及旁聽規則，由司法院定之。

第 85 條　高等法院以下各級法院或分院於必要時，得在管轄區域內指定地臨時開庭。

前項情形，其法官除就本院法官中指派者外，得以所屬分院或下級法院法官充之。

第一項臨時開庭辦法，由司法院定之。

第 86 條　訴訟之辯論及裁判之宣示，應公開法庭行之。但有妨害國家安全、公共秩序或善良風俗之虞時，法院得決定不予公開。

第 87 條　法庭不公開時，審判長應將不公開之理由宣示。

前項情形，審判長仍得允許無妨礙之人旁聽。

第 88 條　審判長於法庭之開閉及審理訴訟，有指揮之權。

第 89 條　法庭開庭時，審判長有維持秩序之權。

第 90 條　法庭開庭時，應保持肅靜，不得有大聲交談、鼓掌、攝影、吸煙、飲食物品及其他類似之行為。

法庭開庭時，除法律另有規定外，應予錄音。必要時，得予錄影。

在庭之人非經審判長許可，不得自行錄音、錄影；未經許可錄音、錄影者，審判長得命其消除該錄音、錄影內容。

前項處分，不得聲明不服。

第90-1條　當事人及依法得聲請閱覽卷宗之人，因主張或維護其法律上利益，得於開
　　　　　庭翌日起至裁判確定後六個月內，繳納費用聲請法院許可交付法庭錄音或
　　　　　錄影內容。但經判處死刑、無期徒刑或十年以上有期徒刑之案件，得於裁
　　　　　判確定後二年內聲請。

　　　　　前項情形，依法令得不予許可或限制聲請閱覽、抄錄或攝影卷內文書者，
　　　　　法院得不予許可或限制交付法庭錄音或錄影內容。

　　　　　第一項情形，涉及國家機密者，法院得不予許可或限制交付法庭錄音或錄
　　　　　影內容；涉及其他依法令應予保密之事項者，法院得限制交付法庭錄音或
　　　　　錄影內容。

　　　　　前三項不予許可或限制交付內容之裁定，得為抗告。

第90-2條　法庭錄音、錄影內容，應保存至裁判確定後二年，始得除去其錄音、錄
　　　　　影。但經判處死刑或無期徒刑確定之案件，其保存期限依檔案法之規定。

第90-3條　前三條所定法庭之錄音、錄影及其利用保存等相關事項之辦法，由司法院
　　　　　定之。

第90-4條　持有法庭錄音、錄影內容之人，就所取得之錄音、錄影內容，不得散布、
　　　　　公開播送，或為非正當目的之使用。

　　　　　違反前項之規定者，由行為人之住所、居所，或營業所、事務所所在地之
　　　　　地方法院處新臺幣三萬元以上三十萬元以下罰鍰。但其他法律另有特別規
　　　　　定者，依其規定。

　　　　　前項處罰及救濟之程序，準用相關法令之規定。

第 91 條　有妨害法庭秩序或其他不當行為者，審判長得禁止其進入法庭或命其退出
　　　　　法庭，必要時得命看管至閉庭時。

　　　　　前項處分，不得聲明不服。

　　　　　前二項之規定，於審判長在法庭外執行職務時準用之。

第 92 條　律師在法庭代理訴訟或辯護案件，其言語行動如有不當，審判長得加以警
　　　　　告或禁止其開庭當日之代理或辯護。非律師而為訴訟代理人或辯護人者，
　　　　　亦同。

第 93 條　審判長為第九十條第三項、第九十一條及第九十二條之處分時，應命記明
　　　　　其事由於筆錄。

第 94 條　第八十四條至第九十三條有關審判長之規定，於受命法官、受託法官執行
　　　　　職務時準用之。

第 95 條　違反審判長、受命法官、受託法官所發維持法庭秩序之命令，致妨害法院
　　　　　執行職務，經制止不聽者，處三月以下有期徒刑、拘役或新臺幣三萬元以
　　　　　下罰金。

第 96 條　法官及書記官在法庭執行職務時，應服制服，檢察官、公設辯護人及律師
　　　　在法庭執行職務時，亦同。

　　　　前項人員之服制，由司法院會同行政院定之。

第八章　法院之用語

第 97 條　法院爲審判時，應用國語。

第 98 條　訴訟當事人、證人、鑑定人及其他有關係之人，如有不通曉國語者，由通
　　　　譯傳譯之；其爲聽覺或語言障礙者，除由通譯傳譯外，並得依其選擇以文
　　　　字訊問，或命以文字陳述。

第 99 條　訴訟文書應用我國文字。但有供參考之必要時，應附記所用之方言或外國
　　　　語文。

第 100 條　前三條之規定，於辦理檢察事務時準用之。

第九章　裁判之評議

第 101 條　合議裁判案件，應依本法所定法官人數評議決定之。

第 102 條　裁判之評議，以審判長爲主席。

第 103 條　裁判之評議，於裁判確定前均不公開。

第 104 條　評議時法官應各陳述意見，其次序以資淺者爲先，資同以年少者爲先，遞
　　　　至審判長爲終。

第 105 條　評議以過半數之意見決定之。

　　　　關於數額，如法官之意見分三說以上，各不達過半數時，以最多額之意見
　　　　順次算入次多額之意見，至達過半數爲止。

　　　　關於刑事，如法官之意見分三說以上，各不達過半數時，以最不利於被告
　　　　之意見順次算入次不利於被告之意見，至達過半數爲止。

第 106 條　評議時各法官之意見應記載於評議簿，並應於該案裁判確定前嚴守秘密。

　　　　案件之當事人、訴訟代理人、辯護人或曾爲輔佐人，得於裁判確定後聲請
　　　　閱覽評議意見。但不得抄錄、攝影或影印。

第十章　司法上之互助

第 107 條　法院處理事務，應互相協助。

第 108 條　檢察官執行職務，應互相協助。

第 109 條　書記官於權限內之事務，應互相協助，觀護人、執達員、法警，亦同。

第十一章　司法行政之監督

第 110 條　各級法院行政之監督，依左列規定：

　　　　一、司法院院長監督各級法院及分院。

二、最高法院院長監督該法院。

三、高等法院院長監督該法院及其分院與所屬地方法院及其分院。

四、高等法院分院院長監督該分院與轄區內地方法院及其分院。

五、地方法院院長監督該法院及其分院。

六、地方法院分院院長監督該分院。

第111條　各級法院檢察署行政之監督，依左列規定：

一、法務部部長監督各級法院及分院檢察署。

二、最高法院檢察署檢察總長監督該檢察署。

三、高等法院檢察署檢察長監督該檢察署及其分院檢察署與所屬地方法院及其分院檢察署。

四、高等法院分院檢察署檢察長監督該檢察署與轄區內地方法院及其分院檢察署。

五、地方法院檢察署檢察長監督該檢察署及其分院檢察署。

六、地方法院分院檢察署檢察長監督該檢察署。

第112條　依前二條規定有監督權者，對於被監督之人員得為左列處分：

一、關於職務上之事項，得發命令使之注意。

二、有廢弛職務，侵越權限或行為不檢者，加以警告。

第113條　被監督之人員，如有前條第二款情事，而情節較重或經警告不悛者，監督長官得依公務員懲戒法辦理。

第114條　本章之規定，不影響審判權之行使。

第十二章　附則

第114-1條　各級法院及各級法院檢察署原依雇員管理規則進用之現職執達員、法警、錄事、庭務員、雇員，其未具公務人員任用資格者，得占用原職之職缺，繼續僱用至離職時為止。

第114-2條　本法及其他法律所稱地方法院檢察署、高等法院檢察署、最高法院檢察署、高等法院及其分院檢察署、高等法院檢察署智慧財產分署、高等法院以下各級法院及其分院檢察署、地方法院及其分院檢察署、各級法院及分院檢察署，自本法中華民國一百零七年五月八日修正條文施行之日起，分別改稱為地方檢察署、高等檢察署、最高檢察署、高等檢察署及其檢察分署、高等檢察署智慧財產檢察分署、高等檢察署以下各級檢察署及其檢察分署、地方檢察署及其檢察分署、各級檢察署及檢察分署。

第115條　本法自公布日施行。

中華民國一百零七年十二月七日修正條文，自公布後六個月施行。

法院組織法之附表

● 法院組織法第十一條附表地方法院或其分院員額表修正對照表修正附表

職稱　員額　法院類別		第一類員額	第二類員額	第三類員額	第四類員額	第五類員額	第六類員額
院長		1	1	1	1	1	1
庭長		20～40	10～20	5～10	3～5	1～2	1
法官		80～160	40～80	20～40	10～20	5～10	2～5
法官助理		100～200	50～100	25～50	13～25	6～12	3～6
公設辯護人		4～8	2～4	1～2	1	1	1
司法事務官		40～80	20～40	10～20	8～10	5～8	2～5
調查保護室	少年調查官	4～24	2～12	2～6	1～4	1～3	0～1
	少年保護官	2～16	2～8	2～4	0～2	0～1	0～1
	家事調查官	2～24	1～12	1～6	0～4	0～3	0～1
	心理測驗員	1～2	1	1	0～1	0～1	0～1
	心理輔導員	1～3	0～2	0～1	0～1	0～1	0～1
	佐理員	1～3	1～2	1	0～1	0～1	0～1
公證人		12～24	6～12	3～6	2～3	1～2	1
公證處佐理員		12～24	6～12	3～6	2～3	1～2	0
提存所	主任	1	1	1	1	1	1
	佐理員	4～6	3～4	2～3	1～2	0	0
登記處	主任	1	1	1	1	1	1
	佐理員	4～6	3～4	2～3	1～2	0	0
書記官長		1	1	1	1	1	1
一、二、三等書記官		150～300	75～150	37～74	20～36	14～20	6～14
人事室	主任（人事管理員）	1	1	1	1	1	1
	副主任	1	1	1	1	1	1
	科員	26～46	13～26	7～13	4～7	4	0～1
	雇員	2～3	0	0	0	0	0

● 法院組織法第十一條附表地方法院或其分院員額表修正對照表修正附表（續）

職稱 / 員額	法院類別	第一類 員　額	第二類 員　額	第三類 員　額	第四類 員　額	第五類 員　額	第六類 員　額
會計室	主任（會計員）	1	1	1	1	1	1
	書記官	16～26	8～16	4～8	2～4	2	0～1
	雇員	1～2	0	0	0	0	0
統計室	主任（統計員）	1	1	1	1	1	1
	書記官	16～26	8～16	4～8	2～4	2	0～1
	雇員	1～2	0	0	0	0	0
資訊室	主任	1	1	1	1	1	1
	設計師	1	0	0	0	0	0
	管理師	2～3	1	1	1	1	0～1
	操作員	14～28	8～14	4～8	3～4	2～3	0～1
一、二、三等通譯		27～53	13～26	7～13	3～6	2～3	1～2
法警長		1	1	1	1	1	1
副法警長		2～4	1～2	1	1	1	1
法警		75～150	37～74	20～37	14～20	10～14	4～10
執達員		75～150	37～74	19～37	12～18	7～12	2～7
錄事		120～240	60～120	30～60	22～30	15～22	6～15
庭務員		20～40	10～20	7～10	5～7	3～5	2～3
技士		1～2	1～2	1	1	0	0
合計		846～1706	429～864	230～440	142～233	94～146	42～92

說明：地方法院或其分院每年受理案件八萬件以上者，爲第一類；每年受理案件四萬件以上未滿八萬件者，爲第二類；每年受理案件二萬件以上未滿四萬件者，爲第三類；每年受理案件一萬件以上未滿二萬件者，爲第四類；每年受理案件五千件以上未滿一萬件者，爲第五類；每年受理案件未滿五千件者，爲第六類。

● 高等法院或其分院員額表（法院組織法第三十三條附表）

職稱 ＼ 員額 ＼ 法院類別	第一類 員 額	第二類 員 額	第三類 員 額	第四類 員 額	第五類 員 額
院長	1	1	1	1	1
庭長	80～160	40～80	20～40	10～20	5～10
法官	160～320	80～160	40～80	20～40	10～20
法官助理	240～480	120～240	60～120	30～60	15～30
公設辯護人	8～16	4～9	2～4	1～2	1
書記官長	1	1	1	1	1
一、二、三等書記官	248～488	128～248	68～128	38～68	19～38
人事室 主任	1	1	1	1	1
人事室 副主任	1	1	1	1	1
人事室 科長	5～7	3～5	0	0	0
人事室 科員	36～46	24～36	12～24	6～12	3～6
人事室 雇員	3～6	0	0	0	0
會計室 主任	1	1	1	1	1
會計室 科長	3～4	2～3	0	0	0
會計室 書記官	20～26	16～20	8～16	4～8	2～4
會計室 雇員	2～4	0	0	0	0
統計室 主任	1	1	1	1	1
統計室 科長	3～4	2～3	0	0	0
統計室 書記官	20～26	16～20	8～16	4～8	2～4
統計室 雇員	2～4	0	0	0	0
資訊室 主任	1	1	1	1	1
資訊室 科長	1	1	0	0	0
資訊室 設計師	1	0	0	0	0
資訊室 管理師	1～2	1	1	1	1
資訊室 操作員	8～16	4～8	3～4	3～4	1～2
一、二、三等通譯	80～160	40～80	20～40	10～20	5～10

● 高等法院或其分院員額表（法院組織法第三十三條附表）（續）

員額 法院類別 職稱	第一類 員　額	第二類 員　額	第三類 員　額	第四類 員　額	第五類 員　額
法警長	1	1	1	1	1
副法警長	2～3	1～2	1～2	1	1
法警	180～360	90～180	45～90	24～45	14～24
執達員	10～18	6～10	4～6	3～4	2～3
錄事	250～490	130～250	70～130	35～70	20～35
庭務員	33～64	17～33	9～17	6～9	4～6
技士	1～2	1～2	1	0	0
合計	1405～2716	734～1398	380～727	204～380	113～203

說明：高等法院或其分院每年受理案件四萬件以上者，為第一類；每年受理案件二萬件
　　　以上未滿四萬件者，為第二類；每年受理案件一萬件以上未滿二萬件者，為第三
　　　類；每年受理案件五千件以上未滿一萬件者，為第四類；每年受理案件未滿五千
　　　件者，為第五類。

● 最高法院員額表（法院組織法第四十九條附表）

職稱		員額
院長		1
庭長		20～40
法官		80～160
法官助理		100～200
書記官長		1
一、二、三等書記官		150～300
人事室	主任	1
	副主任	1
	科員	7～14
會計室	主任	1
	書記官	4～8
統計室	主任	1
	書記官	4～8
資訊室	主任	1
	設計師	1
	管理師	1
	操作員	4～8
一、二、三等通譯		4～8
法警長		1
副法警長		1
法警		10～14
執達員		4～8
錄事		40～80
庭務員		20～40
技士		1～2
合計		459～901

● 地方法院或其分院檢察署員額表（法院組織法第七十三條附表）

職稱 ＼ 類別		第一類	第二類	第三類	第四類	第五類	第六類
檢察長		1	1	1	1	1	1
主任檢察官		18～37	9～18	4～9	2～4	1～2	0～1
檢察官		93～185	47～93	24～47	12～24	6～12	2～6
檢察事務官		111～222	56～111	28～56	14～28	7～14	2～7
觀護人室	觀護人	31～41	10～23	5～14	3～10	1～3	1～2
	臨床心理師	4～6	2～3	1～2	0～1	0～1	0～1
	佐理員	15～27	8～10	4～8	2～3	0～1	0～1
法醫師		6～12	5～10	4～8	3～6	2～4	1～2
檢驗員		6～12	5～10	4～8	3～6	2～4	1～2
書記官長		1	1	1	1	1	1
一、二、三等書記官		150～300	75～150	37～74	20～40	15～30	5～10
人事室	主任（人事管理員）	1	1	1	1	1	1
	副主任	1	1	1	1	1	1
	科員	26～46	13～26	7～14	4～8	2	0～1
	雇員	2～3	0	0	0	0	0
會計室	主任（會計員）	1	1	1	1	1	1
	書記官	16～26	8～16	4～8	2～4	1	0～1
	雇員	1～2	0	0	0	0	0
統計室	主任（統計員）	1	1	1	1	1	1
	書記官	16～26	8～16	4～8	2～4	1	0～1
	雇員	1～2	0	0	0	0	0
資訊室	主任	1	1	1	1	1	0～1
	設計師	1～2	1～2	1	1	1	0～1
	管理師	2～4	1～2	1	1	1	0
	操作員	20～40	10～20	5～10	3～6	2～4	1～2
一、二、三等通譯		12～26	5～16	3～6	1～3	2～3	1

● 地方法院或其分院檢察署員額表（法院組織法第七十三條附表）（續）

職稱 ＼ 類別	第一類	第二類	第三類	第四類	第五類	第六類
法警長	1	1	1	1	1	1
副法警長	2～4	1～2	1	1	1	0
法警	150～300	75～150	40～80	30～60	20～40	8～16
錄事	97～213	54～106	27～50	19～33	15～28	5～8
技士	1～2	1～2	1	1	1	0
合計	789～1546	402～794	213～414	132～252	89～162	34～71

說明：地方檢察署及其檢察分署每年受理案件八萬件以上者，爲第一類；每年受理案件四萬件以上未滿八萬件者，爲第二類；每年受理案件二萬件以上未滿四萬件者，爲第三類；每年受理案件一萬件以上未滿二萬件者，爲第四類；每年受理案件五千件以上未滿一萬件者，爲第五類；每年受理案件未滿五千件者，爲第六類。

● 高等法院或其分院檢察署員額表（法院組織法第七十四條附表）

職稱＼員額＼法院類別	第一類員額	第二類員額	第三類員額	第四類員額	第五類員額
檢察長	1	1	1	1	1
主任檢察官	21～42	10～20	5～10	3～6	0～1
檢察官	106～212	53～106	27～54	15～30	3～6
檢察事務官	64～127	32～63	16～32	9～18	2～4
法醫師	2～4	1	1	1	1
檢驗員	1～2	1	1	1	1
書記官長	1	1	1	1	1
一、二、三等書記官	127～254	65～130	34～68	20～40	5～10
所務科 科長	1	1	1	1	0
所務科 科員	10～15	8～12	6～10	4～7	0
所務科 書記	5～10	4～8	3～6	2～4	0
人事室 主任	1	1	1	1	1
人事室 副主任	1	1	1	1	1
人事室 科長	5～7	3～5	0	0	0
人事室 科員	36～46	24～36	12～24	6～12	2～4
人事室 雇員	3～6	0	0	0	0
會計室 主任	1	1	1	1	1
會計室 科長	3～4	2～3	0	0	0
會計室 書記官	20～26	16～20	8～16	4～8	1～3
會計室 雇員	2～4	0	0	0	0
統計室 主任	1	1	1	1	1
統計室 科長	3～4	2～3	0	0	0
統計室 書記官	20～26	16～20	8～16	4～8	1～3
統計室 雇員	2～4	0	0	0	0

● 高等法院或其分院檢察署員額表（法院組織法第七十四條附表）（續）

員額 / 法院類別 / 職稱		第一類 員　額	第二類 員　額	第三類 員　額	第四類 員　額	第五類 員　額
資訊室	主任	1	1	1	1	1
	科長	1～2	1	0	0	0
	設計師	1～2	0	0	0	0
	管理師	2～4	1	1	1	0～1
	操作師	16～32	6～8	4～6	3～5	1～2
一、二、三等通譯		30～60	15～30	8～16	4～8	1～3
法警長		1	1	1	1	1
副法警長		2～3	1～2	1～2	1	0
法警		120～240	60～120	30～60	20～40	8～16
錄事		130～260	65～130	35～70	20～40	5～10
技士		1～2	1～2	1	0	0
合計		742～1407	396～731	210～403	127～239	38～73

說明：高等法院或其分院檢察署每年受理案件四萬件以上者，為第一類；每年受理案件二萬件以上未滿四萬件者，為第二類；每年受理案件一萬件以上未滿二萬件者，為第三類；每年受理案件五千件以上未滿一萬件者，為第四類；每年受理案件未滿五千件者，為第五類。

● 最高法院檢察署員額表（法院組織法第七十五條附表）

職稱		員額
檢察總長		1
主任檢察官		3～6
檢察官		20～40
檢察事務官		8～15
書記官長		1
一、二、三等書記官		30～60
人事室	主任	1
	副主任	1
	科員	4～8
會計室	主任	1
	書記官	2～4
統計室	主任	1
	書記官	2～4
資訊室	主任	0～1
	設計師	0～1
	管理師	1
	操作員	2～4
一、二、三等通譯		2～4
法警長		1
副法警長		0～1
法警		10～14
錄事		15～30
技士		1～2
合計		107～202

● 各級法院管轄區域一覽表

最高法院	臺灣高等法院	臺北地方法院	（臺北市） 中正區　松山區　信義區　文山區　大安區 萬華區　中山區
			（新北市） 新店區　烏來區　深坑區　石碇區　坪林區
		士林地方法院	（臺北市） 士林區　北投區　大同區　內湖區　南港區
			（新北市） 汐止區　淡水區　八里區　三芝區　石門區
		新北地方法院	（新北市） 土城區　板橋區　三重區　永和區　中和區 新莊區　蘆洲區　三峽區　樹林區　鶯歌區 泰山區　五股區　林口區
		桃園地方法院	桃園市
		新竹地方法院	新竹市
			新竹縣
		宜蘭地方法院	宜蘭縣
		基隆地方法院	基隆市 （新北市） 瑞芳區　貢寮區　雙溪區　平溪區　金山區 萬里區
	智慧財產法院	全國地方法院	
	臺灣高等法院花蓮分院	花蓮地方法院	花蓮縣
		臺東地方法院	臺東縣
	臺灣高等法院臺中分院	臺中地方法院	臺中市
		苗栗地方法院	苗栗縣
	臺灣高等法院臺中分院	南投地方法院	南投縣
		彰化地方法院	彰化縣
	臺灣高等法院臺南分院	雲林地方法院	雲林縣
		嘉義地方法院	嘉義市
			嘉義縣
		臺南地方法院	臺南市

● 各級法院管轄區域一覽表（續）

最高法院	臺灣高等法院高雄分院	高雄地方法院	（高雄市） 小港區　旗津區　前鎮區　苓雅區　新興區 前金區　三民區　鼓山區　鹽埕區　鳳山區 大寮區　林園區
			太平島
			東沙島
		橋頭地方法院	（高雄市） 楠梓區　左營區　大樹區　大社區　仁武區 鳥松區　岡山區　橋頭區　燕巢區　田寮區 阿蓮區　路竹區　湖內區　茄萣區　永安區 彌陀區　梓官區　旗山區　美濃區　六龜區 甲仙區　杉林區　內門區　茂林區　桃源區 那瑪夏區
		高雄少年及家事法院	高雄市
			太平島
			東沙島
		屏東地方法院	屏東縣
		澎湖地方法院	澎湖縣
	福建高等法院金門分院	金門地方法院	金門縣
		連江地方法院	連江縣

附錄二　司法院處務規程

【民國107年2月12日修正】

第 1 條　本規程依司法院組織法（以下簡稱本法）第二十一條訂定之。

第 2 條　司法院（以下簡稱本院）人員處理公務，除法令別有規定外，依本規程辦理。

第 3 條　院長綜理院務及監督所屬機關。

第 4 條　副院長之職責，除院長授權事項外，依本法及本規程之規定。

第 5 條　秘書長承院長之命，處理本院事務，並指揮、監督所屬人員。

第 6 條　副秘書長承院長之命，襄助秘書長處理本院事務。

第 7 條　院長、副院長、秘書長、副秘書長辦公室各置主任一人，由本院所屬人員兼任之，辦理長官交辦事項。

第 8 條　本院得因業務需要，調所屬法院法官及各級人員至院辦理事務。

第 9 條　本院設下列各廳、處、室，並視業務需要分科辦事：

一、民事廳，分四科辦事。

二、刑事廳，分四科辦事。

三、行政訴訟及懲戒廳，分三科辦事。

四、少年及家事廳，分三科辦事。

五、司法行政廳，分四科辦事。

六、大法官書記處，分三科辦事。

七、秘書處，分六科辦事。

八、資訊處，分三科辦事。

九、公共關係處，分四科辦事。

十、參事室。

十一、人事處，分五科辦事。

十二、會計處，分四科辦事。

十三、統計處，分三科辦事。

十四、政風處，分三科辦事。

第 10 條　各廳長、處長及主任參事為各廳、處、室主管，掌理各該單位事務；主任參事由院長就參事中指派之；各副廳長、副處長協助廳長、處長處理事務。

各廳、處所屬各科屬員在五人以上且業務繁重者，得分股辦事，股長由薦任秘書、編審、專員、分析師或薦任科員兼任，不另列等；每一股長屬員

不得少於三人。各科長、股長分掌各科、股事務。

第 11 條　民事廳之職掌如下：

一、民事訴訟審判之行政事項。

二、非訟事件之行政事項。

三、民事調解業務之行政事項。

四、公證、提存事件之行政事項。

五、破產、消費者債務清理事件之行政事項。

六、民事強制執行事件之行政事項。

七、民事有關司法法規之研擬事項。

八、其他交辦事項。

第 12 條　刑事廳之職掌如下：

一、刑事訴訟審判之行政事項。

二、通訊監察案件之行政事項。

三、公設辯護人業務之行政事項。

四、社會秩序維護案件審理之行政事項。

五、刑事補償事件之行政事項。

六、刑事有關司法法規之研擬事項。

七、其他交辦事項。

第 13 條　行政訴訟及懲戒廳之職掌如下：

一、行政訴訟審判及強制執行事件之行政事項。

二、公務員懲戒審理之行政事項。

三、智慧財產訴訟審判及強制執行事件之行政事項。

四、職務法庭審判之行政事項。

五、行政訴訟、公務員懲戒、智慧財產訴訟及職務法庭有關司法法規之研
　　擬事項。

六、其他交辦事項。

第 14 條　少年及家事廳之職掌如下：

一、少年事件審理之行政事項。

二、家事事件審理之行政事項。

三、少年保護事件執行業務之行政事項。

四、婦幼權益保護事件之行政事項。

五、少年事件、家事事件及少年保護事件執行有關司法法規之研擬事項。

六、其他交辦事項。

第 15 條　司法行政廳之職掌如下：

一、司法機關組織之規劃、調整及法規研擬事項。

二、全國性司法會議之籌劃、議事事項。

三、本院及所屬機關行政業務研究發展、考核及檢查事項。

四、司法機關之便民禮民服務及訴訟輔導之行政事項。

五、法律扶助制度之研究發展及財團法人法律扶助基金會之監督、管理事
項。

六、司法制度之法規研擬及推展事項。

七、法官評鑑之行政事項。

八、兩岸司法交流事項。

九、本院及所屬機關房舍新、增、改、擴、遷建之評估事項。

十、司法行政之綜合規劃事項。

十一、其他交辦事項。

第 16 條　大法官書記處之職掌如下：

一、大法官審理案件文書、紀錄、資料之編製及有關事項。

二、大法官解釋之公布、裁判書之公告及通知事項。

三、大法官解釋、裁判彙編；各國憲法審判與釋憲制度相關資料之蒐集、
編譯及研究事項。

四、依法令由實任法官協助大法官辦理案件之事項。

五、依法令由大法官助理辦理之事項。

六、大法官審理案件法庭開閉及有關司法警察之行政事項。

七、與大法官行使職權有關司法法規之研擬事項。

八、大法官行政會議有關事務及與大法官行使職權相關之行政事項。

九、大法官助理聘任相關之規劃事項。

十、其他交辦事項。

第 17 條　秘書處之職掌如下：

一、施政計畫之彙編事項。

二、文書、檔案管理事項。

三、印信典守事項。

四、本院及所屬機關房舍新、增、改、擴、遷建新興房屋建築計畫之審核
及彙辦事項。

五、司法院會議之議事事項。

六、公報之編印及發行事項。

七、圖書、刊物之蒐集、編目及管理事項。

八、防空、疏散、消防、防災及防護團組訓事項。

　　九、本院工友、技工及駕駛之管理及所屬各機關上開人員預算員額之規劃等事項。

　　十、本院工友、技工、駕駛及約聘（僱）人員勞工保險及全民健康保險事項。

　　十一、工程、財物及勞務採購事項。

　　十二、國有公用財產、物品及車輛管理事項。

　　十三、醫療服務及衛生保健指導事項。

　　十四、出納及其他事務管理事項。

　　十五、其他交辦事項。

第 18 條　資訊處之職掌如下：

　　一、司法資訊體系之整體規劃事項。

　　二、司法資訊軟體之研究、開發事項。

　　三、所屬機關資訊系統設置之諮詢、指導事項。

　　四、司法資訊設備相互支援之輔導、協調事項。

　　五、司法資訊業務有關人員之訓練事項。

　　六、司法資訊之蒐集、督導、考核、管理及維護事項。

　　七、其他交辦事項。

第 19 條　公共關係處之職掌如下：

　　一、立法院之聯絡協調、預算案及法案之推動事項。

　　二、監察委員巡察之聯絡協調事項。

　　三、新聞聯繫、發布、資料之處理及輿情即時回應事項。

　　四、司法政策宣導事項。

　　五、國際及國內交流訪問之接待事項。

　　六、與其他機關及社會各界之聯絡事項。

　　七、本院簡介、年鑑及大事紀要之編纂事項。

　　八、促進公共關係之研究與建議事項。

　　九、推廣與本院業務相關之法治教育事項。

　　十、其他交辦事項。

第 20 條　參事室之職掌如下：

　　一、法令之撰擬、審核及綜合彙整事項。

　　二、法制意見之提供事項。

　　三、本院法規動態之統計事項。

　　四、法制業務綜合協調聯繫事項。

　　五、司法周刊之編輯、印製及發行事項。

　　六、司法相關政策、業務專題文選之編輯、印製及發行事項。

　　七、其他交辦事項。

第 21 條　人事處之職掌如下：

　　一、機關員額編制及人力規劃事項。

　　二、本院及所屬機關職員之任免、遷調、訓練、考績、獎懲、退休
　　　　（職）、資遣及撫卹之事項。

　　三、司法人事制度、工作計畫、業務報告及人事法規之研擬事項。

　　四、人事業務相關委員會之規劃、議事之行政事項。

　　五、其他交辦事項。

第 22 條　會計處之職掌如下：

　　一、擬訂各級法院各種有關歲計會計制度方案。

　　二、司法概算之籌編及所屬各機關預算執行之查核事項。

　　三、主管決算審核與編製事項。

　　四、本院及所屬機關會計人員之任免、遷調、訓練、考績、獎懲、退休
　　　　（職）、資遣及撫卹之事項。

　　五、其他交辦事項。

第 23 條　統計處之職掌如下：

　　一、本院及所屬機關公務統計方案之設計，及司法統計法令之研擬、執行
　　　　及解釋事項。

　　二、本院公務統計月報、年報查編，及各級法院公務統計月報、年報之審
　　　　核、彙編事項。

　　三、本院及所屬機關統計業務之策劃、推展、督導及考核等事項。

　　四、本院及所屬機關統計人員之任免、遷調、訓練、考績、獎懲、退休
　　　　（職）、資遣及撫卹之事項。

　　五、其他交辦事項。

第 24 條　政風處之職掌如下：

　　一、本院及所屬機關廉政之宣導及社會參與事項。

　　二、廉政法令、預防措施之擬訂、推動及執行事項。

　　三、廉政興革建議之擬訂、協調及推動事項。

　　四、公職人員財產申報、利益衝突迴避及廉政倫理相關業務事項。

　　五、機關有關之貪瀆與不法事項之處理事項。

　　六、對於具有貪瀆風險業務之清查事項。

　　七、警衛、機關安全、公務機密維護事項。

　　八、假冒司法人員名義招搖撞騙之預防追查事項。

九、本院及所屬機關政風人員之任免、遷調、訓練、考績、獎懲、退休
（職）、資遣及撫卹之事項。

十、其他交辦事項。

第 25 條　本院各廳、處、室職掌項目，除本規程所定事項外，並依本院處理公務分
層負責實施要點之規定辦理。

前項分層負責實施要點，另定之。

第 26 條　本院經費在一定金額以下者，得授權主管人員處理之；其數額另定之。

第 27 條　本院每月舉行業務會報一次，必要時得舉行臨時業務會報，均由秘書長召
集並主持之。

第 28 條　業務會報應出席之人員如下：

一、秘書長。

二、副秘書長。

三、各廳長、處長。

四、主任參事。

五、秘書長指定之人員。

第 29 條　業務會報之範圍如下：

一、工作報告。

二、業務聯繫、檢討及改進。

三、各出席人員建議事項。

四、臨時交議事項。

業務會報決定事項，由各單位主管負責執行；關於重大事項之決定，由秘
書長報請院長核准行之。

第 30 條　各廳、處、室為提升業務品質及行政效能，每季及每年年終得舉行業務檢
討會一次。必要時，並得跨單位共同舉辦之。

第 31 條　本規程自發布日施行。

附錄三　地方法院及其分院處務規程

【民國104年4月15日修正】

第一章　總則

第 1 條　本規程依法院組織法第七十八條規定訂定之。

第 2 條　地方法院及其分院處理事務,除法令別有規定外,依本規程行之。

第 3 條　法院事務,除依法令或依其性質得以各庭、處、所、科、室名義行之者外,以各該院之院長名義行之。

第 4 條　法官年度司法事務分配、代理次序、合議審判時法官之配置及事務分配之變更,適用法官法之規定。

第 5 條　法官以外人員事務之分配,由院長決定之。

第 6 條　法院在星期例假日、紀念日或其他休息時、日,應由法官及書記官輪流值日。

第 7 條　值日法官應辦下列事項:

一、以言詞起訴或聲請調解事件。

二、少年之現行犯或依少年事件處理法第十八條隨案移送之少年事件。

三、因羈押、搜索、證據保全、借提、拘提、同行、通緝或協尋案件。

四、聲請提審事件。

五、依通訊保障及監察法聲請之案件。

六、違反社會秩序維護法移送之案件。

七、應急速處分之勘驗事件。

八、緊急保護令聲請事件。

九、其他依法應即時辦理之事件。

第 8 條　值日書記官辦理紀錄及其他應由書記官辦理之事務。

第 9 條　值日人員之辦公時間,自輪值之日上午八時三十分起至翌日上午八時三十分止。但法院辦公時間另有規定者,從其規定。

第 10 條　值日人員承辦之案件,應填具值日簿,於翌日上午送請院長核閱。值日簿之格式另定之。

第 11 條　值日法官對於應即時調查之證據及實施之搜索、扣押、逮捕、裁定等行為,應為必要之處置,其程序有欠缺並得補正者,應限期補正。

第 12 條　值日法官承辦之事件,無論已結未結,均應於翌日上午交收發室登記分辦。

第 13 條 值日法官及書記官對於值日事件有應行迴避之情形，仍應依法自行迴避，並報請院長核辦。

第二章 院長

第 14 條 地方法院院長監督該院及其分院。

地方法院分院院長監督該分院。

第 15 條 院長依法令行使職權得發布命令。

第 16 條 下列事項由院長處理或審核之：

一、年度工作計畫之決定、變更、執行及考核。

二、候補法官獨任審判製作之裁判書類原本之審閱、公設辯護人辯護書類之核閱、司法事務官辦案書類之審閱及其他辦案書類之審閱。

三、民事庭、刑事庭、行政訴訟庭、專業法庭、普通庭、簡易庭庭數之擬議及一般人事配置之核定。

四、重要行政文稿函件之核判。

五、所屬人員工作、操行、學識、能力考核、監督及任免、獎懲之擬議或核定。

六、上級機關重要命令執行之監督考核。

七、向上級或有關機關建議或報告事項之核定。

八、人民陳訴事件之處理。

九、其他有關重要行政事務之處理。

第 17 條 院長應隨時考查該院及分院各類案件進行情形，並注意其辦案期限；地方法院分院院長對於該分院之事務亦同。

第 18 條 有關行政事務或法律見解之溝通，院長為徵詢意見，得召集所屬有關職員舉行會議。

第 19 條 院長因故不能執行職務時，由資深庭長或院長指定之庭長代行其職務。其無庭長者，由資深法官或院長指定之法官代行其職務。

前項情形應層報司法院。

第三章 民事、刑事及行政訴訟庭

第 20 條 民事、刑事及行政訴訟庭庭長之職掌如下：

一、本庭事務之監督。

二、本庭評議簿之保管。

三、本庭候補法官裁判書類之審閱。

四、本庭各項文稿之決行。

五、配置本庭法官及其他職員之工作、操行、學識、能力之考核、監督與

　　　　獎懲之擬議。

　　六、人民陳訴事件之調查及擬議。

　　七、法律問題之研究。

　　八、抽籤或電腦分案事務之主持。

　　九、其他有關庭務之處理。

第 21 條　民事、刑事及行政訴訟庭庭長各有二人以上時，其相互間行政事務之劃分
　　　　與處理，由院長決定之。並得以一人負責共同性之行政事務。

第 22 條　民事、刑事及行政訴訟庭庭長各有二人以上，其中有因故不能執行職務
　　　　者，應分別互為代理。其僅有一人者，由該庭資深之法官代理其職務。

　　　　合議審判由該庭庭長充審判長；無庭長或庭長有事故時，由庭員資深者充
　　　　之，資同由年長者充之。

第 23 條　民刑案件，應依民刑事件編號計數分案報結實施要點及事務分配之規定，
　　　　分配各法官辦理。

　　　　行政訴訟事件，應依高等行政法院及地方法院行政訴訟事件編號計數分案
　　　　報結實施要點及事務分配之規定，分配各法官辦理。

第 24 條　法官配受之案件，因故不能辦理者，應經庭長報請院長核定後重行分案。
　　　　其接辦之法官仍因故不能辦理者亦同。

　　　　法官依前項規定將案件移出或移入者，應補分或減分相同數額案件。

第 25 條　民刑案件，除依法應合議審判者外，法官認其配受之案件重大有行合議審
　　　　判之必要者，得經庭長轉報院長後行之。其未置庭長者，逕報院長後行
　　　　之。

　　　　庭長認有行合議審判之必要者，亦得徵詢法官之意見報告院長後行之。院
　　　　長認有行合議審判之必要者，亦得徵詢庭長、法官意見後行之。

　　　　合議審判裁判之評議，應將各法官之意見及決議記載於評議簿。

第 26 條　候補法官獨任審判製作之裁判書原本，應於宣示後法定交付裁判原本期間
　　　　內，檢同卷證，送庭長、院長審閱；其裁判書原本不經宣示者，應於製作
　　　　完成時，檢同卷證送庭長、院長審閱。

　　　　合議審判及實任、試署法官獨任審判製作之裁判書原本，無須送閱。

　　　　民事事件支付命令、公示催告、本票強制執行及拍賣抵押物四種裁定，僅
　　　　送庭長審閱。案件較繁之法院，院長得另行指定庭長襄助審閱。

　　　　前項審閱裁判書要點另定之。

第 27 條　民事、刑事及行政訴訟庭法官每屆月終，應將本月份案件收結情形及遲
　　　　延、視為不遲延案件未結原因，列表分送庭長、院長核閱。

第四章　專業法庭

第 28 條　依勞資爭議處理法、少年事件處理法或其他法規應由法院處理之專業案件，得設立專庭或由專人處理之。

第 29 條　專業法庭置庭長，綜理全庭行政事務，並置法官、書記官及其他必要人員。

第29-1條　家事事件，應依家事事件編號計數分案報結實施要點及事務分配之規定，分配各法官辦理。

第 30 條　第三章之規定於專業法庭準用之。

第五章　普通庭

第 31 條　地方法院或其分院設普通庭，處理違反社會秩序維護法之抗告案件。

第 32 條　普通庭置庭長，綜理全庭行政事務，並置法官、書記官及其他必要人員。

第 33 條　第三章之規定於普通庭準用之。

第六章　簡易庭

第 34 條　地方法院或其分院設簡易庭，辦理下列案件：

一、民事、刑事簡易訴訟程序案件。

二、社會秩序維護法所規定之案件。

三、家事調解以外之民事調解事件。

簡易庭審理前項案件應以簡易庭名義行之，其裁判正本蓋用簡易庭關防。但民事簡易訴訟程序事件，依法改為通常訴訟程序事件時，仍由原承辦法官以民事庭名義行之，並蓋用法院印。

地方法院或其分院得視簡易庭業務繁簡，指定簡易庭之法官兼辦非訟、公證事件及其他依事務分配應辦理之事項。但非訟事件應以民事庭名義、公證事件應以公證人名義行之，並分別蓋用法院印、公證人職章或鋼印。

第 35 條　簡易庭得置庭長，綜理全庭行政事務，並置法官、書記官及其他必要人員。

第 36 條　第三章之規定與本章規定不牴觸部分準用之。

第七章　民事執行處

第 37 條　民事執行處之事務，除法律另有規定外，由法官或司法事務官、書記官及執達員辦理。

書記官應優先遴選資深而成績優良，並有民事紀錄經驗者任之。

第 38 條　民事執行處法官或司法事務官有二人以上者，得置庭長一人，監督該處事務。未置庭長者，由院長指定適當之人員監督之。

第 39 條 同一執行法官或司法事務官得配置書記官一至三人辦理執行事務。

第 40 條 書記官接受執行案卷,應核對分案清單點收卷宗後,儘速送請法官或司法事務官核辦。

第 41 條 執行事件之進行及當事人書狀之處理,應由法官或司法事務官自行為之。
書記官應受法官或司法事務官之指示辦理執行事項。

第 42 條 執行事件執行完畢應歸檔者,應經法官或司法事務官核定,其置有庭長者,並應經庭長或指定適當之人員審閱,未置庭長者,由院長指定適當之人員為之。執行事件雖已報結,但尚有未了事務者,其卷宗不得歸檔。

第 43 條 民事執行處配置之執達員,其執行職務應受配屬之法官或司法事務官、書記官指揮監督。

第 44 條 當事人繳案之款項、有價證券及其他貴重物品,應由書記官依照財務收支之有關規定處理之。

第 45 條 書記官或執達員經法官或司法事務官命為查封或其他執行行為者,應作成筆錄或報告送請法官或司法事務官核閱。

第 46 條 第三章之規定,與本章不牴觸部分準用之。

第八章 公設辯護人室

第 47 條 公設辯護人應受院長之行政監督。

第 48 條 公設辯護人在二人以上時置主任公設辯護人,其事務之分配,由主任公設辯護人報請院長定之。

第 49 條 公設辯護人對於指定辯護案件,應製作辯護書。其製作之辯護書,除有特別情形外,應於辯論終結三日內,送院長核閱,並提出於法院。

第 50 條 法院得指定人員辦理辯護案卷之編訂保管事項。

第 51 條 公設辯護人執行職務,依公設辯護人條例、公設辯護人管理規則及本章之規定。

第八章之一 司法事務官室

第51-1條 司法事務官在二人以上者,置主任司法事務官。
司法事務官之事務分配,由主任司法事務官報請院長決定之。

第51-2條 司法事務官應受院長之行政監督。

第51-3條 司法事務官辦理事務,應受該管事務庭長之職務監督。未置庭長者,由院長指定適當之人員行使之。

第51-4條 司法事務官辦理之案件,其編號、計數、分案、報結,應依民刑事件編號計數分案報結實施要點、家事事件編號計數分案報結實施要點、高等行政法院及地方法院行政訴訟事件編號計數分案報結實施要點規定辦理。

第51-5條 司法事務官配受之事務，因故不能辦理者，應經主任司法事務官報請院長核定分配與次一符號之司法事務官辦理；其接辦之司法事務官仍因故不能辦理者，亦同。次一符號以下之司法事務官均不能接辦時，由院長指定其他適當人員辦理之。

前司法事務官依前項規定將事務移出或移入者，應補分或減分相同數額案件。

第51-6條 初任司法事務官前五年內製作之處分、裁定等辦案書類，應於原本製作完成時，檢同卷證，送該管事務之庭長及院長審閱。

案件較繁之法院或未置庭長者，院長得另行指定庭長或其他適當人員襄助審閱。

前二項之審閱要點另定之。

第51-7條 司法事務官每屆月終，應將本月份事務收結情形列表分送主任司法事務官、該管事務庭長、院長核閱。

第51-8條 司法事務官依法承法官之命辦理事務時，在必要範圍內，得指揮命令法官助理執行職務。但不得與法官明示之意思相反。

司法事務官依法承法官之命辦理事務時，在必要範圍內，得請少年調查官、家事調查官協助之。但不得與法官明示之意思相反。

第九章　調查保護室

第 52 條 少年調查官、少年保護官及家事調查官合計在二人以上者，置主任調查保護官一人；合計在六人以上者，得分組辦事，各置組長一人，組長由少年調查官、少年保護官或家事調查官兼任，不另列等。

第 53 條 主任調查保護官、組長、少年調查官、少年保護官、家事調查官、心理測驗員、心理輔導員及佐理員應受院長之行政監督。

第53-1條 少年調查官、少年保護官、家事調查官執行職務應受主任調查保護官、組長之指揮監督。

主任調查保護官、組長、少年調查官、少年保護官、家事調查官執行職務應受庭長、法官之指揮監督。

少年調查官、家事調查官應協助司法事務官執行職務。

第53-2條 心理測驗員、心理輔導員執行職務，應服從庭長、法官、司法事務官、少年調查官、少年保護官及家事調查官之指揮監督。

第53-3條 書記官、佐理員及執達員隨同司法事務官、少年調查官、少年保護官或家事調查官執行職務者，應服從其指揮監督。

第53-4條 少年調查官應服從法官之監督，執行下列職務：

　　一、調查、蒐集關於少年事件之資料。

　　二、對於責付、收容少年之調查、輔導事項。

　　三、出庭陳述意見。

　　四、其他法令所定之事務。

　　少年保護官應服從法官之監督，執行下列職務：

　　一、掌理由少年保護官執行之保護處分。

　　二、其他法令所定之事務。

　　少年調查官、少年保護官得相互兼理之。

第53-5條　家事調查官應服從法官之監督，執行下列職務：

　　一、調查、蒐集關於家事事件特定事項之事實或資料，並提出報告。

　　二、家事事件履行確保之調查及勸告。

　　三、出庭陳述意見。

　　四、其他法令所定之事務。

第 54 條　調查保護室之事務分配，由主任調查保護官報請院長決定之。

第54-1條　少年調查官、少年保護官、家事調查官辦理之案件，其編號、計數、分案、報結，應依民刑事件編號計數分案報結實施要點及家事事件編號計數分案報結實施要點規定辦理。

第 55 條　（刪除）

第十章　公證處

第 56 條　公證人辦理公證事務，應受院長之行政監督，院長並得指定民事庭庭長督導之。

　　前項公證人，得由法官或具有公證人任用資格之司法事務官兼充之。

第 57 條　院長應定期調閱有關公證案卷，查核有無不適法之公證。

　　前項調閱得指定庭長為之。

第 58 條　公證人有二人以上者，置主任公證人，辦理公證處一般行政事務，其事務之分配，由主任公證人報請院長定之。

第 59 條　公證處配置之佐理員及其他人員，應受主任公證人、公證人或兼充公證人之法官或司法事務官之指揮監督。

第 60 條　公證分處之設立，應層報司法院核准。

第 61 條　本規程第二十七條於公證處準用之。

第十一章　提存所

第 62 條　提存所置主任一人，佐理員及其他人員若干人，辦理提存事務。但法院得指定法官、司法事務官或書記官兼辦之。

第 63 條　提存所辦理事務應受院長之行政監督，院長並得指定民事庭庭長督導之。

第 64 條　提存事件之准許或其他有關提存之處分，應由提存所主任或兼辦之司法事務官決定之。提存所之佐理員及其他人員，依主任或兼辦之司法事務官之命辦理提存事務。

第 65 條　本規程第二十七條之規定於提存所準用之。

第十二章　登記處

第 66 條　登記處辦理法人登記及夫妻財產制契約之登記。

第 67 條　登記處置主任一人，佐理員及其他人員若干人。但法院得指定法官、司法事務官或書記官兼辦之。

第 68 條　登記處辦理登記事件，應受院長之行政監督，院長並得指定民事庭庭長督導之。

第 69 條　本規程第二十七條之規定於登記處準用之。

第十三章　書記處

第 70 條　地方法院書記處置書記官長一人，承院長之命處理行政事務，並指揮監督所屬書記官、法官助理及其他人員。

第 71 條　書記官長因故不能執行職務時，應由院長指定適當人員代理。

第 72 條　書記官以下職員因故不能執行職務時，由書記官長指定適當人員代理之，並報告院長。

第 73 條　書記處設民事紀錄科、刑事紀錄科、行政訴訟紀錄科、民事執行紀錄科、文書科、研究考核科、總務科、資料科及訴訟輔導科。其設有專業法庭、普通庭、簡易庭者，得各設紀錄科。各紀錄科視業務需要，並得分設一科至三科。

　　　　　前項各科置科長一人，並得視業務需要分股辦事；分股辦事者，各股得置股長一人。但在事務較簡之法院，得不分科或併科辦事。

　　　　　科長、股長，由地方法院陳報高等法院轉陳司法院就一等書記官或二等書記官指派兼任之。

第 74 條　配置於調查保護室、公證處、登記處及提存所之佐理員，除不另設科外，均準用紀錄科有關規定。

第 75 條　書記官於收受案卷或文件後，應即依照規定登記簿冊或建檔，其應由庭長、法官或司法事務官處理者，即送請核閱。其應由書記官自行處理，或應簽請院長處理者，即分別處理。

第 76 條　承辦文件除法令屬書記官職權者外，應送請各單位主管核轉院長核定。但一般例行文稿、例行報告表或以各單位名義行之者，得依其性質由庭長、

法官、司法事務官或書記官長，或各該單位主管核定之。

第77條　民事紀錄科、刑事紀錄科、行政訴訟紀錄科、民事執行紀錄科之職掌如下：

一、關於案件之編號、資料輸入、審核及抽籤分案事項。

二、關於案卷及文件之點收、資料輸入與人犯羈押資料輸入事項。

三、關於筆錄及期日傳喚通知與提押票等之製作事項。

四、關於案件文稿之撰擬事項。

五、關於整理編訂保管案卷及附隨案卷之證物保管事項。

六、關於裁判或其他書類正本之製作與其結果公告事項。

七、關於案卷文書之交付送達事項。

八、關於已結案卷之發送或歸檔事項。

九、關於各項報表製作或提供統計資料事項。

十、其他依法令應由書記官辦理及長官交辦事項。

前項規定於專業法庭、簡易庭、普通庭紀錄科準用之。

第78條　紀錄書記官應服從其配屬庭長、法官或司法事務官之指揮命令執行職務。

紀錄書記官應隨時將案件進行終結情形翔實登載書記官辦案進行簿作業系統，並於月終送請司法事務官、法官、庭長、院長核閱。如有必要，司法事務官、法官、庭長、院長並得隨時調閱。

第79條　紀錄科應用之簿冊，其格式得由司法院統一規定之。

第80條　文書科之職掌如下：

一、關於典守印信事項。

二、關於文件之收發、分配、繕校事項。

三、關於行政文稿之撰擬事項。

四、關於各項報告之彙編事項。

五、關於不屬於其他各科室業務會議之籌劃、紀錄及行政事項。

六、關於律師、民間公證人之登錄及律師、訴訟當事人聲請閱卷事項。

七、關於人民陳訴、訴願、國家賠償、刑事補償求償事件之處理事項。

八、關於院長移交案及法官、司法事務官調職移交報告書之彙辦事項。

九、關於法官自律委員會、法官司法事務分配小組行政事務之處理事項。

十、不屬於其他各科室及長官交辦事項。

第81條　研究考核科之職掌如下：

一、關於研究發展工作之推行事項。

二、關於年度工作計畫編擬事項。

三、關於公文稽催管制事項。

四、關於案件進行檢查事項。

五、關於各項列管事項之追蹤管制考核事項。

六、關於自行檢查事項。

七、其他有關研究考核及長官交辦事項。

第 82 條　研究發展考核進行情形及結果，承辦人員應按月列表送請書記官長轉送院長核閱，並依其權責作適當之處理。

第 83 條　總務科之職掌如下：

一、關於經費出納事項。

二、關於司法用紙樣張、請領、審核及發售事項。

三、關於司法收入事項。

四、關於贓證物品之保管事項。

五、關於案內金錢或其他貴重物品存入國庫之出納事項。

六、關於財物購置、保管、發給事項。

七、關於公有廳舍修建及分配使用事項。

八、關於實物配給事項。

九、關於同仁福利事項。

十、關於司機、技工、工友之管理調配訓練與考核事項。

十一、其他有關總務及長官交辦事項。

第 84 條　主辦總務人員應隨時注意支出之款項是否已超出預算。必要時應向上級長官陳明。

第 85 條　資料科之職掌如下：

一、關於法規、判例、解釋等資料之蒐集、分析、編輯、登記、分送、傳觀、保管事項。

二、關於裁判書公報之編印、發行事項。

三、關於圖書資料、報刊之蒐集及圖書室之設置及管理事項。

四、關於卷宗之編號歸檔及保管事項。

五、其他與法律資料有關及長官交辦事項。

前項業務於未設資料科之地方法院及其分院由文書科辦理。

第 86 條　各項卷宗應分別編號保存。

卷宗歸檔編號及其保存期限，得由司法院訂定統一辦法行之。

第 87 條　訴訟或非訟卷宗之調取，應經法官或司法事務官以上人員簽章，行政卷宗應經單位主管以上人員簽章。

第 88 條　訴訟輔導科辦理為民服務與訴訟輔導事項。其實施要點由司法院定之。

第 88-1 條　地方法院及其分院得視業務需要，置法官助理若干人；其遴聘、訓練、業

務、管理及考核等事項，由司法院定之。

法官助理之職掌如下：

一、承法官之命，辦理訴訟案件程序之審查、法律問題之分析、資料之蒐集。

二、其他交辦事項。

第88-2條　法官助理應服從其配屬庭長、法官之指揮命令執行職務。

法官助理應將辦理之事項確實登載工作日誌及填載月報表，並於次月五日前送請法官、庭長、院長核閱。如有必要，法官、庭長、院長並得隨時調閱。

第十四章　資訊室

第 89 條　資訊室置主任一人，承院長之命，處理資訊室之行政事項，另置資訊管理師、操作員若干人；必要時得置設計師，以處理資訊事項。

資訊室所主辦之文稿，應會由書記官長送陳院長核定。

第 90 條　資訊室之職掌如下：

一、配合司法資訊業務之協調、推動事項。

二、關於資訊應用系統之建置、測試、維護及版權控管事項。

三、關於系統程式、文件之保管、更新事項。

四、關於資訊設備及網路之建置、管理、安全維護事項。

五、關於資訊資料庫之建立、運用、管理事項。

六、關於資訊教育訓練及進修計畫之研擬、執行事項。

七、關於執行資訊業務之諮詢輔導事項。

八、關於資訊系統使用效率之查核事項。

九、關於資訊作業標準化建立事項。

十、其他有關資訊業務及長官交辦事項。

第十五章　法警

第 91 條　地方法院及其分院各置法警若干人，其管理辦法及執行職務注意事項另定之。

第十六章　人事室、會計室、統計室、政風室

第 92 條　法院設人事室、會計室、統計室及政風室，依照法令分別辦理人事、歲計、會計、統計及政風事項。

第 93 條　前條人員應受院長之指揮監督。

第 94 條　人事室、會計室、統計室、政風室主辦文稿，應會由書記官長送陳院長核

定。

第95條　（刪除）

第十七章　附則

第96條　各單位承辦文稿除本規程另有規定外，應逐級核轉送陳院長核定。但一般例行文稿，得依其性質逐級授權決定。

前項授權由分層負責明細表定之。

地方法院分層負責明細表，由高等法院訂定，並陳報司法院核定。但福建金門、連江地方法院由直接上級法院訂定，並陳報司法院核定。

地方法院得自行訂定辦事要點，並層報司法院備查。

第97條　本規程自發布日施行。

本規程中華民國一百零一年八月二十三日修正發布之條文，除第四條、第二十九條之一、第五十一條之五、第八十條及第八十八條之一自發布日施行外，其餘自一百零一年九月六日施行。

附錄四　高等法院及其分院處務規程

【民國103年11月21日修正】

第一章　總則

第1條　本規程依法院組織法第七十八條規定訂定之。

第2條　高等法院處理事務,除法令別有規定外,依本規程行之。

　　　　高等法院分院處理事務,準用本規程之規定。

第3條　法院事務,除依法令或依其性質得以各庭、處、科、室名義行之者外,以各該院院長名義行之。

第4條　法院應於每年度終了前由院長、庭長、法官舉行年終會議,決定次一司法年度之下列事項:

　　　　一、法官事務分配。

　　　　二、法官分案符號。

　　　　三、法官代理次序。

　　　　四、合議審判法官之配置。

　　　　年終會議後,因案件或法官增減或他項事故,有變更之必要時,得由院長徵詢有關庭長、法官意見後定之。但遇有法官分發調動,而有大幅變更法官司法事務分配之必要時,宜以法官會議議決之。

第5條　法院其他職員事務之分配,由院長決定之。

第6條　法院在星期六、日、紀念日或其他休息時、日,應由法官及書記官輪流值日辦理規定之事項。

　　　　值日法官及書記官應辦事項另定之。

第二章　院長

第7條　高等法院院長監督該法院及其分院與所屬地方法院及其分院。

　　　　高等法院分院院長監督該分院與轄區內地方法院及其分院。

第8條　院長依法令行使職權得發布命令。

第9條　下列事項由院長處理或核定之:

　　　　一、年度工作計畫之決定、變更、執行及考核。

　　　　二、庭長、法官裁判書類正本之研閱及公設辯護人辯護書類之核閱。

　　　　三、重要行政文稿函件之核判。

　　　　四、民刑事庭、專業法庭庭數之擬議及一般人事配置之核定。

　　　　五、上級機關重要行政命令執行之監督考核。

六、人民陳訴事件之處理。

七、所屬職員工作操行學識能力考核監督及任免獎懲之擬議或核定。

八、向上級或有關機關建議或報告事項之核定。

九、其他有關重要行政事務之處理。

第 10 條　高等法院院長對於該法院及其分院與所屬地方法院及其分院民刑事案件、非訟事件及其他法律規定之案件，應隨時考查其進行情形，並注意其辦案期限。

高等法院分院院長對於該分院與轄區內地方法院及其分院之事務亦同。

第 11 條　有關行政事務或法律見解之溝通，院長為徵詢意見，得召集所屬有關職員舉行會議。

第 12 條　高等法院院長得視該法院及其分院與所屬地方法院及其分院事務之增減及業務之需要，擬具年度概算，報請司法院核辦。

第 13 條　院長因故不能執行職務時，由資深庭長或院長指定之庭長代行其職務，並應陳報司法院。

第三章　民刑事庭

第 14 條　民刑事庭每庭置庭長一人、法官若干人。

前項庭數之設置，應報司法院核備。

第 15 條　民刑事庭庭長職掌如下：

一、本庭事務之監督。

二、本庭評議簿之保管。

三、本庭各項文稿之決行。

四、配置本庭職員之工作、操行、學識、能力之考核監督與獎懲之擬議。

五、人民陳訴事件之調查及擬議。

六、發回更審裁判原因之審查。

七、法律問題之研究。

八、抽籤或電腦分案事務之主持。

九、其他有關庭務之處理。

前項規定於未設庭長之審判長準用之。

第 16 條　民刑事庭庭長各有二人以上，其相互間行政事務之劃分與處理，由年終會議或由院長徵詢有關庭長意見後定之。並得以一人負責共同性之行政事務。

第 17 條　民刑事庭庭長各有二人以上，其中一人因故不能執行職務者，其行政事務，應分別互為代理；合議審判審判長由該庭庭員中資深者充之，資同以

　　　　　年長者充之。

第 18 條　民刑事件應依民刑事件編號計數分案報結實施要點、法院分案實施要點及
　　　　　事務分配之規定，分配各法官辦理。

第 19 條　法官配受之案件，因故不能辦理者，應經庭長報請院長核定後重行分案。
　　　　　其接辦之法官仍因故不能辦理者亦同。
　　　　　法官依前項規定將案件移出或移入者，應補分或減分相同數額之新收案
　　　　　件。

第 20 條　裁判之評議應將各法官意見及決議記錄於評議簿。

第 21 條　法官配受案件應製作裁判書。

第 22 條　高等法院得指定庭長、法官專責辦理下列事項，並酌予減分或停分案件：
　　　　　一、檢查所屬法院業務。
　　　　　二、確定案件之審查事項。
　　　　　三、人民陳訴事件之處理事項。
　　　　　四、法令疑義之研擬事項。
　　　　　五、規劃、推動司法業務革新事項。

第 23 條　民刑事庭法官每屆月終，應將本月份案件收結情形及遲延、視爲不遲延案
　　　　　件未結原因列表分送庭長、院長核閱。

第四章　專業法庭

第 24 條　依勞資爭議處理法、少年事件處理法、道路交通管理處罰條例或其他法
　　　　　令，應由法院處理之專業案件，得指定專人或專庭處理之，但事務較簡
　　　　　者，得指定人員兼辦之。

第 25 條　專業法庭得置庭長，綜理全庭行政事務，並視事務繁簡配置法官、書記官
　　　　　及其他必要人員。

第 26 條　第三章之規定於專業法庭準用之。

第五章　公設辯護人室

第 27 條　公設辯護人應受院長之行政監督。

第 28 條　公設辯護案件應依次序輪分辦理。

第 29 條　公設辯護人製作之辯護書，應於辯論終結翌日前送院長核閱。

第 30 條　法院應指定人員辦理辯護案卷之編訂保管等事項。

第 31 條　法院爲當事人之訴訟案件，得指派公設辯護人代理。

第六章　書記官長

第 32 條　書記官長承院長之命，處理該院一般行政事務，並指揮監督所屬書記官、

法官助理及其他人員。

第 33 條　書記官長因故不能執行職務時，應由院長指定適當人員代理之。

第 34 條　書記官以下職員因故不能執行職務時，由書記官長指定適當人員代理之，並報告院長。

第七章　書記處

第 35 條　書記處設民事紀錄科、刑事紀錄科、文書科、研究考核科、總務科、資料科及訴訟輔導科。其設有專業法庭者，得設專業法庭紀錄科。各紀錄科視業務需要，並得分設一科至三科。

前項各科置科長一人，並得視業務需要分股辦事。但在事務較簡之法院，得不分科或併科辦事。

科長、股長，由高等法院陳報司法院就一等書記官、一等書記官或二等書記官指派兼任之。

書記處得視業務需要，置法官助理若干人，其遴聘、訓練、業務、管理及考核等相關事項，由司法院定之。

第 36 條　書記官於收受案卷或文件後，應即依照規定登記有關簿冊或建檔，其應由庭長、法官處理者，即分別送請核閱。其應由書記官自行處理或應簽請院長處理者，即分別處理。

第 37 條　承辦文件，除依法令屬於書記官職權者外，應送請各該單位主管核轉院長核定。但一般例行文稿、例行報表或以各單位名義行之者，得依其性質由庭長、法官或書記官長或各該單位主管核定之。

第 38 條　民事、刑事紀錄科之職掌如下：

一、關於案件之編號、資料輸入、審核及抽籤分案事項。

二、關於案卷及文件之點收、資料輸入與人犯羈押資料輸入事項。

三、關於輸入全國前案及被告在監所、戶役政、全國前案等資料之查復事項。

四、關於筆錄及期日傳喚通知與提押票等製作事項。

五、關於案件文稿之撰擬事項。

六、關於整理編訂保管案卷及附隨案卷之證物保管事項。

七、關於裁判或其他書類正本之製作與其結果公告事項。

八、關於案件文書之交付送達事項。

九、關於裁判書類正本送閱事項。

十、關於已結案卷之發送或歸檔事項。

十一、關於各項報表製作或提供統計資料事項。

　　　　十二、其他依法令應由書記官辦理及長官交辦事項。

　　　　前項規定於專業法庭紀錄科準用之。

第 39 條　紀錄書記官應服從其配屬庭長、法官之指揮命令執行職務，並應服從依法
　　　　院組織法第三十四條第三項規定，調高等法院或其分院，承其配屬庭長、
　　　　法官之命辦事之試署或候補法官，於職務權限內之指揮命令執行職務。但
　　　　該試署或候補法官之指揮命令與其配屬庭長、法官之指揮命令有牴觸者，
　　　　應服從其配屬庭長、法官之指揮命令。

　　　　紀錄科書記官應備置辦案進行簿，隨時將案件進行與終結情形，翔實登載
　　　　書記官辦案進行簿作業系統，並於月終送請法官、庭長、院長核閱。如有
　　　　必要，並得隨時調閱。

第 40 條　紀錄科應用簿冊，其格式得由司法院統一規定之。

第 41 條　文書科之職掌如下：

　　　　一、關於典守印信事項。

　　　　二、關於文件之收發、分配、繕校及裁判書類之繕打管理、印製事項。

　　　　三、關於行政文稿之撰擬事項。

　　　　四、關於各項報告之彙編事項。

　　　　五、關於不屬於其他各科室業務會議之籌劃、記錄及行政事項。

　　　　六、關於行政令函之徵集與管理事項。

　　　　七、關於律師登錄、註銷登錄、律師及訴訟當事人聲請閱卷之處理事項。

　　　　八、關於人民陳訴、訴願、國家賠償事件及律師、民間公證人懲戒事件之
　　　　　　分辦與文書處理事項。

　　　　九、關於院長移交案及法官調職移交報告書之彙辦事項。

　　　　十、關於法官自律委員會、司法事務分配小組行政事務之處理事項。

　　　　十一、關於所屬法院文書科職掌事項之彙辦及核轉事項。

　　　　十二、不屬於其他各科室及長官交辦事項。

第 42 條　研究考核科之職掌如下：

　　　　一、關於研究發展工作之推行事項。

　　　　二、關於年度工作計畫編擬事項。

　　　　三、關於公文稽催管制事項。

　　　　四、關於案件進行檢查事項。

　　　　五、關於列管項目之追蹤管制、考核事項。

　　　　六、關於自行檢查事項。

　　　　七、關於業務檢查策劃事項。

　　　　八、關於所屬法院研考科職掌事項之彙辦及核轉事項。

九、其他有關研考及長官交辦事項。

第 43 條　研究發展考核進行情形及結果，應按月列表送請書記官長轉送院長核閱。

第 44 條　總務科之職掌如下：

一、關於經費出納事項。

二、關於司法收入事項。

三、關於贓證物品之保管事項。

四、關於案內金錢或其他貴重物品存入國庫之出納事項。

五、關於工程、財物、勞務採購及管理事項。

六、關於公有廳舍修建及分配使用事項。

七、關於所屬各法院工程、財物及勞務採購在查核金額以上案件之審核與監辦事項。

八、關於同仁福利事項。

九、關於司機、技工、工友之管理、調配、訓練與考核事項。

十、關於所屬法院總務科職掌事項之彙辦及核轉事項。

十一、其他有關總務及長官交辦事項。

第 45 條　主辦總務人員應隨時注意支出之款項是否已超出預算，必要時應向上級長官陳明。

第 46 條　資料科之職掌如下：

一、關於圖書報刊及裁判書之徵集閱覽及管理事項。

二、關於法令、規章、大法官會議解釋、判例、判解、最高法院民刑庭會議及總會議決議錄等徵集與管理。

三、關於定期出刊公報，有登載裁判書全文及其他書籍等之編輯發行事項。

四、卷宗之編號歸檔及保管事項。卷宗歸檔編號及其保存期限，由司法院訂定統一辦法行之。

五、關於所屬法院資料科職掌事項之彙辦及核轉事項。

六、其他與法律資料有關及長官交辦事項。

第 47 條　訴訟卷宗之調取應經法官以上人員簽章，行政卷宗之調取應經單位主管以上人員簽章。

第 48 條　訴訟輔導科之職掌如下：

一、辦理為民服務與訴訟輔導等事項。

二、關於所屬法院訴訟輔導科職掌事項之彙辦及核轉事項。

三、其他有關訴訟輔導及長官交辦事項。

前項第一款之實施辦法由司法院定之。

第48-1條　法官助理之職掌如下：

　　　　一、承法官之命，辦理訴訟案件程序之審查、法律問題之分析、資料之蒐
　　　　　　集。

　　　　二、其他交辦事項。

第48-2條　第三十九條第一項於法官助理準用之。

　　　　法官助理應將辦理之事項確實登載工作日誌，並於月終送請法官、庭長、
　　　　院長核閱。如有必要，並得隨時調閱。

第八章　資訊室

第49條　資訊室置主任一人，承院長之命處理資訊室之行政事項，另置資訊管理師
　　　　操作員若干人，必要時得置科長、設計師，處理資訊事項。

　　　　資訊室所主辦之文稿，應會由書記官長送陳院長核定。

第50條　資訊室之職掌如下：

　　　　一、關於司法資訊業務之協調、推動事項。

　　　　二、關於資訊應用系統之建置、測試、維護、更新事項。

　　　　三、關於系統程式、文書之保管、更新事項。

　　　　四、關於資訊設備及網路之建置、管理、安全維護事項。

　　　　五、關於資訊資料庫之建立、運用、管理事項。

　　　　六、關於資訊教育訓練及進修計畫之研擬、執行事項。

　　　　七、關於執行資訊業務之諮詢輔導事項。

　　　　八、關於資訊系統使用效率之查核事項。

　　　　九、關於資訊作業標準化建立事項。

　　　　十、關於所屬法院資訊室職掌事項之彙辦及核轉事項。

　　　　十一、其他有關資訊業務及長官交辦事項。

第九章　法警室

第51條　法警室之職掌如下：

　　　　一、關於送達、解送人犯或少年、候審戒護、值庭、具保責付、拘提、搜
　　　　　　索扣押、協助民事強制執行、警衛、值日事項。

　　　　二、關於所屬法院法警室職掌事項之彙辦及核轉事項。

　　　　三、其他有關法警及長官交辦事項。

　　　　第一項第一款之管理要點及執行職務注意事項另定之。

第十章　人事室、會計室、統計室、政風室

第52條　高等法院設人事室、會計室、統計室及政風室，各室置主任一人，並依業

務性質分科辦事。

高等法院分院除不分科外，準用前項規定。

第 53 條　前條人員應受院長之指揮。其所主辦之文稿，應會由書記官長送陳院長核定。

第一節　人事室

第 54 條　人事室之職掌如下：

一、關於職員任免、遷調、考試分發事項。

二、關於職員因公出國事項。

三、關於職務歸系、銓審、請任〈免〉事項。

四、關於職員完成考試程序、聘僱人員派充及替代役人員人事事項。

五、關於人事甄審委員會、考績委員會辦理事項。

六、關於法官候補、試署及辦案書類事項。

七、關於組織、編制、員額、人事制度法規、工作計畫、業務報告研擬建議事項。

八、關於職員考核獎懲、考績〈成〉、獎章表揚、人事控告案件及法官評鑑事項。

九、關於職員訓練、進修、研究、講習、工作歷練、輪調事項。

十、關於職員差勤、加班、出國事項。

十一、關於職員退撫、資遣、法官停止及減少辦案事項。

十二、關於職員待遇、保險、福利、文康活動事項。

十三、關於人事人員銓審、考績、獎懲、退休、撫卹事項。

十四、關於職員人事資料之登記、移轉、蒐集、彙送、保管、統計、編制事項。

十五、關於職員證明、證件核發事項。

十六、關於職員人事各項行政管理、業務檢查事項。

十七、關於其他交辦事項。

第二節　會計室

第 55 條　會計室之職掌如下：

一、關於單位預算歲（入）出（概）預算、追加減預算之擬編及分配事項。

二、關於單位預算動支預備金之審核及各項專案經費核撥事項。

三、關於依政府採購法辦理之監辦事項。

四、關於單位預算執行及會計業務之督導檢查事項。

五、關於單位預算各項收支作業之會簽、監驗事項。

六、關於單位預算會計事項之審核、編製、紀錄、整理、保管、送審等事項。

七、關於單位預算各式會計報告及決算編報事項。

八、關於單位預算國有財產增減表及財產目錄之審核事項。

九、關於冤獄賠償核發事項。

十、關於單位預算機關會計報表、憑證、帳冊之銷毀、核轉事項。

十一、關於會計機構組織、員額編制及人力規劃建議事項與請頒印信、移交等事項。

十二、關於會計人員任免、遷調等銓審作業及考績、獎懲、退休、撫卹、培訓計畫、進修等事項之審核、核轉事項。

十三、關於會計業務研究發展考核事項。

十四、關於其他交辦事項。

第三節　統計室

第 56 條　統計室之職掌如下：

一、關於公務統計資料之登錄、審核。

二、關於公務統計月報、半年報、年報、法官辦案情形報表之查編事項。

三、關於庭長法官考核下級審法院庭長法官辦案情形統計事項。

四、關於獎懲資料之統計事項。

五、關於統計年度計畫之擬訂、考核暨司法統計法令之研擬、執行事項。

六、關於司法統計調查之執行事項。

七、關於統計專題研究分析之辦理事項。

八、關於統計機構組織、編制、請頒印信及移交事項。

九、關於統計人員任免、遷調等銓審作業及考績、獎懲、退休、撫卹等事項。

十、關於公務統計月報、半年報、年報之審核、彙編事項。

十一、關於司法調查統計之規劃、設計事項。

十二、關於臺灣司法統計專輯等書刊之編印及統計法令彙集事項。

十三、關於司法統計資訊系統作業之管理事項。

十四、關於統計業務之督導、檢查事項。

十五、關於其他交辦事項。

第四節　政風室

第 57 條　政風室之職掌如下：

一、關於政風機構組織編制、請頒印信及移交事項。

二、關於政風工作年度計畫之策劃、擬訂事項。

三、關於政風預算編列及推動執行事項。

四、關於政風人員之任免、遷調、考績（成）、獎懲等事項。

五、關於公務機密之維護事項。

六、關於公務機密維護法令之擬訂、宣導、執行事項。

七、關於推動資訊保密措施事項。

八、關於洩密案件之處理事項。

九、關於機關設施安全維護事項。

十、關於協助處理陳情請願事項。

十一、關於本室一般行政事務管理事項。

十二、關於貪瀆不法防弊措施之研訂、執行、考核事項。

十三、關於貪瀆不法之查察、發掘及處理事項。

十四、關於政風業務之興革建議事項。

十五、關於政風考核獎懲建議事項。

十六、關於政風法令及政風工作手冊之蒐編、擬訂、宣導、執行事項。

十七、關於維護優良司法風紀事項。

十八、關於涉及司法風紀之人民陳訴或機關函查案件之會辦事項。

十九、關於公職人員財產申報事項。

二十、關於本院及所屬機關營繕採購案配合辦理事項。

二十一、協助推動本院革新便民措施事項。

二十二、關於本院所屬機關政風業務視導事項。

二十三、關於其他交辦事項。

第十一章　附則

第 58 條　各單位承辦文稿除本規程另有規定外，應逐級核轉送陳院長核定。但一般
　　　　　例行文稿，得依其性質逐級授權決定。

　　　　　前項授權由分層負責明細表定之。

　　　　　高等法院應訂定該院及其所屬法院分層負責明細表，並陳報司法院核定。

　　　　　高等法院得自行訂定辦事要點，並陳報司法院備查。

第 59 條　本規程自發布日施行。

附錄五　最高法院處務規程

【民國103年11月21日修正】

第一章　總則

第 1 條　本規程依法院組織法第七十八條規定訂定之。

第 2 條　最高法院（以下簡稱本院）處理事務，除法令別有規定外，依本規程行之。

第 3 條　本院文件，以本院或院長名義行之。但依法令或依其性質得以各庭、科、室或書記廳名義行之者，不在此限。

第 4 條　本院應於每年年終依法舉行年終會議，決定次一司法年度之下列事項：

一、法官事務分配。

二、法官分案符號。

三、法官代理次序。

四、合議審判法官之配置。

前項會議後，遇有人員變動或其他事由時，前項各款事項，得由院長徵詢有關庭長法官之意見後決定之。

第 5 條　本院其他職員事務之分配，由院長決定之。

第 6 條　本院辦公時間，依照政府通令規定辦理。但有特別情形時，得延長之。

星期六、星期日及例假日，書記廳應派員輪流值日。每日下班後，應派員值夜，值日值夜注意事項另定之。

第 7 條　本院職員應照規定時間到公，並親自簽到、簽退，或以電子刷卡方式爲之，不得遲到早退及委人代辦，其因病或因事不能依時到院者，應依公務人員請假規則請假。

第 8 條　本院職員在辦公時間內，除因公外，不得接見賓客。

第 9 條　本院職員承辦事件，除依其性質或有特別情形不能即辦者外，應隨到隨辦，不得稽延。

第 10 條　本院職員對於承辦或其他有關院務之事件，未經宣布者，應嚴守秘密，不得洩漏。

第 11 條　本院職員每月工作成績，由其直接長官提出報告。

第二章　院長

第 12 條　院長綜理全院行政事務，其處理院務以命令行之，屬於尋常事件者，得命書記廳以傳覽簿行之。

第 13 條　院長之職責如下：

一、本院施政方針及工作計畫之決定。

二、法律建議案之核定及本院單行法之核定公布。

三、本院民事庭刑事庭庭數之擬議。

四、本院職員員額之擬議。

五、民刑事庭裁判書之事後審閱。

六、編制預算及長期概算案之扼要提示。

七、本院各單位工作之監督指導及考核。

八、本院職員之任免獎懲監督及考核。

九、重要行政文件之判行。

十、民刑事庭會議、庭長會議、年終會議及其他重要會議之主持。

十一、其他有關政務之處理。

第 14 條　院長為督促行政事務進行，得分別情形酌定辦結之期限。

第 15 條　關於本院行政事務，院長為徵詢意見，得分別召開庭長會議、法官會議、行政會議。

第 16 條　院長因事故不能執行職務時，由資深庭長或院長指定之庭長代行其職務，並呈報司法院。

第 17 條　院長為謀審判業務及行政事務之改進，得指定人員擔任研究設計審核等事宜。

前項人員得指定停止辦理案件之庭長法官擔任。

第三章　民、刑事庭

第 18 條　民刑事各庭各置庭長一人，法官四人，合議審判民刑事訴訟事件。

第 19 條　民刑事各庭庭長之職責如下：

一、本庭事務之分配及監督。

二、本庭評議之主持。

三、本庭關於訴訟進行文件之判行。

四、本庭法官所擬裁判書之核定。

五、本庭裁判可備充判例之選擇。

六、本庭法官工作之考核與獎懲之擬議。

七、本庭所屬書記科書記官工作之指揮及考核與獎懲之擬議。

八、有關業務改進建議事項。

第 20 條　民刑事各庭庭長相互間行政事務之劃分與處理，由年終會議或院長徵詢有關庭長意見後決定之。

第 21 條　民刑事庭法官之職責如下：
　　　　　一、主辦案件內容之審查報告。
　　　　　二、關於主辦案件訴訟進行文稿之審核。
　　　　　三、參與評議時意見之陳述。
　　　　　四、主辦案件裁判書之撰擬。
　　　　　五、其他有關審判程序之事項。
　　　　　第十九條第二款至第五款之規定於法官充審判長時準用之。

第 22 條　各庭法官席次，以任職年月之先後定之，任職期間相同者，以職等高者為先，職等相同者，以年長者為先，其間有斷資者，應前後接續計算年資。

第 23 條　民刑事案件之編號、計數、分案、報結、依民刑事案件編號計數分案報結要點及事務分配之規定辦理。
　　　　　前項民刑事案件編號、計數、分案、報結要點另定之。

第 24 條　對於民刑事上訴案件得設置審查庭，審查當事人之上訴是否以違背法令為理由。
　　　　　對於重大刑事案件或其他民刑事專業性案件，得成立專庭或由專人辦理。
　　　　　前二項事務之分配，由院長提交年終會議決定之，其於中途設置或變更者，提交庭長會議決定之。

第 25 條　法官應就主辦案件先行審查，將審查結果報由審判長定期交付評議。
　　　　　評議之決議，應記載於評議簿，如法官中有與決議不同之意見者，應於該簿附記其意見。

第 26 條　主辦法官應依評議之決議，擬製裁判書，連同卷證送交審判長核定。

第 27 條　案情簡明之案件，主辦法官得預擬裁判書連同卷證送由審判長交付評議。

第 28 條　審判長認案件有為言詞辯論之必要時，得指定言詞辯論期日。
　　　　　前項案件公開審理時，審判長認有定額旁聽之必要者，得通知書記廳製發旁聽證。

第 29 條　經評議決議之裁判主文，應由各該庭書記科立即公告，並通知訴訟當事人，抄送民事科或刑事科。
　　　　　經審判長核定之裁判書原本，應送陳院長核閱後製作正本。
　　　　　院長於核閱前，得指定庭長襄閱之。

第 30 條　本院判例之選編及變更依最高法院判例選編及變更實施要點辦理。

第 31 條　民刑事庭法官每月終，應將本月份案件收結情形及積案未結原因列表分送庭長院長核閱。

第 32 條　民刑事各庭為統一法令上之見解，得由院長召集民事庭會議，刑事庭會議或民刑事庭總會議決議之。

第 33 條　民刑事庭庭長會議、民刑事庭會議或民刑事庭總會議，須有庭長、法官三
　　　　　分之二以上出席，以出席過半數同意行之，可否同數時取決於主席。
　　　　　前項會議停止辦案之庭長法官得登記後列席，院長並得指定書記官長、民
　　　　　刑事科科長、資料科科長及其他有關人員列席。
　　　　　第一項之會議議事要點另定之。
第 34 條　民刑事庭庭長因事故不能執行職務時，由本庭資深法官臨時代理。
第 35 條　各庭法官因事故致評議缺員時，依年終會議預定之代理次序表，由他庭法
　　　　　官代理。

第四章　書記廳

第一節　執業與職責

第 36 條　本院設書記廳，置書記官長一人，承院長之命，處理行政事務，並指揮監
　　　　　督書記廳一切事務。
　　　　　民刑事各庭書記科並應受各該庭庭長之指揮監督。
第 37 條　書記官長之職責如下：
　　　　　一、襄助院長處理本院行政事務。
　　　　　二、院長交辦機要事項。
　　　　　三、所屬各科職員工作調整之擬議。
　　　　　四、所屬各科職員之指揮監督。
　　　　　五、本院重要會議之籌劃進行。
　　　　　六、建議院長有關業務改進及注意事項。
　　　　　七、本院重要行政文件之審核。
　　　　　八、本院尋常行政文件之簽發。
　　　　　九、書記廳重要文件之判行。
　　　　　十、院長交辦事項。
　　　　　十一、新聞之發布及其他公共關係之聯繫事項。
第 38 條　書記廳置下列各科室，承長官之命，辦理各該科主管事務：
　　　　　一、民刑事各庭各設書記科。
　　　　　二、民事科。
　　　　　三、刑事科。
　　　　　四、文書科。
　　　　　五、研究發展考核科。
　　　　　六、事務科。
　　　　　七、資料科。

八、訴訟輔導科。

九、法警室。

各科置科長一人、書記官若干人，科長以一等書記官兼任之。各科於業務需要，得分股辦事，股長由一等書記官或二等書記官兼任之。書記廳置通譯、技士、執達員、錄事、庭務員若干人，辦理有關通譯、營繕維修、送達及值庭等事務。

第 39 條　民刑事庭書記科職掌如下：

一、關於民事或刑事科送交訴訟卷證之點收整理及編訂事項。

二、關於訴訟案件之登記事項。

三、關於裁判參考資料之整理編目事項。

四、關於訴訟進行中文稿之撰擬事項。

五、關於分案後案件訴訟卷證之保管事項。

六、關於裁判正本之製作、送達與主文之通知公告事項。

七、關於評議案由之登記事項。

八、關於已結卷宗之編訂發還及其底卷之編訂事項。

九、關於裁判後文件之處理事項。

十、關於言詞筆錄及期日傳喚通知之製作事項。

十一、其他依法令應由書記科辦理事項或長官交辦事項。

第 40 條　民事或刑事科之職掌如下：

一、關於文書科送交訴訟文卷之點收事項。

二、關於新案卷宗及卷證標目之編訂事項。

三、關於訴訟案件之總登記事項。

四、關於訴訟案件程序上初步審查事項。

五、關於訴訟案件分案前之文稿撰擬事項。

六、關於訴訟案件分案前卷證之保管事項。

七、關於訴訟案件之分配事項。

八、關於裁判之編號事項。

九、關於不經裁判而終結案件之處理事項。

十、其他民事或刑事事項或長官交辦事項。

民事或刑事案件程序初步審查應辦事項另定之。

民事或刑事就訴訟案件程序上應辦事項，並受民一庭或刑一庭庭長之指揮。

第 41 條　文書科之職掌如下：

一、關於文件之收發、分配、繕印及校對事項。

二、關於行政文件之撰擬呈轉及傳覽事項。

三、關於施政計劃及報告之彙編事項。

四、關於文件之編檔保存事項。

五、關於典守印信及譯電事項。

六、關於各級法院管轄區域及當事人在途期間之登記及通知事項。

七、關於會議及集會之紀錄事項。

八、本院有關行政法令之研擬、保管、彙編事項。

九、人民陳訴、聲請、檢舉事件之文書處理事項。

十、不屬其他科室事項或長官交辦事項。

第 42 條　研究發展考核科之職掌如下：

一、關於研究發展工作之推行事項。

二、關於年度工作計劃編擬事項。

三、關於文書稽催管制事項。

四、關於案件進行檢查事項。

五、關於各項列管事項之追蹤管制考核事項。

六、關於司法風紀之維護事項。

七、關於自行檢查事項。

八、其他有關研究發展考核及長官交辦事項。

研究發展考核進行情形及結果，承辦人員應按月列表送請書記官長轉送院長核閱，並依其職權作適當之處理。

第 43 條　事務科之職掌如下：

一、關於本院經費暨其他款項之出納及保管事項。

二、關於司法與其他收入及繳庫事項。

三、關於保管案內特別文件及重要物品事項。

四、關於本院財產物品之購置、保管、發給事項。

五、關於公有廳舍修建及分配使用事項。

六、關於出版及發行事項。

七、關於本院安全維護、消防及衛生事項。

八、關於實物代金及同仁福利事項。

九、關於司機、技工、工友之進退、訓練、管理、考核及獎懲事項。

十、其他庶務事項或長官交辦事項。

第 44 條　資料科之職掌如下：

一、關於審判法令之編輯、分送、分類、保管事項。

二、關於解釋文件之登記、分送、保管事項。

　三、關於判例之選編與變更及民刑事庭會議決議之編輯校對事項。

　四、關於民刑裁判資料之蒐集、分析、登記、製卡、保管事項。

　五、關於裁判資料之複製事項及圖書、報刊管理事項。

　六、關於本院裁判書及其他刊物之編輯校對事項。

　七、關於裁判資料送登公報事項。

　八、報刊雜誌有關新聞之剪輯、保存事項。

　九、其他有關資料或長官交辦事項。

第 45 條　訴訟輔導科之職掌如下：

　一、輔導訴訟當事人或關係人對於訴訟進行之手續。

　二、指導繳納訴訟費。

　三、洽領裁判書類正本、裁判確定證明書及其他應送達或發還之文書。

　四、答復關於民刑訴訟程序之詢問事項。

　五、查詢裁判主文及有關案件進行情形。

　六、洽辦法律扶助事項。

　七、洽請閱覽卷宗。

　八、其他有關便民服務或長官交辦事項。

第 46 條　科長之職責如下：

　一、本科職員事務之分配。

　二、長官交辦職務上事件之處理。

　三、主管事項之調查與執行。

　四、本科文稿之審核。

　五、主管重要文稿之撰擬。

　六、本科職員之監督指導考核與獎懲之擬議。

　七、本科例行文件之簽發。

　八、依法令規定或有權長官之授權緊急文件之處理得先行批發事後補行陳
　　　閱。

　九、其他有關事項之處理。

第 47 條　書記官之職責如下：

　一、辦理分配事務事項。

　二、科長或股長指定各該科股職掌內之有關事項。

　三、長官交辦事項。

　四、其他有關事項。

　書記官應服從其配屬庭長、法官之指揮命令執行職務，並應服從依法院組
　織法第五十一條第二項規定，調最高法院，承其配屬庭長、法官之命辦事

之法官或候補法官，於職務權限內之指揮命令執行職務。但該法官或候補法官之指揮命令與其配屬庭長、法官之指揮命令有牴觸者，應服從其配屬庭長、法官之指揮命令。

第 48 條　各科文稿及登記表冊之人名、地目及數目字之錯誤，由擬稿人、登記人負責，其例行及奉命處理之文件如有錯誤，由該科科長負責。

第 49 條　書記官長為討論書記廳行政事務，得召集所屬有關職員會議，由書記官長任主席，但不採表決制。

第 50 條　書記官長因事故不能執行職務時，應報請院長指定科長代理。
　　　　　科長因事故不能執行職務時，由書記官長指定代理人。其餘職員因事故不能執行職務時，依事務性質由科長指定代理人。
　　　　　第二項代理期間逾三日者，應報經院長核定。

　　第二節　訴訟文件卷證之處理

第 51 條　文書科收案書記官收到民刑訴訟文卷，應即分別卷宗、證物、書狀及文件，逐一點清，並就職掌應辦事項辦理完竣後，分別送交民事科或刑事科。

第 52 條　民刑事科對於新收案件，應隨時依最高法院民刑事案件編號計數分案報結要點之規定編號、分案，並於分案前就程序上作初步審查，其毋庸經裁判終結之案件，應擬具文稿分別送請民一庭或刑一庭庭長核定簽發。
　　　　　凡卷證齊全之上訴案件，先送民刑事審查庭審查，經審查庭認上訴程序上合法者，再由民刑事科依分案程序辦理分案，但重大刑事案件、被告在押、非常上訴及覆判等刑事案件，則逕行依分案程序辦理。

第 53 條　民刑事科續收之文件，應歸入原卷。
　　　　　已分配各法官之案件續收文件隨時分送各主辦法官。

第 54 條　民刑事庭書記科書記官應將收案、結案、收領原本、製作正本及送達發卷等日期，依次填載於辦案進行簿，每月送由科長轉陳庭長核閱。

第 55 條　民事科、刑事科及民刑事庭書記科關於訴訟文卷及其他應辦事務處理程序，除本規程規定外，應依本院其他有關規定辦理。

　　第三節　一般行政事務之處理

第 56 條　各科應辦事件有與他科相關聯者，應由科長與他科協商辦理，如彼此意見不同者由書記官長決定之。

第 57 條　各科應就其職掌事務，分別設置各種簿冊。
　　　　　前項簿冊之種類及格式另定之。

第 58 條　各科承辦事件屬於例行或尋常性質者，應即循例擬稿送核，或簽擬意見送核，如其性質重要或有疑義者，應先簽請權責長官核示後再行辦理。

第 59 條　各科職員所擬稿件經判行後，發還繕校用印，應加蓋校對員監印員名戳。

第 60 條　文書科收受文件，應由收文人員摘由、編號、註明年月日時，登入收文簿，如係訴訟文件並應保存其信封。

前項文件屬於行政者，送由書記官長分配，但緊急文件，書記官長應先送院長核閱後再行分配。

第二項文件屬於民刑事訴訟者，應按事務性質分別送交民刑事科辦理。

密件呈送院長親自拆閱，收文簿內並不摘由。

第 61 條　監印員應將每日用印文件件數登載簿冊，陳送書記官長核閱；未經判行之稿件不得用印，但依第四十六條第八款註明先發者不在此限。

第 62 條　凡發出文件，應由文書科發文人員摘由、編號、註明年月日時，登入發文簿，但密件不摘由。

第 63 條　發出文件應連同送達簿由收受機關或本人加蓋圖章或簽名於簿內，郵寄者應將郵局執據粘存或由郵局加蓋日戳。

拍發電報，應連同送達簿由電信局加蓋日戳。

公告文件及送達公報文件，均應摘由、編號、註明年月日時於公告文件簿。

第 64 條　訴訟卷宗及行政卷宗，應由文書科分別保存，訴訟卷宗並應依結案年月順序分別民事刑事編號保存之。

卷宗歸檔編號及保存期限實施要點另定之。

第 65 條　保存之卷宗必須調閱時，應經科長以上人員填單簽章，始得檢付。

調取卷宗時，文書科管卷人員應登記簿冊，返還時亦同。

第 66 條　各庭精選可供選為判例之裁判，應由資料科隨時分送各庭庭長、法官參研。

第 67 條　司法院公布之法令、解釋及本院民事庭會議、刑事庭會議、民刑事庭總會議關於法令見解之決議案，應由資料科摘錄要旨、註明標目、號數、關係法條、至相當件數時，編輯成冊，分送各庭庭長、法官、民刑事科及各書記科。

第 68 條　資料科每半年終，應編造該半年內公布之各種法令目錄，分送各庭長、法官及有關科室。

新頒或修訂民刑事法令，應隨時印送各庭長、法官及有關科室。

第 69 條　本院新置圖書應由資料科每半年終編製目錄，印送各職員。

第 70 條　事務科收支款項，應隨時分別登簿。

每日收支完畢後，應即檢齊單據，送會計室登帳。

本院訴訟費用收入處理要點另定之。

第 71 條　事務科支出款項，均須取得正式單據，其有事實上不能取得者，由經收入員出具單據經主管人員證明蓋章。

第 72 條　事務科發給物品，以領物單為憑，並於點發後註明實發數目，每屆月終彙訂成冊，以備稽核。

第 73 條　書記官長及事務科科長應稽查下列各款事項：

一、每月支用之款，是否依照計畫，有無超過預算。

二、每月結存之款，是否與現存款額相符。

三、收支各項單據，是否完全。

四、支用各款及購置發給物品，是否核實。

第 74 條　保管案內物品，均應詳細記載保管簿，並逐件標明號數。

第 75 條　本院設法警室，置法警長、副法警長各一人，法警若干人，辦理值庭、警衛及其他有關司法警察事務。

法警受院長之監督指揮，由書記官長承院長之命，負直接監督考核之責。

法警管理及執行職務依照本院訂定之最高法院法警執行警衛及值日勤務注意事項及有關法令規定辦理。

第五章　人事室、會計室、統計室、政風室、資訊室

第 76 條　本院設人事室置主任一人、科員若干人並得分股辦事，股長由科員兼任。

人事室職掌如下：

一、關於任免遷調之核簽擬辦事項。

二、關於銓敘案件之查催核轉事項。

三、關於級俸之簽擬，待遇標準之簽訂事項。

四、關於差假勤惰之考查及獎懲之核議事項。

五、關於考績考成之籌辦及核轉事項。

六、關於退休、保險、撫卹、救濟案件之審擬及核轉事項。

七、關於福利事業之規劃事項。

八、關於任免、遷調、獎懲、銓敘及考績考成之登記事項。

九、關於各項人事報表之查催審核及編存彙轉事項。

十、關於人事規章刊物之輯錄保管事項。

十一、關於服務證明書類之核發事項。

十二、關於其他人事事項。

第 77 條　人事室主任，依法令主辦人事管理事務，並受院長之指揮監督。

第 78 條　本院設會計室置主任一人，必要時得依法置佐理人員，並得分股辦事，股長由佐理人員兼任。

會計室職掌如下：

一、關於歲計、出納與財物之會計事項。

二、關於預算、決算之編製事項。

三、關於財務、財物與工作之審核事項。

四、關於營繕工程與財物之監標監驗與監盤事項。

五、關於現金、銀行存款與財物之核對事項。

六、關於付款憑單與收支轉帳傳票之編製與覆核事項。

七、關於各類會計帳簿之登錄事項。

八、關於會計報表之編送事項。

九、關於會計憑證、簿籍、報表及會計檔卷之保管事項。

十、關於其他會計事項。

第 79 條　會計室主任，依法令主辦歲計、會計事務，並受院長之指揮監督。

第 80 條　本院設統計室，置主任一人，必要時得依法置佐理人員，並得分股辦事，股長由佐理人員兼任。

統計室職掌如下：

一、關於民刑事結案資料之整理分析與編製事項。

二、關於民刑事上訴裁判事件發回訴訟原因及次數之研究分析與整理事項。

三、關於民刑事法官辦案成績資料之整理分析與製作事項。

四、關於統計圖表之繪製事項。

五、關於統計法令報表文書之輯錄保管事項。

六、有關業務研究改進統計資料之提供。

七、關於司法調查統計之執行事項。

八、關於其他統計事項。

第 81 條　統計室主任，依法令主辦統計事務，並受院長之指揮監督。

第81-1條　本院設政風室，置主任一人、科員若干人，並得分股辦事，股長由科員兼任。

政風室職掌如下：

一、關於本機關政風法令之擬訂事項。

二、關於本機關政風法令之宣導事項。

三、關於本機關員工貪瀆不法之預防、發掘及處理檢舉事項。

四、關於本機關政風興革建議事項。

五、關於本機關政風考核獎懲建議事項。

六、關於本機關公務機密維護事項。

七、關於本機關公職人員財產申報事項。

八、關於其他政風事項。

第81-2條 政風室主任,依法令主辦政風事務,並受院長之指揮監督。

第82條 本院設資訊室,置主任一人,承院長之命,處理資訊室之行政事項,置設計師、資訊管理師、操作員若干人,處理資訊及有關訓練事項。

第83條 人事室、會計室、統計室、政風室主辦文稿,應會由書記官長送請院長核定。

第84條 人事室、會計室、統計室、政風室、資訊室之辦事要點另定之。

第六章 附則

第85條 本院關於律師懲戒之覆審,設置律師懲戒覆審委員會。

前項委員會之辦事要點另定之。

第86條 本院關於判例之編輯及裁判書之刊載公報得設置編輯委員會。

前項委員會之辦事要點另定之。

第87條 本院為使停止辦案庭長、法官從事研究工作,視業務需要得設立各研究小組或指定專人研究,其研究項目及成員由院長指定之。

第87-1條 各單位承辦文稿除本規程另有規定外,應逐級核轉送陳院長核定。但一般例行文稿,得依其性質逐級授權決定。

前項授權由分層負責明細表定之。

第87-2條 最高法院應訂定分層負責明細表,並陳報司法院核定。

第88條 本規程自發布日施行。

本規程中華民國一百零一年三月十三日修正發布之條文,自中華民國一百零一年四月十六日施行。

附錄六　最高法院判例選編及變更實施要點

【民國91年4月1日修正】

一、本要點依據法院組織法第五十七條（刪除）規定訂定之。

二、本院民、刑事庭各庭庭長，就該庭之裁判，認其所持法律見解有編爲判例之必要者，得檢送院長核閱後，交資料科按年度、類別及法條順序，分別彙編作爲選編判例之初稿資料，報請院長交付審查。

前項裁判，認有刊登司法院公報之必要者，得檢送院長核閱後，送請刊登之。

三、法官發見可供編爲判例之裁判，得由三人以上連署提出，準用第二點之規定。

四、判例之審查，分初審及複審。初審由院長指定庭長、法官若干人組成審查小組審查，經選爲判例初稿者，得就文字修正，提出審查報告，敘明理由，檢送院長核閱後，分別召開民事庭會議、刑事庭會議或民刑事庭總會議複審之。

五、民、刑事庭各庭審理案件，關於法律上之見解，認有變更判例之必要時，得由該庭敘明理由，擬具變更判例提案，檢送院長核閱後，準用選編判例之程序。但決議須有應出席者總額過半數之同意，始爲通過。

六、依本要點選編及變更之判例，應予公告，並報請司法院備查。

七、本要點自院長核定日施行，修正時亦同。

附錄七　地方檢察署及其檢察分署處務規程

【民國107年8月8日修正】

第一章　總則

第1條　本規程依法院組織法第七十八條規定訂定之。

第2條　地方檢察署及其檢察分署處理事務，除法令別有規定外，依本規程行之。

第3條　檢察署應於每年年度終了前舉行年終會議，檢討業務得失，並擬定次一年度之下列事項，經檢察長核定行之：

一、檢察官、檢察事務官事務分配。

二、檢察官分案符號。

三、檢察官代理次序。

四、各組檢察官、檢察事務官之配置。

年終會議後，遇有人員變動或其他事由時，前項各款事項，由檢察長決定之。

第4條　檢察署其他職員事務之分配，由檢察長決定之。

第5條　檢察署應指定人員輪流值勤，辦理規定之事項。

第6條　值勤檢察官除檢察長別有決定外，應處理左列事項：

一、以言詞告訴、告發或自首之案件。

二、司法警察機關將人犯隨案移送之案件。

三、因拘提或通緝到場之案件。

四、依刑事訴訟法第九十二條送交現行犯之案件。

五、應急速搜索、扣押及勘驗之案件。

六、其他應即時辦理之事項。

第6-1條　值勤檢察事務官受值勤檢察官之指揮，協助其處理前條事項。

第7條　值勤書記官辦理第六條案件之紀錄及其他應由書記官辦理之事務。

第8條　值勤人員辦公起止時間，由各檢察署自行訂定。

第9條　值勤人員承辦之案件，應填具值勤簿，於翌日上午送請檢察長核閱。

第10條　值勤檢察官對於應即時調查之證據及實施之搜索、扣押、拘提、逮捕等行為，應為必要之處置，其訴訟程序有欠缺者，並應限期補正。

第11條　值勤檢察官承辦之案件，無論已結、未結，均應於翌日上午交收發室登記分辦。

第12條　值勤檢察官對於值勤處理案件有應行迴避之情形，應依法自行迴避，並報

請檢察長核辦。但遇有急迫情形時，仍應先作必要之處理。

第二章　檢察長

第 13 條　地方檢察署檢察長監督該檢察署及其檢察分署與看守所、少年觀護所。

地方檢察署檢察分署檢察長監督該檢察分署。

第 14 條　下列事項由檢察長處理或核定之：

一、年度工作計畫之決定、變更、執行及考核。

二、主任檢察官、檢察官辦案書類之核定。

三、重要行政文稿之核判。

四、檢察官、檢察事務官分組辦事及一般人員配置之核定。

五、上級機關重要行政函令執行之監督考核。

六、人民陳訴事件之處理。

七、所屬職員工作、操行、學識、才能考核監督及任免、獎懲之擬議或核定。

八、向上級或有關機關建議或報告事項之核定。

九、律師懲戒之移付。

十、檢察機關與司法警察機關業務之聯繫。

十一、有關觀護業務之督導考核。

十二、檢察官協助國家賠償事件之督導考核。

十三、鄉鎮市調解業務之督導考核。

十四、檢察官參與民事及非訟事件之監督。

十五、其他有關檢察及行政事務之處理。

第 15 條　檢察長因案件之需要，得指派檢察官一人或數人協同辦理。

第 16 條　檢察長對該檢察署辦理之案件，應隨時考查其進行情形，並注意其辦案期限。

第 17 條　有關行政事務或法律問題，檢察長為徵詢意見，得召集所屬有關職員舉行會議。但不採表決制。

第 18 條　檢察長因事故不能執行職務時，由其指定主任檢察官或檢察官代行職務，並陳報所屬高等檢察署轉報法務部。

第 19 條　檢察長每年應召集轄區內司法警察機關舉行檢警聯席會議，以加強檢察功能。

第三章　主任檢察官及檢察官

第 20 條　主任檢察官掌理左列事項：

一、本組事務之監督。

二、本組檢察官辦案書類之審核。

三、本組檢察官承辦案件行政文稿之審核或決行。

四、本組檢察官及其他職員之工作、操作、學識、才能之考核與獎懲之擬議。

五、人民陳訴案件之調查及擬議。

六、法律問題之研究。

七、檢察長交辦事項及其他有關事務之處理。

第 21 條　主任檢察官在二人以上，其中有因事故不能執行職務者，由其他主任檢察官代理。其僅有一人者，得由檢察長指定檢察官代理之。

第 22 條　事務較繁之檢察署，檢察長得指定主任檢察官一人襄助處理有關事務。

前項主任檢察官襄助處理有關事務時，如有意見，應報告檢察長處理之。

第 23 條　檢察官、檢察事務官之職掌依法院組織法、刑事訴訟法及其他法令之規定。

檢察官辦理案件，應遵照有關辦案期限之規定，檢察事務官應遵照檢察官指示之期限，妥速辦理。

第 24 條　檢察官配受案件，按收案順序輪分或抽籤定之，案件性質須有特別知識或經驗者，由專股檢察官以輪分或抽籤為之。但檢察長於必要時，得親自辦理或指定檢察官辦理。

指分案件及相關之分案標準，由各檢察署定之。

檢察官已配受之案件，因故不能或不宜辦理者，由檢察長核定分配與次一符號之檢察官或改分其他檢察官辦理。

主任檢察官認為檢察官配受之案件因故不能或不宜辦理者，得報請檢察長指定檢察官辦理。

第一項、第三項及前項情形，檢察長之指定應以書面附理由為之，並附於卷內或另卷保存。

檢察官依第三項至第五項規定，將案件移出或移入者，應補分或減分相同數額之新收案件。

第 25 條　檢察官或主任檢察官執行職務，應就重要事項隨時以言詞或書面向主任檢察官或檢察長提出報告，並聽取指示。

檢察長或其授權之主任檢察官得命檢察官報告處理事務之經過或調閱卷宗，檢察官不得拒絕。

第 26 條　檢察官或主任檢察官對檢察長之指示有意見時，得陳述之；但檢察長不採納者，仍應服從其命令。

主任檢察官與檢察官有不同意見時，應報請檢察長核定之。

前二項情形，檢察長之指示或核定，得以書面為之，其書面應附於卷內。

第 27 條　檢察官執行職務撰擬之文件，應送請主任檢察官核轉檢察長核定。主任檢察官撰擬之文件，逕送檢察長核定。

前項檢察官撰擬之文件，主任檢察官得為修正或填具意見。

第一項文件，檢察長得逕為修正，或指示原則命重行撰擬後送核。

第 28 條　檢察官於收受裁判正本之送達後，應依次登簿送由主任檢察官核轉檢察長核閱。其依法得聲明不服者，並應於法定期間內陳明應否聲明上訴或抗告之理由，經由主任檢察官轉陳檢察長核定。

第 29 條　檢察長或主任檢察官，對於所屬檢察官聲請羈押被告情形，應隨時注意。其有不適當者，應為必要之處理。

第 30 條　檢察官指揮刑事裁判之執行，應注意其有無再審或非上訴之原因，如有發見，並應隨時報告主任檢察官轉陳檢察長核辦。

第 31 條　檢察官每屆月終，應將本月份案件收結情形及逾期未結案件未結原因，列表報由主任檢察官轉陳檢察長核閱。

第 32 條　主任檢察官或檢察官因檢察長指定辦理左列事項，得酌予減分或停分案件：

一、業務之檢查。

二、確定案件之審查。

三、人民陳訴事件之處理。

四、法令疑義之研擬。

五、其他重要事務之辦理。

第32-1條　主任檢察事務官掌理下列事項：

一、檢察事務官室行政事務之監督。

二、檢察事務官承辦案件行政文稿之審核。

三、檢察事務官之工作、操行、學識、才能之考核與獎懲之擬議。

四、檢察長交辦事項及其他有關事務之處理。

第32-2條　檢察事務官執行職務，應受檢察官之指揮監督。

檢察事務官受檢察官指揮執行職務時，應就重要事項隨時以言詞或書面向指揮之檢察官提出報告，並聽取指示。

檢察官得命檢察事務官報告受指示處理事務之經過或調閱卷宗，檢察事務官不得拒絕。

第32-3條　檢察事務官執行職務製作之報告、筆錄及其他文書，應送指揮之檢察官核閱。

第32-4條　檢察官得對檢察事務官之工作、操行、學識、才能等事項擬議考核與獎懲

　　　　　　意見，送請主任檢察官核轉檢察長。

　　　　　　前項意見應納入評定檢察事務官年終考績之依據。

第 32-5 條　主任檢察事務官或檢察事務官因故不能執行職務時，由檢察長或其授權之
　　　　　　主任檢察官或檢察官指定其他主任檢察事務官或檢察事務官代理之。

第四章　觀護人室

第 33 條　觀護人在二人以上者，置主任觀護人，綜理及分配觀護事務，並指揮監督
　　　　　　所屬觀護人以下職員。

　　　　　　主任觀護人得視實際情況，酌減執行保護管束案件。

第 34 條　觀護人掌理左列事項：

　　　　　　一、執行保護管束案件。

　　　　　　二、有關榮譽觀護人工作之指導事項。

　　　　　　三、其他長官交辦事項。

第 35 條　觀護人辦理觀護事務，應受檢察長之指揮監督，並受主任檢察官及檢察官
　　　　　　之監督。

第五章　書記處

第 36 條　書記處置書記官長一人，承檢察長之命，處理該署行政事務，並指揮監督
　　　　　　所屬書記官以下職員。

第 37 條　書記官長因事故不能執行職務時，由檢察長指定適當人員代理之。

第 38 條　書記官以下職員因事故不能執行職務時，由書記官長指定其他適當人員代
　　　　　　理之，並報告檢察長。

第 39 條　書記處設紀錄科、執行科、文書科、研究考核科、總務科、資料科及訴訟
　　　　　　輔導科。各科置科長一人，負責指揮監督各該科事務。其事務較簡者，得
　　　　　　不分科或併科辦事。執行科及直轄市地方檢察署書記處各科業務較繁者，
　　　　　　得分股辦事。

　　　　　　前項科長或薦任股長由檢察長層報法務部就所屬薦任書記官派兼之。委任
　　　　　　股長由檢察長報請高等檢察署就所屬委任書記官派兼之。

　　　　　　福建金門地方檢察署委任股長，依法務部授權之規定，由檢察署就所屬委
　　　　　　任書記官派兼之。

第 40 條　紀錄科掌理左列事項：

　　　　　　一、關於案件之編號及分配。

　　　　　　二、關於案卷及文件之點收、登記與人犯羈押登記。

　　　　　　三、關於筆錄、傳票、拘票、提票、押票、釋票、搜索票等及其他通知之
　　　　　　　　製作。

四、關於案件及行政文稿之撰擬。

五、關於整理、編訂、保管案卷及附隨案卷證物之保管。

六、關於起訴書、處分書、答辯書或上訴書等正本、繕本及其他書類之製作與其結果之公告。

七、關於案件文書之交付送達。

八、關於已結案卷之發送或歸檔。

九、關於各項報表之製作或統計等資料之提供。

十、關於保證金及贓證物品之處理。

十一、關於刑事被告資料卡之製作、保管、查註。

十二、其他應由紀錄書記官辦理或長官交辦事項。

第 41 條　執行科掌理左列事項：

一、關於刑事執行案件之編號及分配。

二、關於刑事執行案卷及文件之點收、登記、保管。

三、關於筆錄、傳票、拘票、提票、押票、釋票、執行指揮書及其他文書之製作。

四、關於刑事執行案件文稿之撰擬。

五、關於刑事執行案件之整理、編訂、發送、歸檔。

六、關於刑事執行實務改進之研擬。

七、關於刑事執行案件各項表報製作或統計等資料之提供。

八、關於保證金及贓證物品之處理。

九、關於保護管束事務之處理。

十、其他應由執行書記官辦理或長官交辦事項。

第 42 條　文書科掌理左列事項：

一、關於印信之典守。

二、關於文件之收發、分配、繕校。

三、關於行政文稿之撰擬。

四、關於各項報告之彙編。

五、關於各項會議之籌劃及記錄。

六、關於規劃法律常識之推廣、宣導事項。

七、關於鄉鎮市調解業務之協辦。

八、關於律師懲戒之移付。

九、關於公職人員候選人消極資格之審查。

十、其他有關文書事務或長官交辦事項。

第 43 條　研究考核科掌理左列事項：

　　一、關於研究發展業務之辦理及督導。

　　二、關於年度工作計畫之編擬及審核。

　　三、關於列管計畫之編擬、建卡、考核、評估及輔導。

　　四、關於列管案件之追蹤管制。

　　五、關於案件進行及一般業務之檢查、催辦。

　　六、關於檢察官蒞庭執行職務情形之登記。

　　七、關於公文時效之管制及統計。

　　八、關於為民服務工作之推行、輔導及管考。

　　九、其他有關研究發展考核或長官交辦事項。

第 44 條　總務科掌理左列事項：

　　一、關於經費之出納。

　　二、關於法收款之收入。

　　三、關於贓證物品之保管。

　　四、關於案內金錢或其他貴重物品存入國庫之出納。

　　五、關於財物之購置、保管及發給。

　　六、關於公有房舍之修建及分配使用。

　　七、關於實物配給之辦理。

　　八、關於同仁福利之研辦。

　　九、關於駕駛、技工、工友之管理、調配、訓練及考核。

　　十、關於法律影片之放映事項。

　　十一、其他有關總務或長官交辦事項。

第 45 條　資料科掌理左列事項：

　　一、關於圖書、報刊之徵集、閱覽及管理。

　　二、關於法令規章、解釋、判例、法律問題研討紀錄及其他法規資料之徵
　　　　集、分析、分送及管理。

　　三、關於檢察書類及相關資料之蒐集及編輯印行事項。

　　四、卷宗之編號、建檔及保管運用等事務。

　　五、其他有關資料之處理或長官交辦事項。

第 46 條　訴訟輔導科掌理左列事項：

　　一、關於為民服務工作之年度重點項目之研議。

　　二、關於為民服務工作之策劃執行。

　　三、關於服務台（處）工作之研擬及執行。

　　四、關於輔導訴訟當事人聲請事項。

　　五、協助推廣平民法律扶助事項。

六、關於為民服務工作之協調事項。

七、其他有關訴訟輔導事項或長官交辦事項。

第47條　書記官於配受案卷或文件後，應即依照規定登記有關簿冊，其應由主任檢察官或檢察官處理者，應即分別送請核閱。其應由書記官自行處理或應簽請檢察長處理者，應即分別辦理。

第48條　書記官承辦文件，除依法令屬於其職權者外，應送請各單位主管核轉檢察長核定。但一般例行文稿、例行報表或以各單位名義行之者，得依其性質由主任檢察官、檢察官、書記官長或各該單位主管核定之。

第49條　辦理紀錄、執行書記官應備置羈押被告登記簿、辦案進行簿，隨時將人犯羈押登記、案件進行與終結情形翔實記載。

前項簿冊應於月終送請檢察官、主任檢察官轉陳檢察長核閱。

第50條　研究考核科應按月將研究發展考核辦理情形及結果，列表送請書記官長轉陳檢察長核閱，並依其權責作適當之處理。

第51條　訴訟輔導科接受詢問事項或為其他之服務，應立即洽辦、答復或為妥適之處理，並應設簿登記。

前項簿冊應於月終送請書記官長轉陳檢察長核閱。

第52條　各類卷宗應分別保存，並載明歸檔編號及保存期限。

第53條　訴訟卷宗之調取，應經檢察官以上人員簽章。行政卷宗人調取，應經單位主管以上人員簽章。

第54條　通譯辦理語言之傳譯及檢察長指定之事項。

第55條　技工辦理工程規劃、設計、估價、監驗及檢察長指定之事項。

第56條　錄事辦理文件之繕寫及檢察長指定之事項。

第六章　法醫師及檢驗員

第57條　法醫師承檢察長、主任檢察官及檢察官之命，辦理有關相驗、解剖、檢驗、鑑定等事項。其員額在二人以上未設主任法醫師者，得由檢察長指定一人主管行政事務。並報請法務部核備。

第58條　檢驗員承檢察長之命、主任檢察官、檢察官及法醫師之命，辦理有關相驗、檢驗、鑑定等事項，並協助辦理解剖事務。

第59條　法醫師、檢驗員、執行職務所製作之報告或其他文書，應送請承辦檢察官核閱。

第60條　法醫師、檢驗員相驗屍體後，應當場製作相驗屍體證明書，經檢察官簽章後發給。

第七章　資訊室

第 61 條　資訊室置主任一人，承檢察長之命，處理資訊室之行政事項，並指揮監督
　　　　　該室事務。

第 62 條　資訊室掌理左列事項：

　　　　　一、本署業務資訊應用軟體之開發、測試及執行事項。

　　　　　二、資訊教育訓練及進修計畫之研擬及執行事項。

　　　　　三、關於電子計算機與週邊設備之管理、操作及維護事項。

　　　　　四、關於系統文件之保管及資料管制事項。

　　　　　五、關於電子設算機硬體、軟體設備租購之技術輔導及研議事項。

　　　　　六、關於資訊作業安全維護事項。

　　　　　七、其他有關資訊處理或長官交辦事項。

第 63 條　資訊室人員承辦文件，應會請書記官長轉陳檢察長核定。

第八章　法警

第 64 條　法警受檢察長指揮監督，並應服從長官之命令執行職務。

第 65 條　法警長指揮監督所屬法警辦理有關法警事務。

　　　　　副法警長襄助法警長執行職務。

第 66 條　法警掌理左列事項：

　　　　　一、關於訴訟文書之送達、人犯之提押及具保、責付手續之辦理。

　　　　　二、值庭、拘提、搜索、扣押、調查及通緝犯之查緝。

　　　　　三、關於值勤、警衛及安全之防護。

　　　　　四、其他有關法警事務或長官交辦事項。

第九章　人事室、會計室及統計室

第 67 條　人事室、會計室及統計室人員受檢察長之指揮。

第 68 條　人事室、會計室及統計室，分別依照法令辦理人事管理、人事查核、歲
　　　　　計、會計及統計事項。

第十章　附則

第 69 條　地方檢察署及其檢察分署應擬定分層負責明細表，報請所屬高等檢察署轉
　　　　　請法務部核備。

第 70 條　本規程自發布日施行。

　　　　　本規程中華民國一百零七年八月八日修正條文，自中華民國一百零七年五
　　　　　月二十五日施行。

附錄八　高等檢察署及其檢察分署處務規程

【民國107年7月18日修正】

第一章　總則

第 1 條　本規程依法院組織法第七十八條規定訂定之。

第 2 條　高等檢察署及其檢察分署處理事務，除法令別有規定外，依本規程行之。

第 3 條　檢察署應於每年年度終了前舉行年終會議，檢討業務得失，並擬定次一年度之下列事項，經檢察長核定行之：

一、檢察官、檢察事務官事務分配。

二、檢察官分案符號。

三、檢察官代理次序。

四、各組檢察官、檢察事務官之配置。

年終會議後，遇有人員變動或其他事由時，前項各款事項，由檢察長決定之。

第 4 條　檢察署其他職員事務分配，由檢察長決定之。

第 5 條　檢察署應指定人員輪流值勤，辦理規定之事項。

第 6 條　值勤檢察官除檢察長別有決定外，應處理左列事項：

一、以言詞告訴、告發或自首之案件。

二、司法警察機關將人犯隨案移送之案件。

三、因拘提或通緝到場之案件。

四、依刑事訴訟法第九十二條送交現行犯之案件。

五、應急速搜索、扣押及勘驗之案件。

六、其他應即時辦理之事項。

第6-1條　值勤檢察事務官受值勤檢察官之指揮，協助其處理前條事項。

第 7 條　值勤書記官辦理第六條案件之紀錄及其他應由書記官辦理之事務。

第 8 條　值勤人員辦公之起止時間，由各檢察署自行訂定。

第 9 條　值勤人員承辦之案件，應填具值勤簿，於翌日上午送請檢察長核閱。

第 10 條　值勤檢察官對於應即時調查之證據及實施之搜索、扣押、拘提、逮捕等行為，應為必要之處置，其訴訟程序有欠缺者，並應限期補正。

第 11 條　值勤檢察官承辦之案件，無論已結、未結，均應於翌日上午交收發室登記分辦。

第 12 條　值勤檢察官對於值勤處理案件有應行迴避之情形，依法自行迴避，並報請

檢察長核辦。但遇有急迫情形時，仍應先作必要之處理。

第二章　檢察長

第 13 條　高等檢察署檢察長監督該檢察署及其檢察分署、所屬地方檢察署及其檢察
　　　　　分署與看守所、少年觀護所。

　　　　　高等檢察署檢察分署檢察長監督該檢察署與轄區內地方檢察署及其檢察分
　　　　　署。

第 14 條　下列事項由檢察長處理或核定之：

　　　　　一、年度工作計畫之決定、變更、執行及考核。

　　　　　二、主任檢察官、檢察官辦案書類之核定。

　　　　　三、重要行政文稿之核判。

　　　　　四、檢察官、檢察事務官分組辦事及一般人員配置之核定。

　　　　　五、上級機關重要行政函令執行之監督考核。

　　　　　六、人民陳訴事件之處理。

　　　　　七、所屬職員工作、操行、學識、才能考核監督及任免、獎懲之擬議或核
　　　　　　　定。

　　　　　八、向上級或有關機關建議或報告事項之核定。

　　　　　九、律師懲戒之移付。

　　　　　十、檢察機關與司法警察機關業務之聯繫。

　　　　　十一、有關觀護業務之督導考核。

　　　　　十二、檢察官協助國家賠償事件之督導考核。

　　　　　十三、鄉鎮市調解業務之督導考核。

　　　　　十四、檢察官參與民事及非訟事件之監督。

　　　　　十五、其他有關檢察及行政事務之處理。

第 15 條　檢察長因案件之需要，得指派檢察官一人或數人協同辦理。

第 16 條　檢察長對該檢察署及所屬檢察署檢察官辦理之案件，應隨時考查其進行情
　　　　　形，並注意其辦案期限。

第 17 條　有關行政事務或法律問題，檢察長為徵詢意見，得召集所屬有關職員舉行
　　　　　會議。但不採表決制。

第 18 條　檢察長因事故不能執行職務時，由其指定主任檢察官或檢察官代行職務，
　　　　　並陳報法務部。

第 19 條　檢察長每年得召集轄區內司法警察機關舉行檢警聯席會議，以加強檢察功
　　　　　能。

第 20 條　高等檢察署檢察長，應視該檢察署及所屬檢察署事務之增減及業務之需

要，擬具年度概算，報請法務部核辦。

第三章　主任檢察官及檢察官

第 21 條　主任檢察官掌理左列事項：

一、本組事務之監督。

二、本組檢察官辦案書類之審核。

三、本組檢察官承辦案件行政文稿之審核或決行。

四、本組檢察官及其他職員之工作、操行、學識、才能之考核與獎懲之擬議。

五、人民陳訴事件之調查及擬議。

六、法律問題之研究。

七、檢察長交辦事項及其他有關事務之處理。

第 22 條　主任檢察官在二人以上，其中有因事故不能執行職務者，由其他主任檢察官代理。其僅有一人者，得由檢察長指定檢察官代理。

第 23 條　事務較繁之檢察署，檢察長得指定主任檢察官一人襄助處理有關事務。

前項主任檢察官襄助處理有關事務時，如有意見，應報告檢察長處理之。

第 24 條　檢察官、檢察事務官之職掌依法院組織法、刑事訴訟法及其他法令之規定。

檢察官辦理案件，應遵照有關辦案期限之規定，檢察事務官應遵照檢察官指示之期限，妥速辦理。

第 25 條　檢察官配受案件，按收案順序輪分或抽籤定之，案件性質須有特別知識或經驗者，由專股檢察官以輪分或抽籤為之。但檢察長於必要時，得親自辦理或指定檢察官辦理。

指分案件及相關之分案標準，由各檢察署定之。

檢察官已配受之案件，因故不能或不宜辦理者，由檢察長核定分配與次一符號之檢察官或改分其他檢察官辦理。

主任檢察官認為檢察官配受之案件因故不能或不宜辦理者，得報請檢察長指定檢察官辦理。

第一項、第三項及前項情形，檢察長之指定應以書面附理由為之，並附於卷內或另卷保存。

檢察官依第三項至第五項規定，將案件移出或移入者，應補分或減分相同數額之新收案件。

第 26 條　檢察官或主任檢察官執行職務，應就重要事項隨時以言詞或書面向主任檢察官或檢察長提出報告，並聽取指示。

　　　　　檢察長或其授權之主任檢察官得命檢察官報告處理事務之經過或調閱卷宗，檢察官不得拒絕。

第 27 條　檢察官或主任檢察官對檢察長之指示有意見時，得陳述之；但檢察長不採納者，仍應服從其命令。

　　　　　主任檢察官與檢察官有不同意見時，應報請檢察長核定之。

　　　　　前二項情形，檢察長之指示或核定，得以書面爲之，其書面應附於卷內。

第 28 條　檢察官執行職務撰擬之文件，應送請主任檢察官核轉檢察長核定。主任檢察官撰擬之文件，逕送檢察長核定。

　　　　　前項檢察官撰擬之文件，主任檢察官得爲修正或塡具意見。

　　　　　第一項文件，檢察長得逕爲修正，或指示原則命重行撰擬後送核。

第 29 條　檢察官收受裁判正本之送達後，應依次登簿送由主任檢察官核轉檢察長核閱。其依法得聲明不服者，並應於法定期間內陳明應否聲明上訴或抗告之理由，經由主任檢察官轉陳檢察長核定。

第 30 條　檢察長或主任檢察官，對於所屬檢察官聲請羈押被告情形，應隨時注意。

　　　　　其有不適當者，應爲必要之處理。

第 31 條　檢察官指揮刑事裁判之執行，應注意其有無再審或非常上訴之原因，如有發見，並應隨時報告主任檢察官轉陳檢察長核辦。

第 32 條　檢察官每屆月終，應將本月份案件收結情形及逾期未結案件未結原因，列表報由主任檢察官轉陳檢察長核閱。

第 33 條　主任檢察官或檢察官因檢察長指定辦理左列事項，得酌予減分或停分案件：

　　　　　一、業務之檢查。

　　　　　二、確定案件之審查。

　　　　　三、人民陳訴事件之處理。

　　　　　四、法令疑義之研擬。

　　　　　五、其他重要事務之辦理。

第33-1條　主任檢察事務官掌理下列事項：

　　　　　一、檢察事務官室行政事務之監督。

　　　　　二、檢察事務官承辦案件行政文稿之審核。

　　　　　三、檢察事務官之工作、操行、學識、才能之考核與獎懲之擬議。

　　　　　四、檢察長交辦事項及其他有關事務之處理。

第33-2條　檢察事務官執行職務，應受檢察官之指揮監督。

　　　　　檢察事務官受檢察官指揮執行職務時，應就重要事項隨時以言詞或書面向指揮之檢察官提出報告，並聽取指示。

檢察官得命檢察事務官報告受指示處理事務之經過或調閱卷宗，檢察事務官不得拒絕。

第33-3條　檢察事務官執行職務製作之報告、筆錄及其他文書，應送指揮之檢察官核閱。

第33-4條　檢察官得對檢察事務官之工作、操行、學識、才能等事項擬議考核與獎懲意見，送請主任檢察官核轉檢察長。

前項意見應納入評定檢察事務官年終考績之依據。

第33-5條　主任檢察事務官或檢察事務官因故不能執行職務時，由檢察長或其授權之主任檢察官或檢察官指定其他主任檢察事務官或檢察事務官代理之。

第四章　書記處

第 34 條　書記處置書記官長一人，承檢察長之命，處理該署行政事務，並指揮監督所屬書記官以下職員。

第 35 條　書記官長因事故不能執行職務時，由檢察長指定適當人員代理之。

第 36 條　書記官以下職員因事故不能執行職務時，由書記官長指定適當人員代理之，並報告檢察長。

第 37 條　書記處設紀錄科、執行科、文書科、研究考核科、總務科、資料科及訴訟輔導科。各科置科長一人負責指揮監督各該科事務。其事務較簡者，得不分科或併科辦事，其事務較繁者，得分股辦事。

前項科長或荐任股長由檢察長報請法務部就所屬荐任書記官派兼之，委任股長由高等檢察署檢察長就所屬委任書記官派兼之。

高等檢察署及其檢察分署設所務科者，科長由高等檢察署檢察長報請法務部派任。事務較繁者得分股辦事，股長由高等檢察署檢察長就所屬荐任科員報請法務部派兼之。

福建高等檢察署金門檢察分署除科長、股長派兼，依法務部授權之規定辦理外，餘均準用前三項之規定。

第 38 條　紀錄科掌理左列事項：

一、關於案件之編號及分配。

二、關於案卷及文件之點收、登記及人犯羈押登記。

三、關於筆錄、傳票、拘票、提票、押票、釋票、搜索票及其他通知之製作。

四、關於案件及行政文稿之撰擬。

五、關於整理、編訂、保管案卷及附隨案卷證物之保管。

六、關於起訴書、處分書、答辯書或上訴書等正本、繕本及其他書類之製作與其結果之公告。

七、關於案件文書之交付送達。

八、關於已結案卷之發送或歸檔。

九、關於各項報表之製作或統計等資料之提供。

十、關於保證金及贓證物品之處理。

十一、關於刑事被告資料卡之製作、保管、查證。

十二、其他應由紀錄書記官辦理或長官交辦事項。

第 39 條　執行科掌理左列事項：

一、關於刑事執行案件之編號及分配。

二、關於刑事執行案卷及文件之點收、登記、保管。

三、關於筆錄、傳票、拘票、提票、押票、釋票、執行指揮書及其他文書
　　之製作。

四、關於刑事執行及觀護業務文稿之撰擬。

五、關於刑事執行案卷之整理、編訂、發送、歸檔。

六、關於刑事執行案件各項表報之製作或統計等資料之提供。

七、關於保證金及贓證物品之處理。

八、關於保護管束事務之處理。

九、其他應由執行書記官辦理或長官交辦事項。

第 40 條　文書科掌理左列事項：

一、關於印信之典守。

二、關於文件之收發、分配及繕校。

三、關於行政文稿之撰擬。

四、關於各項報告之彙編。

五、關於各項會議之籌劃及記錄。

六、關於規劃法律常識之推廣宣導事項。

七、其他有關文書事務或長官交辦事項。

第 41 條　研究考核科掌理左列事項：

一、關於研究發展業務之辦理及督導。

二、關於年度工作計畫之編擬及審核。

三、關於列管計畫之編擬、建卡、考核、評估及輔導。

四、關於列管案件之追蹤管制。

五、關於案件進行及一般業務之檢查催辦。

六、關於檢察官蒞庭執行職務情形之登記。

七、關於公文時效之管制及統計。

八、關於為民服務工作之進行、輔導及管考。

九、其他有關研究發展考核或長官交辦事項。

第 42 條　總務科掌理左列事項：

一、關於經費之出納。

二、關於法收款之收入。

三、關於贓證物品之保管。

四、關於案內金錢或其他貴重物品存入國庫之出納。

五、關於財物之購置、保管及發給。

六、關於公有房舍之修建及分配使用。

七、關於實物配給之辦理。

八、關於同仁福利之研辦。

九、關於駕駛、技工、工友之管理、調配、訓練及考核。

十、關於法律影片之放映事項。

十一、其他有關總務或長官交辦事項。

第 43 條　資料科掌理下列事項：

一、關於圖書、報刊之徵集、閱覽及管理。

二、關於法令規章、解釋、判例、法律問題研討紀錄及其他法規資料之徵
　　集、分析、分送及管理。

三、關於檢察書類及相關資料之蒐集及編輯印行。

四、卷宗之編號、建檔及保管運用。

五、刑事案件資料彙集、處理、查核與辦案書類之縮影管理及查詢。

六、其他有關資料之處理或長官交辦事項。

第 44 條　訴訟輔導科掌理左列事項：

一、關於為民服務工作之年度重點項目之研議。

二、關於為民服務工作之策劃執行。

三、關於服務台（處）工作之研擬及執行。

四、關於輔導訴訟當事人聲請事項。

五、協助推廣平民法律扶助事項。

六、關於為民服務工作之協調事項。

七、其他有關訴訟輔導事項或長官交辦事項。

第 45 條　所務科掌理左列事項：

一、關於看守所及少年觀護所戒護、給養、衛生及醫療之研擬與視察。

二、關於看守所作業輔導及分類調查之考查。

三、關於少年觀護所教導及鑑別之考查。

四、關於刑事被告及收容少年、入所、出所及脫逃追捕、暴行制止、自殺

　　　　　　處理之督導。

五、關於看守所及少年觀護所建築、修繕之研擬。

六、關於更生保護業務之促進事項。

七、其他有關看守所、少年觀護所之監督或長官交辦事項。

第 46 條　書記官於配受案卷或文件後，應即依照規定登記有關簿冊，其應由主任檢察官、檢察官處理者，應即分別送請核閱。其應由書記官自行處理或應簽請檢察長處理者，應即分別處理。

第 47 條　書記官承辦文件，除依法令屬於其職權者外，應送請各該單位主管核轉檢察長核定。但一般例行文稿、例行報表或以各單位名義行之者，得依其性質，由主任檢察官、檢察官、書記官或各該單位主管核定之。

第 48 條　辦理紀錄及執行之書記官應備置羈押被告登記簿、辦案進行簿，隨時將人犯羈押登記、案件進行與終結情形，翔實記載。

　　　　　　前項簿冊，應於月終送請檢察官、主任檢察官轉陳檢察長核閱。

第 49 條　研究考核科應按月將研究發展考核辦理情形及結果，列表送請書記官長轉陳檢察長核閱，並依其權責作適當之處理。

第 50 條　訴訟輔導科接受詢問事項或為其他之服務，應立即洽辦、答覆或為妥適之處理，並應設簿登記。

　　　　　　前項簿冊應於月終送請書記官長轉陳檢察長核閱。

第 51 條　各類卷宗應分別保存，並載明歸檔編號及保存期限。

第 52 條　訴訟卷宗之調取，應經檢察官以上人員簽章。行政卷宗之調取，應經單位主管以上人員簽章。

第 53 條　通譯辦理語言之傳譯及檢察長指定之事項。

第 54 條　技士辦理工程規劃、設計、估價、監驗及檢察長指定之事項。

第 55 條　錄事辦理文件之繕寫及檢察長指定之事項。

第五章　法醫師及檢驗員

第 56 條　法醫師承檢察長、主任檢察官及檢察官之命，辦理有關相驗、解剖、檢驗、鑑定等事項。

第 57 條　檢驗員承檢察長、主任檢察官、檢察官及法醫師之命，辦理有關相驗、檢驗、鑑定等事項，並協助辦理解剖事務。

第 58 條　法醫師、檢驗員執行職務所製作之報告或其他文書，應送請承辦檢察官核閱。

第六章　資訊室

第 59 條　資訊室置主任一人，承檢察長之命處理資訊室之行政事項，並指揮、監督

該室事務。

第 60 條　資訊室掌理下列事項：

一、檢察業務資訊系統之推動、協調、發展計畫研議及核轉。

二、檢察業務資訊應用軟體之開發、測試、執行與推廣。

三、對於所屬機關發展資訊作業之輔導。

四、檢察業務資訊系統標準作業規範之研訂。

五、資訊教育訓練及進修計畫之研擬及執行。

六、關於資訊設備與週邊設備之管理、操作及維護。

七、關於刑事案件電子資料之建置、處理、應用及查核。

八、對於所屬機關資訊系統使用之督導及效率查核。

九、關於資訊設備硬體、軟體租購之技術輔導及研議。

十、關於資訊作業安全維護。

十一、其他有關資訊處理或長官交辦事項。

前項各款所列事項，有全國一致之性質者，由法務部統籌規劃。

第 61 條　資訊室人員承辦文件，應會請書記官長轉陳檢察長核定。

第七章　法警

第 62 條　法警受檢察長指揮監督，並應服從長官之命令執行職務。

第 63 條　法警長指揮監督所屬法警辦理有關法警事務。

副法警長襄助法警長執行職務。

第 64 條　法警掌理左列事項：

一、關於訴訟文書之送達、人犯之提押及具保、責付手續之辦理。

二、值庭、拘提、搜索、扣押、調查及通緝犯之查緝。

三、關於值勤、警衛及安全之防護。

四、其他有關法警事務或長官交辦事項。

第八章　人事室、會計室及統計室

第 65 條　人事室、會計室及統計室人員受檢察長之指揮。

第 66 條　人事室、會計室及統計室，分別依照法令辦理人事管理、人事查核、歲計、會計及統計事項。

第九章　附則

第 67 條　高等檢察署及其檢察分署應擬定分層負責明細表，報請法務部核備。

第 68 條　本規程自發布日施行。

本規程中華中國一百零七年七月十八日修正條文，自中華民國一百零七年五月二十五日施行。

附錄九　最高檢察署處務規程

【民國107年10月9日修正】

第一章　總則

第 1 條　本規程依法院組織法第七十八條規定訂定之。

第 2 條　最高檢察署（以下簡稱本署）處理事務，除法令別有規定外，依本規程行之。

第 3 條　本署應於每年年度終了前舉行年終會議，檢討業務得失，並擬定次一年度之下列事項，經檢察總長核定行之：

一、檢察官、檢察事務官事務分配。

二、檢察官分案符號。

三、檢察官代理次序。

四、各組檢察官、檢察事務官之配置。

年終會議後，遇有人員變動或其他事由時，前項各款事項，由檢察總長決定之。

第 4 條　本署其他職員事務分配，由檢察總長決定之。

第 5 條　本署應指定人員輪流值勤辦理規定之事項。

第二章　檢察總長

第 6 條　檢察總長指揮監督全國檢察事務。

第 7 條　檢察總長決定本署施政方針、工作計畫及處理一切事務。

第 8 條　檢察總長對於檢察事務，應隨時考查其進行情形，並注意其期限。

第 9 條　檢察總長得親自或指派主任檢察官、檢察官擔任視察或調查事務。

檢察總長視察後或據報認為該應受監督或指揮之人員，辦理事務著有成績或廢弛職務者，得依法分別予以獎懲。其有犯罪嫌疑者，得逕予偵查或交付該管檢察官偵查。

第 10 條　關於本署行政事務，檢察總長為徵詢意見，得召開署務會議。但不採表決制。

檢察總長遇有重要法律問題或有關檢察事務之重要事項，得召集檢察官會議，商討後供檢察總長採擇。

第 11 條　檢察總長因事故不能執行職務時，由其指定主任檢察官或檢察官代行職務，並陳報法務部。

第 12 條　檢察總長為謀檢察事務之進展，得指定人員作專案研究。

第三章　主任檢察官及檢察官

第 13 條　主任檢察官掌理左列事項：

一、本組事務之監督。

二、本組檢察官辦案書類之審核。

三、本組檢察官承辦案件行政文稿之審核。

四、本組檢察官及其他職員之工作、操行、學識、才能之考核與獎懲之擬議。

五、人民陳訴案件之調查及擬議。

六、有關法律問題之研究。

七、檢察總長交辦事項及其他有關事務之處理。

第 14 條　主任檢察官在二人以上，其中有因事故不能執行職務者，由其他主任檢察官代理。其僅有一人者，得由檢察總長指定檢察官代理。

第14-1條　檢察官、檢察事務官之職掌依法院組織法、刑事訴訟法及其他法令之規定。

檢察官辦理案件，應遵照有關辦案期限之規定，檢察事務官應遵照檢察官指示之期限，妥速辦理。

第 15 條　檢察官因事故不能執行職務時，由檢察總長指定他檢察官代理。必要時得報請法務部令調下級檢察署檢察官代理。

第 16 條　檢察官對於交辦之緊急事件，應提前辦理。情節繁重者，並得陳請檢察總長指派其他檢察官協同辦理。

第 17 條　主任檢察官及檢察官對於下級檢察署檢察官辦理案件所為之處分或處理情形認為不當時，應詳列事實提出意見陳請檢察總長核示辦理。

第 18 條　檢察官對裁判確定之案件，應陳請檢察總長令交下級檢察署檢察官指揮執行。

檢察官辦理前項案件，應注意其有無再審或非常上訴之原因，如有發現，應隨時簽報檢察總長核辦。

第 19 條　檢察官執行職務撰擬之文件，應送請主任檢察官核轉檢察總長核定。主任檢察官撰擬之文件，逕送檢察總長核定。

前項檢察官撰擬之文件，主任檢察官得為修正或填具意見。

前項文件，檢察總長得逕為修正，或指示原則命重行撰擬後送核。

第 20 條　檢察官或主任檢察官執行職務，除依前條規定外，應就重要事項，隨時以言詞或書面向主任檢察官或檢察總長提出報告，並聽取指示。

第 21 條　檢察官或主任檢察官對檢察總長之指示有意見時，得陳述之。但檢察總長不採納者，仍應服從其命令。

主任檢察官與檢察官有不同意見時，應報請檢察總長核定之。

前二項情形，檢察總長之指示或核定，得以書面為之，其書面應附於卷內。

第 22 條　檢察官每屆月終，應將本月份案件收結情形及未結原因，列表報由主任檢察官轉陳檢察總長核閱。

第22-1條　主任檢察事務官掌理下列事項：

一、檢察事務官室行政事務之監督。

二、檢察事務官承辦案件行政文稿之審核。

三、檢察事務官之工作、操行、學識、才能之考核與獎懲之擬議。

四、檢察長交辦事項及其他有關事務之處理。

第22-2條　檢察事務官執行職務，應受檢察官之指揮監督。

檢察事務官受檢察官指揮執行職務時，應就重要事項隨時以言詞或書面向指揮之檢察官提出報告，並聽取指示。

檢察官得命檢察事務官報告受指示處理事務之經過或調閱卷宗，檢察事務官不得拒絕。

第22-3條　檢察事務官執行職務製作之報告、筆錄及其他文書，應送指揮之檢察官核閱。

第22-4條　檢察官得對檢察事務官之工作、操行、學識、才能等事項擬議考核與獎懲意見，送請主任檢察官核轉檢察總長。

前項意見應納入評定檢察事務官年終考績之依據。

第22-5條　主任檢察事務官或檢察事務官因故不能執行職務時，由檢察總長或其授權之主任檢察官或檢察官指定其他主任檢察事務官或檢察事務官代理之。

第四章　書記廳

第 23 條　書記廳置書記官長一人，承檢察總長之命，處理本署行政事務，並指揮監督所屬書記官以下職員。

第 24 條　書記官長行文，以書記廳之名義行之。

第 25 條　書記官長因事故不能執行職務時，由檢察總長指定適當人員代理。

第 26 條　書記官以下職員因事故不能執行職務時，依事務性質由書記官長指定適當人員代理並陳報檢察總長。

第 27 條　書記廳設紀錄科、文書科、研究考核科、總務科及資料科，必要時並得設立訴訟輔導科。各科置科長一人，負責指揮監督各該科事務。其事務較繁者，得分股辦事。

前項科長或荐任股長由檢察總長報請法務部就所屬荐任書記官派兼之；委

任股長由檢察總長就所屬委任書記官派兼之。

第 28 條　紀錄科掌理左列事項：

一、關於配受案卷及文件之點收、登記。

二、關於案件之分配。

三、關於筆錄之製作及檢察官會議之籌劃、紀錄。

四、關於案件文稿之撰擬。

五、關於案卷之整理、編訂、保管及附隨案卷證物之保管。

六、關於查詢案件簿冊之編製。

七、關於收結案件及各種報表之編製。

八、其他應由紀錄書記官辦理或長官交辦事項。

紀錄科書記官並應受配置之主任檢察官及檢察官之指揮。

第 29 條　文書科掌理左列事項：

一、關於印信之典守。

二、關於文件之收發、分配、繕印及校對。

三、關於行政文稿之撰擬。

四、關於法令之編輯、摘錄、分送、傳觀、通告之分類。

五、關於一般行政會議之籌劃及記錄。

六、其他有關文書事務或長官交辦事項。

第 30 條　研究考核科掌理左列事項：

一、關於研究發展工作之推行事項。

二、關於年度工作計畫編擬事項。

三、關於公文稽催管制事項。

四、關於案件進行檢查事項。

五、關於各項列管項目之追蹤管制、考核事項。

六、關於自行檢查事項。

七、其他有關研究考核事務或長官交辦事項。

第 31 條　總務科掌理左列事項：

一、關於經費之出納。

二、關於物品之保管。

三、關於財物之購置、保管及發給。

四、關於公有房舍之修建及分配使用。

五、關於同仁福利之研辦。

六、關於實物配給之辦理。

七、關於駕駛、技工、工友之訓練及考核。

八、其他有關總務事務或長官交辦事項。

第 32 條　資料科掌理左列事項：

一、關於非常上訴要旨之輯錄。

二、關於卷證之編檔及保管。

三、關於辦案資料之蒐集及保管。

四、關於圖書報刊之徵集及保管。

五、其他有關資料事務或長官交辦事項。

第 33 條　訴訟輔導科掌理左列事項：

一、關於為民服務工作之年度重點項目之研議。

二、關於服務台（處）工作之研擬及執行。

三、關於輔導訴訟當事人聲請事項。

四、關於為民服務工作之協調事項。

五、其他有關訴訟輔導事項。

第 34 條　分配案件經檢察總長核定後，承辦紀錄之書記官應即登載於辦案進行簿並迅將卷證送交配受案件之主任檢察官或檢察官核辦。

前項辦案進行簿應於每月終送請檢察官、主任檢察官及檢察總長核閱。

第 35 條　收文人員於收受文件後，應按照日時立即登入收文簿，送請書記官長分配。但重要文件書記官長應先送請檢察總長核閱後再行分配。

第 36 條　收發文件，應分別訴訟事件與行政事件編號，並摘記其案由，登入總收文簿或總發文簿。

第 37 條　各類卷宗應分別保存，並載明歸檔編號及保存期限。

第 38 條　訴訟卷宗之調取，應經檢察官以上人員簽章。行政卷宗之調取，應經單位主管以上人員簽章。

第 39 條　通譯辦理語言之傳譯及檢察總長指定之事項。

第 40 條　技士辦理工程規劃、設計估價、監驗及檢察總長指定之事項。

第 41 條　錄事辦理文件之繕寫及檢察總長指定之事項。

第五章　資訊室

第 42 條　資訊室置主任一人，承檢察總長之命處理資訊室之行政事項，並指揮監督該室事務。

第 43 條　資訊室掌理左列事項：

一、關於檢察業務資訊系統之規劃、協調及推動事項。

二、關於檢察業務資訊應用軟體之開發、審核測試、評估、維護及推廣事項。

三、關於電腦作業規格標準化建立事項。

四、關於資訊教育訓練及進修計畫之研擬、執行事項。

五、關於電子計算機與週邊設備之管理、操作、安全維護之督導及資料庫之建立、運用、管理事項。

六、其他有關檢察業務資訊或長官交辦事項。

前項各款所列事項，有全國一致之性質者，由法務部統籌規劃。

第六章　法警

第 44 條　法警受檢察總長之指揮監督，並應服從長官之命令執行職務。

第 45 條　法警長指揮監督所屬法警辦理有關法警事務。

副法警長襄助法警長執行職務。

第 46 條　法警掌理左列事項：

一、關於拘提、搜索、扣押、調查及通緝犯之查緝。

二、關於值勤、警衛及安全之防護。

三、其他有關法警事務或長官交辦事項。

第七章　人事室、會計室及統計室

第 47 條　人事室、會計室及統計室人員受檢察總長之指揮。

第 48 條　人事室、會計室及統計室，分別依照法令辦理人事管理、人事查核、歲計、會計及統計事項。

第八章　附則

第 49 條　本署應擬訂分層負責明細表報請法務部核備。

第 50 條　本規程自發布日施行。

本規程中華民國一百零七年十月九日修正條文，自一百零七年五月二十五日施行。

附錄十　法庭席位布置規則

【民國105年3月14日修正】

第 1 條　本規則依法院組織法第八十四條第五項、行政法院組織法第四十五條、公務員懲戒委員會組織法第二十二條、智慧財產法院組織法第三十條第二項、少年及家事法院組織法第三十七條第二項規定訂定之。

第 2 條　各類法院法庭席位依訴訟程序之不同，分爲下列七種：

　　　　一、民事法庭席位（如附圖一）。

　　　　二、刑事法庭席位（如附圖二）。

　　　　三、少年法庭席位。分爲少年刑事法庭席位（如附圖三）及少年保護法庭席位（如附圖四）。

　　　　四、行政法庭席位（如附圖五）。

　　　　五、公務員懲戒法庭席位（如附圖六）。

　　　　六、家事法庭席位。分爲一般家事法庭席位（如附圖七）及溝通式家事法庭席位（如附圖八）。

　　　　其他專業法庭、簡易法庭、臨時法庭之法庭席位布置，依其訴訟性質，準用前項之規定。

第 3 條　前條第一項之法庭，除少年保護法庭、溝通式家事法庭外，以欄杆區分爲審判活動區、旁聽區，並於欄杆中間或兩端設活動門。

第 4 條　審判活動區除法官（委員）席地板離地面二十五公分至五十公分外，其餘席位均置於地面，無高度。但如法庭相對高度無法配合時，得視實際情況，酌減法官（委員）席地板離地面高度。

　　　　法官（委員）席正前右、左兩側下方，分置書記官席及通譯、錄音、卷證傳遞席，均面向旁聽區。

　　　　審判長或法官(委員)爲利訴訟程序進行，得視法庭空間大小及審判需要，於法庭內適當位置，指定或酌增席位。

　　　　依法得於審判程序中陪同當事人、關係人或被害人者，其席位以設於被陪同人旁爲原則。

第 5 條　庭務員及法警開庭時受審判長或書記官之指揮，執行法庭勤務，不另設席。

　　　　法警於開庭時站立法庭審判活動區之適當位置，維護法庭秩序及人員安全。

第 6 條　旁聽區置學習法官（檢察官）席、學習律師、記者席，並得視法庭空間大小增減旁聽席座椅。但本規則另有規定者，依其規定。

旁聽區出入口之門上，得視需要設計探視窗。

第 7 條　少年保護法庭之席位，應用橢圓型或長方型會議桌布置，以親和、教化與輔導之方法，取代嚴肅之審判氣氛。

第 8 條　法官（委員）、檢察官及書記官由法庭後側門進出法庭，刑事在押被告之通路應與其他訴訟關係人分開，其設計由各法院（公務員懲戒委員會）依實際情形酌定之。

第 9 條　法庭天花板及四周牆壁宜漆乳白色，以顯軒敞莊嚴之氣氛。桌椅褐色或原木色。職稱名牌，木質，置於桌面。其他席位，以塑膠類板片標示，黏著於座椅等適當位置。

法官（委員）席桌面設置法槌，供法官（委員）使用。其使用要點，由司法院定之。

第 10 條　錄音、錄影及其他電子化設備，應加固定，設於法庭內適當位置，其附屬線路之鋪設，應力求整潔。

第 11 條　為調整法庭席位布置，司法院於修正本規則前，得先行指定法院試辦，以進行實證評估。

前項試辦期間，不得逾一年。

第 12 條　本規則自中華民國一百零五年五月二日施行。

● 附圖一：民事法庭布置圖

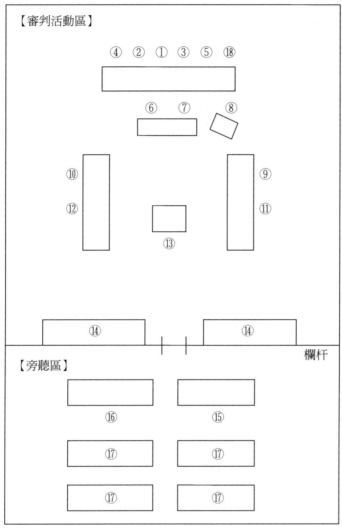

說明：（編號在框內者，僅置座椅，但必要時得於審判活動區內席位置桌）
①審判長席　　⑧技術審查官席　　　　　　⑭證人、鑑定人、獨立參加人
②法官席　　　⑨原告（上訴人、參加人）代理人席　　（含智慧財產專責機關參加人）席
③法官席　　　⑩被告（被上訴人、參加人）代理人席　⑮學習法官（檢定官）席
④法官席　　　⑪原告（上訴人、參加人）席　　⑯學習律師、記者席
⑤法官席　　　⑫被告（被上訴人、參加人）席　⑰旁聽席
⑥書記官席　　⑬應訊台（供當事人以外之應訊用）⑱調辦事法官席
⑦通譯、錄音、卷證傳遞席

● 附圖二：刑事法庭布置圖

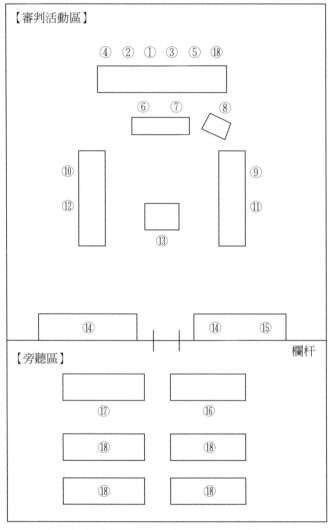

說明：（編號在框內者，僅置座椅，但必要時得於審判活動區內席位置桌）

①審判長席　　　⑧技術審查官席　　　　　　　　　⑭證人、鑑定人席
②法官席　　　　⑨檢察官席（自訴代理人席）　　　⑮被害人、告訴人及代理人席
③法官席　　　　⑩辯護人席　　　　　　　　　　　⑯學習法官（檢定官）席
④法官席　　　　⑪自訴人席（附帶民事訴訟原告及代理人席）　　⑰學習律師、記者席
⑤法官席　　　　⑫被告及輔佐人席　　　　　　　　⑱旁聽席
⑥書記官席　　　　　　（附帶民事訴訟被告及代理人席）　　⑲調辦事法官席
⑦通譯、錄音、卷證傳遞席　⑬應訊台（供當事人以外之應訊用）

● 附圖三：少年刑事法庭布置圖

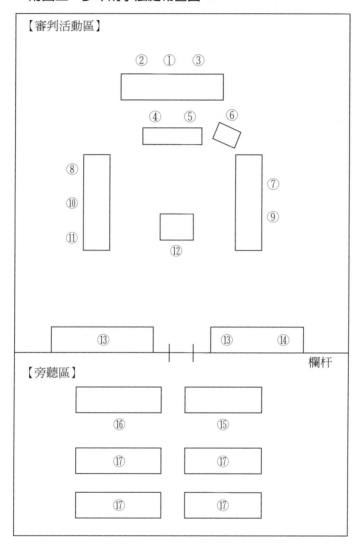

說明：（編號在框內者，僅置座椅，但必要時得於審判活動區內席位置桌）

①審判長席　　　　　⑦檢察官席　　　　　⑫應訊台（供當事人以外之應訊用）
②法官席　　　　　　⑧辯護人席　　　　　⑬證人、鑑定人席（少年調查官席）
③法官席　　　　　　⑨附帶民事訴訟原告及代理人席　⑭被害人、告訴人及代理人席
④書記官席　　　　　⑩少年被告及法定代理人席　⑮學習法官（檢定官）席
⑤通譯、錄音、卷證傳遞席（附帶民事訴訟被告及代理人席）　⑯學習律師、記者席
⑥技術審查官席　　　⑪輔佐人席　　　　　⑰旁聽席

● 附圖四：少年保護法庭布置圖

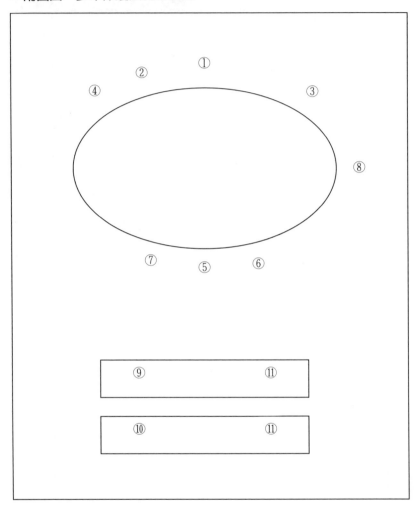

說明：
①法官席　　　　　　　⑤少年席　　　　　　　⑨被害人席
②書記官席　　　　　　⑥輔佐人席　　　　　　⑩證人席
③少年調查官席　　　　⑦少年法定代理人席　　⑪經許可旁聽席
④通譯、錄音、卷證傳遞席　⑧被害人、證人陳述意見席

● 附圖五：行政法庭布置圖

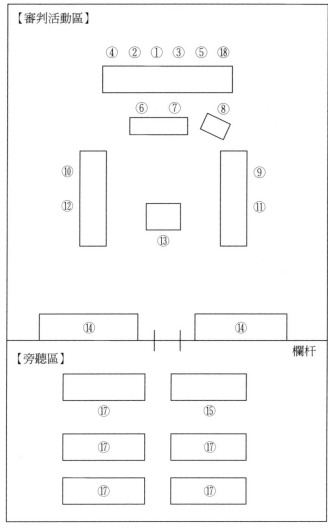

說明：（編號在框內者，僅置座椅，但必要時得於審判活動區內席位置桌；司法事務官席⑧僅適用於高等行政法院）

①審判長席　　⑦通譯、錄音、卷證傳遞席　　⑬應訊台（供當事人以外之應訊用）
②法官席　　　⑧技術審查官席、司法事務官席　⑭證人、鑑定人、獨立參加人席
③法官席　　　⑨原告（上訴人、參加人）代理人席　⑮學習法官（檢定官）席
④法官席　　　⑩被告（被上訴人、參加人）代理人席　⑯學習律師、記者席
⑤法官席　　　⑪原告（上訴人、參加人）席　　　⑰旁聽席
⑥書記官席　　⑫被告（被上訴人、參加人）席　　⑱調辦事法官席

● 附圖六：公務員懲戒法庭布置圖

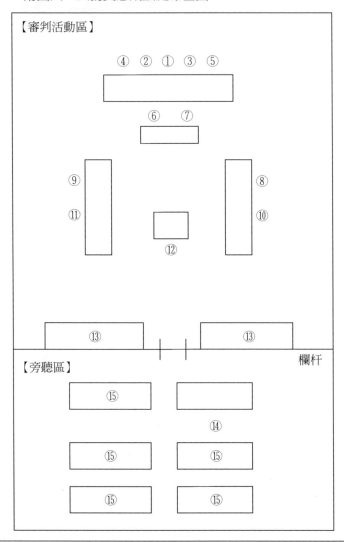

說明：（編號在框內者，僅置座椅，但必要時得於審判活動區內席位置桌）

①審判長席　　　　⑦通譯、錄音、卷證傳遞席　　　⑬證人及鑑定人席
②委員席　　　　　⑧移送機關代理人席　　　　　　⑭學習律師、記者席
③委員席　　　　　⑨辯護人席　　　　　　　　　　⑮旁聽席
④委員席　　　　　⑩移送機關席
⑤委員席　　　　　⑪被付懲戒人（代理人）席
⑥書記官席　　　　⑫應訊台（供當事人以外之人應訊用）

● **附圖七：一般家事法庭布置圖**

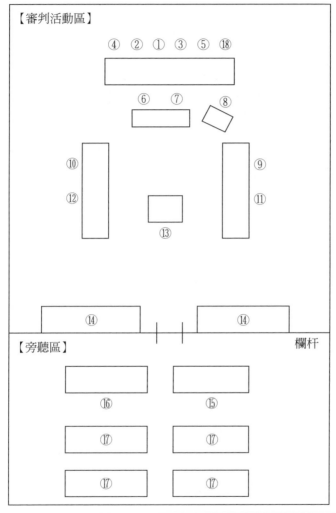

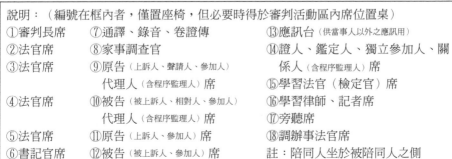

說明：（編號在框內者，僅置座椅，但必要時得於審判活動區內席位置桌）
①審判長席　　⑦通譯、錄音、卷證傳　　⑬應訊台（供當事人以外之應訊用）
②法官席　　　⑧家事調查官　　　　　　⑭證人、鑑定人、獨立參加人、關
③法官席　　　⑨原告（上訴人、聲請人、參加人）　　係人（含程序監理人）席
　　　　　　　　代理人（含程序監理人）席　　⑮學習法官（檢定官）席
④法官席　　　⑩被告（被上訴人、相對人、參加人）　⑯學習律師、記者席
　　　　　　　　代理人（含程序監理人）席　　⑰旁聽席
⑤法官席　　　⑪原告（上訴人、參加人）席　　⑱調辦事法官席
⑥書記官席　　⑫被告（被上訴人、參加人）席　　註：陪同人坐於被陪同人之側

● **附圖八：溝通式家事法庭布置圖**

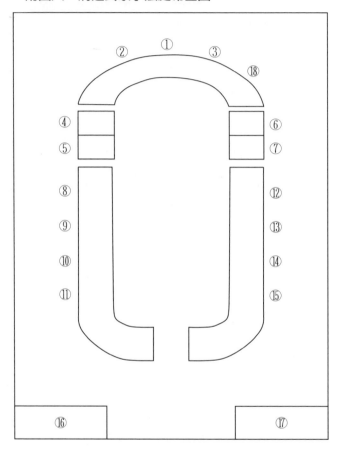

（全部席位均置於地面，無高度。實際尺寸依現場情形調整）

說明：（編號在框內者，僅置座椅，但必要時得於審判活動區內席位置桌）

①審判長席　　　　　　　　　　⑩陪同社工席
②法官席　　　　　　　　　　　⑪程序監理人席
③法官席　　　　　　　　　　　⑫被告代理人席
④書記官席　　　　　　　　　　⑬被告（相對人）席
⑤通譯、錄音、卷證傳遞席　　　⑭陪同社工席
⑥家事調查官席　　　　　　　　⑮程序監理人席
⑦關係人（證人、鑑定人）席　　⑯證人、鑑定人席
⑧原先代理人席　　　　　　　　⑰關係人席
⑨原告（聲請人）席　　　　　　⑱調辦事法官席

附錄十一　法庭旁聽規則

【民國105年3月14日修正】

第 1 條　本規則依法院組織法第八十四條第五項、行政法院組織法第四十五條、公務員懲戒委員會組織法第二十二條、智慧財產法院組織法第三十條第二項、少年及家事法院組織法第三十七條第二項規定訂定之。

第 2 條　法庭應設旁聽席，並得編訂席位號次，除依法禁止旁聽者外，均許旁聽。

第 3 條　法院為維持法庭秩序，於必要時得斟酌法庭旁聽席位之多寡核發旁聽證。

法院決定核發旁聽證之法庭，無旁聽證者不得進入法庭旁聽。

旁聽證應依請求旁聽者登記之先後次序核發之。旁聽席如有空位，得隨時核發旁聽證。

核發旁聽證時，應命請求旁聽者提交國民身分證或其他證明文件查驗，並得登記姓名、住所備查。所提證件於交還旁聽證時發還之。

法院核發旁聽證者，得規定旁聽人應於開庭前十分鐘進入法庭，依序就坐。

第 4 條　法庭得設記者旁聽席，專供記者旁聽。

第 5 條　旁聽人出入法庭及在庭旁聽，應受審判長及其他在法庭執行職務人員所為有關維持法庭秩序之指示。

第 6 條　有下列情形之一者，不論有無旁聽證，均禁止旁聽：

一、酒醉、施用毒品或其他管制藥品、迷幻藥，或精神狀態異常。

二、攜帶槍砲、彈藥、刀械等有危險性或其他不適在法庭持有之物品。

三、未經審判長許可而攜帶攝影、錄影、錄音器材。但攜帶具有上開功能之電子機具已關閉電源，或調整為靜音、震動模式者，不在此限。

四、攜同未滿十歲之兒童旁聽。但經審判長許可者，不在此限。

五、奇裝異服或衣履不整。

六、拒絕安全檢查。

七、其他認為有擾亂法庭秩序或影響法庭莊嚴之虞。

第 7 條　旁聽人在法庭旁聽，應保持肅靜，並不得有下列行為：

一、大聲交談、鼓掌、喧嘩。

二、向法庭攝影、錄影、錄音。但經審判長許可者，不在此限。

三、吸煙或飲食物品。

四、對於在庭執行職務人員或訴訟關係人等加以批評、嘲笑或有其他類似

之行為。

五、其他妨害法庭秩序或不當之行為。

第 8 條　審判長蒞庭及宣示判決時，在法庭之人均應起立。

第 9 條　旁聽人有妨害法庭秩序或其他不當行為者，審判長得依法禁止其進入法庭或命其退出法庭，必要時並得命看管至閉庭時。

旁聽人違反審判長維持法庭秩序之命令，足致妨害法院執行職務者，審判長於制止前，得加以警告。

第 10 條　旁聽人或其他人於開庭前如有違反本規則之規定時，由在法庭執行職務人員處理之，如有疑義時，應報請該法庭之審判長裁定之。

第 11 條　本規則有關審判長之規定，於受命法官、受託法官執行職務時準用之。

第 12 條　本規則自發布日施行。

本規則修正條文，除中華民國一百零五年三月十四日修正之條文，自一百零五年五月二日施行外，自發布日施行。

附錄十二　法庭錄音錄影及其利用保存辦法

【民國105年5月23日修正】

第 1 條　本辦法依法院組織法（以下簡稱本法）第九十條之三規定訂定之。

　　　　法庭錄音、錄影之利用及保存，除法律別有規定外，依本辦法之規定。

第 2 條　爲維護法庭之公開透明及司法課責性，法院審理民事、刑事、行政訴訟案（事）件及家事、少年保護事件於法院內開庭時，應予錄音。其他案（事）件有必要錄音時，亦同。

　　　　法院於必要時，得在法庭內使用錄影設備錄影。

第 3 條　在庭之人非經審判長許可，不得自行錄音、錄影；未經許可錄音、錄影者，審判長得命其消除該錄音、錄影內容。

　　　　審判長爲前項許可時，應審酌錄音、錄影目的及對法庭程序進行之影響，並得徵詢其他在庭之人意見。但有依法不公開法庭審理或其他不適宜情形者，不應許可。

第 4 條　法院應於法庭置數位錄音設備，以供開庭時錄音之用；開庭過程中，如遇有切換數位磁碟或偶發之事由，致錄音無法繼續進行時，得以錄音機或其他機器設備備援。

第 5 條　在法庭之錄音應自每案開庭時起錄，至該案閉庭時停止，其間連續始末爲之。每案開庭點呼當事人朗讀案由時，法院書記官應宣告當日開庭之日期及時間。

　　　　前條後段情形，錄音人員應報告審判長，並由書記官將該事由記載於筆錄。

第 6 條　法庭開庭時雖經錄音，書記官仍應就當事人或其他關係人之陳述，當庭依法製作筆錄。

　　　　前項規定，於法庭內使用錄影設備錄影時，亦同。

第 7 條　法庭內之錄影，由審判長、受命法官或受託法官指揮實施，並命記明於筆錄。

第 8 條　當事人及依法得聲請閱覽卷宗之人，因主張或維護其法律上利益，聲請交付法庭錄音或錄影內容時，應敘明理由，由法院爲許可與否之裁定。

　　　　法院受理前項聲請，如認符合聲請人要件，並在聲請期間內提出，且就所主張或維護法律上之利益已敘明者，除法令另有排除規定外，應予許可。

　　　　第一項聲請經法院裁定許可者，每張光碟應繳納費用新臺幣五十元。

持有第一項法庭錄音、錄影內容之人，就取得之錄音、錄影內容，不得散布、公開播送，或為非正當目的使用。

第 9 條　法庭錄音、錄影內容，應保存至裁判確定後二年，始得除去。但經判處死刑或無期徒刑確定之案件，其保存期限依檔案法之規定。

法庭錄音、錄影內容儲於數位媒體者，案件終結後由各法院資訊室保管；儲於錄音、錄影帶及其他錄音、錄影媒體者，案（事）件終結後由各法院檔案室自行列冊保管。

第 10 條　前條第一項錄音、錄影內容除去之相關規定，由保管錄音、錄影內容之法院訂定之。

第 11 條　法院院長或其指定之人，及其他司法行政監督人員，於必要時，得調取法庭錄音、錄影內容。

第 12 條　本辦法之規定，於其他法院組織法有準用本法之規定者，亦適用之。

第 13 條　本辦法自發布日施行。

附錄十三　司法人員人事條例

【民國96年7月11日修正】

第一章　總則

第 1 條　（法律之適用）

司法人員人事事項，依本條例之規定；本條例未規定者，適用其他有關法律之規定。

第 2 條　（司法人員之意義）

本條例稱司法人員，指最高法院以下各級法院及檢察署之司法官、公設辯護人及其他司法人員。

第 3 條　（司法官之意義）

本條例稱司法官，指左列各款人員：

一、最高法院院長、兼任庭長之法官、法官。

二、最高法院檢察署檢察總長、主任檢察官、檢察官。

三、高等法院以下各級法院及其分院兼任院長或庭長之法官、法官。

四、高等法院以下各級法院及其分院檢察署檢察長、主任檢察官、檢察官。

第 4 條　本條例稱其他司法人員，指左列各款人員：

一、書記官長、書記官、通譯。

二、主任司法事務官、司法事務官。

三、主任公證人、公證人、公證佐理員。

四、主任觀護人、觀護人。

五、提存所主任、提存佐理員。

六、登記處主任、登記佐理員。

七、主任法醫師、法醫師、檢驗員。

八、法警長、副法警長、法警、執達員。

九、依法律所定，法院及檢察署應置之其他人員。

第 5 條　（司法行政人員之意義）

本條例稱司法行政人員，指在司法院或法務部辦理民刑事行政事項之司法人員。

第 6 條　（主要法律科目之意義）

本條例稱主要法律科目，指民法、刑法、國際私法、商事法、行政法、民事訴訟法、刑事訴訟法、強制執行法、破產法等科目而言。

第7條　（其他與法律相關科、系之意義）

本條例稱其他與法律相關科、系，指在公立或經立案之私立專科以上學校，修習主要法律科目在十二個學分以上科、系或其研究所而言。

第8條　（準用規定）

本條例以外司法人員之人事事項，除法律別有規定外，準用本條例之規定。

公設辯護人之人事事項，以法律定之。

第二章　司法人員之任用

第一節　司法官

第9條　地方法院或其分院法官、地方法院或其分院檢察署檢察官，應就具有下列資格之一者任用之：

一、經司法官考試及格者。

二、曾任推事、法官、檢察官經銓敘合格者。

三、經律師考試及格，並執行律師職務三年以上，成績優良，具有轉任薦任職任用資格者。

四、曾在公立或經立案之私立大學、獨立學院法律學系或法律研究所畢業，而在公立或經立案之私立大學、獨立學院任教授或副教授三年或助理教授五年，講授主要法律科目二年以上，有法律專門著作，經司法院或法務部審查合格，並經律師考試及格或具有薦任職任用資格者。

依前項第三款規定遴任者，執行律師職務六年、十年、十四年以上者，得分別轉任薦任第七職等、第八職等、第九職等候補或試署法官、檢察官。

第10條　依前條第一項第一款之規定派充為法官、檢察官者，為候補法官、檢察官，候補期間為五年。

前項候補法官、檢察官候補期滿成績審查及格者，為試署法官、檢察官，試署期間為一年。

依前條第一項第三款、第四款之規定遴任為法官、檢察官者，分別為候補法官、檢察官或試署法官、檢察官，其候補期間為五年，試署期間為一年。但候補期間得依其執業律師或擔任教職之年資不同，予以縮短；其有關縮短候補期間及遴選之年齡限制、資格條件、執業年資、案件量之認定標準及遴選程序等相關事項之審查辦法，由司法院與行政院分別定之，並送立法院備查。修正時，亦同。

前三項候補、試署期滿時，應分別陳報司法院或法務部審查其品德操守、敬業精神及裁判或相關書類。候補審查及格者，予以試署，不及格者，延

長其候補期間一年；試署審查及格者，予以實授，不及格者，延長其試署
期間六個月；候補、試署因不及格而延長者，經再予審查，仍不及格者，
停止其候補、試署，並予解職。

依前項再予審查為不及格之決定前，應通知受審查之候補、試署法官、檢
察官陳述意見。

候補法官、檢察官及試署法官、檢察官於候補、試署期間辦理之事務、服
務成績考查及再予審查相關事項，由司法院與行政院分別以命令定之。

第 11 條　高等法院或其分院法官、高等法院或其分院檢察署檢察官，應就具有下列
　　　　　資格之一者任用之：

一、地方法院或其分院實任法官、地方法院或其分院檢察署實任檢察官二
　　年以上，成績優良者。

二、經律師考試及格，並執行律師職務十四年以上，成績優良，具有轉任
　　薦任職任用資格者。

本條例所稱之地方法院或其分院實任法官、地方法院或其分院檢察署實任
檢察官，係指考查服務成績及格予以實授者。

第一項第二款人員之遴任，適用第九條第二項及第十條第三項至第六項規
定。

第 12 條　（最高法院法官、最高法院檢察署檢察官之資格）

最高法院法官、最高法院檢察署檢察官，應就具有左列資格之一者任用
之：

一、曾任高等法院或其分院法官、高等法院或其分院檢察署檢察官四年以
　　上，成績優良，具有簡任職任用資格者。

二、曾任高等法院或其分院法官、高等法院或其分院檢察署檢察官，並任
　　地方法院或其分院兼任院長之法官、地方法院或其分院檢察署檢察長
　　合計四年以上，成績優良，具有簡任職任用資格者。

三、曾在公立或經立案之私立大學、獨立學院法律學系或法律研究所畢
　　業，而在公立或經立案之私立大學、獨立學院專任教授，講授主要法
　　律科目，有法律專門著作，經司法院或法務部審查合格，並曾任高等
　　法院或其分院法官、高等法院或其分院檢察署檢察官，具有簡任職任
　　用資格者。

第 13 條　（地院院長、地院檢察署檢察長之資格）

地方法院及其分院院長、地方法院及其分院檢察署檢察長，應就具有高等
法院或其分院法官、高等法院或其分院檢察署檢察官及擬任職等任用資
格，並有領導才能者遴任之。

第 14 條　（高院院長、高院檢察署檢察長之資格）

高等法院及其分院院長、高等法院及其分院檢察署檢察長，應就具有最高法院法官、最高法院檢察署檢察官資格，並有領導才能者遴任之。

第 15 條　（院長、檢察長職期調任辦法）

高等法院以下各級法院及其分院院長、高等法院以下各級法院及其分院檢察署檢察長之職期調任辦法，由司法院與行政院分別定之。

第 16 條　（最高法院院長、最高檢察署檢察長之資格）

最高法院院長、最高法院檢察署檢察總長，應就具左列資格之一，並有領導才能者遴任之：

一、曾任司法院大法官、最高法院院長、最高法院檢察署檢察總長、行政法院院長或公務員懲戒委員會委員長者。

二、曾任最高法院法官、最高法院檢察署檢察官、高等法院院長或高等法院檢察署檢察長合計五年以上者。

三、曾任簡任法官、檢察官十年以上，或任簡任法官、檢察官並任司法行政人員合計十年以上者。

第 17 條　（法官檢察官互調辦法）

法官、檢察官之互調辦法，由司法院會同行政院定之。

　　第二節　其他司法人員

第 18 條　（委任書記官之資格）

委任書記官，應就具有左列資格之一者任用之：

一、經普通考試法院書記官考試及格者。

二、經委任職法院書記官升等考試及格者。

三、曾任委任法院書記官，經銓敘合格者。

四、曾任委任司法行政人員，經銓敘合格者。

五、曾在公立或經立案之私立專科以上學校法律或其他相關科、系畢業，並具有委任職任用資格者。

第 19 條　（薦任書記官之資格）

薦任書記官，應就具有左列資格之一者任用之：

一、經薦任職法院書記官升等考試及格者。

二、曾任薦任法院書記官、書記官長，經銓敘合格者。

三、曾任薦任司法行政人員，經銓敘合格者。

四、曾任委任法院書記官三年以上，成績優良，並具有薦任職任用資格者。

五、曾在公立或經立案之私立大學、獨立學院法律或其他相關學系、研究

　　　　所畢業，並具有薦任職任用資格者。

第 20 條　（薦任、簡任書記官之資格）

薦任書記官長，應就具有薦任法院書記官任用資格，並有領導才能者遴任之。

簡任書記官長，應就具有簡任職任用資格，曾任薦任法院書記官、書記官長、司法行政人員三年以上，並有領導才能者遴任之。

第20-1條　司法事務官，應就具有擬任職務任用資格及左列資格之一者任用之：

一、經公務人員高等考試或公務人員特種考試司法人員考試相當等級之司法事務官考試及格。

二、具有法官、檢察官、公設辯護人、行政執行官任用資格。

三、曾任司法事務官、檢察事務官，經銓敘合格。

四、經律師考試及格，並執行律師職務三年以上，成績優良。

五、曾任法院公證人、提存所主任、登記處主任、法院或檢察署書記官長，經銓敘合格。

六、曾在公立或經立案之私立大學、獨立學院法律學系或法律研究所畢業，並任司法行政人員、法院或檢察署書記官辦理紀錄、執行五年以上，成績優良。

七、曾在公立或經立案之私立大學、獨立學院法律學系或法律研究所畢業，現任或曾任各級行政機關法制工作五年以上，成績優良。

前項第二款至第七款人員應經甄審、訓練合格；其有關年齡限制、資格條件、成績優良、甄試程序及訓練方式等相關事項之甄審及訓練辦法，由司法院定之。

主任司法事務官，應就具有司法事務官及擬任職務所列職等之任用資格，並有領導才能者遴任之。

具律師執業資格者任司法事務官期間，計入其律師執業年資。

第 21 條　（觀護人之資格）

觀護人，應就具有左列資格之一者任用之：

一、經高等考試觀護人考試及格者。

二、具有法官、檢察官任用資格者。

三、曾任觀護人，經銓敘合格者。

四、曾在公立或經立案之私立大學、獨立學院觀護、社會、心理、教育、法律或其他與觀護業務相關學系、研究所畢業，具有薦任職任用資格者。

第 22 條　（主任觀護人之資格）

主任觀護人，應就具有觀護人及擬任職等任用資格，並有領導才能者遴任

之。

第 23 條　（公證人之資格）

公證人，應就具有左列資格之一者任用之：

一、經高等考試公證人考試或法制人員考試及格者。

二、具有法官、檢察官任用資格者。

三、曾任公證人、提存所主任、登記處主任，經銓敘合格者。

四、經律師考試及格，並執行律師職務成績優良，具有薦任職任用資格者。

五、曾在公立或經立案之私立大學、獨立學院法律學系或法律研究所畢業，並任司法行政人員、法院書記官辦理民刑事紀錄或公證佐理員、提存佐理員、登記佐理員三年以上，成績優良，具有薦任職任用資格者。

六、曾任司法行政人員、法院書記官辦理民刑事紀錄或公證佐理員、提存佐理員、登記佐理員五年以上，成績優良，具有薦任職任用資格者。

提存所主任、登記處主任，應就具有前項第二款至第六款所列資格之一者遴任之。

第 24 條　（主任公證人之資格）

主任公證人，應就具有公證人及擬任職等任用資格，並有領導才能者遴任之。

第 25 條　（公證佐理員之資格）

公證佐理員、提存佐理員、登記佐理員，應就具有法院書記官任用資格者任用之。

第 26 條　（法醫師等之資格）

法醫師、檢驗員、通譯、執達員、法警及其他依法應行設置之人員，其任用資格依有關法律之規定。

主任法醫師，應就具有法醫師及擬任職等任用資格，並有領導才能者遴用之。

第三章　訓練及進修

第 27 條　（司法官訓練與訓練委員會委員）

司法官考試錄取人員，應接受司法官學習、訓練，以完成其考試資格。

前項人員之訓練，由司法院會同考試院及行政院設訓練委員會決定其訓練方針、訓練計畫及其他有關訓練重要事項，交由法務部司法官訓練所執行。訓練委員會置委員十一人，除最高法院院長為當然委員兼召集人及最高法院檢察署檢察總長為當然委員兼副召集人外，其餘委員九人，由司法院、考試院、行政院各指定三人充之。

第 28 條　（律師、法學教授充任司法官之職前訓練）

　　　　　具有第九條第三款及第四款任用資格之一者，於初任司法官前，應施予職前訓練。其他司法人員於任職前，得施予職前訓練。

第 29 條　（司法人員之在職訓練）

　　　　　司法人員在職期間，得視業務需要，施予在職訓練。

第 30 條　（司法人員之在職進修）

　　　　　司法人員在職期間成績優良，得因所任職務之需要，報經司法院或法務部核准，在國內或國外學術研究機構進修。

第 31 條　（遴派人員進修）

　　　　　司法院或法務部因業務之需要，得遴派其所屬人員，在國內或國外學術研究機構進修或考察。

第四章　保障及給與

第 32 條　（實任司法官之保障（一））

　　　　　實任司法官非有左列原因之一，不得免職：

　　　　　一、因內亂、外患、貪污、瀆職行為或不名譽之罪，受刑事處分之裁判確定者。

　　　　　二、因前款以外之罪，受有期徒刑以上刑事處分之裁判確定者。但宣告緩刑或准予易科罰金者，不在此限。

　　　　　三、受撤職之懲戒處分者。

　　　　　四、受禁治產之宣告者。

　　　　　公務人員考績法關於免職之規定，於實任司法官不適用之。但應依公務員懲戒法之規定移付懲戒。

第 33 條　（實任司法官之保障（二））

　　　　　實任司法官非有法律規定公務員停職之原因，不得停止其職務。

第 34 條　（實任司法官之保障（三））

　　　　　實任法官除經本人同意外，不得轉任法官以外職務。

第 35 條　（實任司法官之保障（四））

　　　　　實任法官除經本人同意者外，非有左列原因之一，不得為地區調動：

　　　　　一、因法院設立、裁併或編制員額增減者。

　　　　　二、因審判業務增加，急需人員補充者。

　　　　　三、在同一法院連續任職四年以上者。

　　　　　四、調兼同級法院庭長或院長者。

　　　　　五、受休職處分期滿或依法停止職務之原因消滅而復職者。

六、有事實足認不適在原地區任職者。

第 36 條　（實任司法官之保障（五））

實任法官除調至上級法院者外，非經本人同意，不得爲審級之調動。

第 37 條　（實任司法官之保障（六））

實任司法官非依法律受降級或減俸處分者，不得降級或減俸。

第 38 條　（候補司法官之起敘與司法人員之俸給）

候補司法官，比照薦任第六職等起敘。

司法人員之俸給，適用公務人員俸給法之規定，並給與專業加給。

候補法官，檢察官之俸給及專業加給，比照前項之規定。

第 39 條　（實任司法官轉任司法行政人員年資與待遇之計算）

實任司法官轉任司法院或法務部之司法行政人員者，其年資及待遇均仍依相當職位之司法官規定列計；其達司法行政人員命令退休年齡三個月前，應予轉任司法官職務。

第 40 條　（資深實任司法官之停止或減少辦案與支領司法官俸給等）

實任司法官任職十五年以上年滿七十歲者，應停止辦理案件，從事研究工作；滿六十五歲者，得減少辦理案件。

實任司法官任職十五年以上年滿六十五歲，身體衰弱，不能勝任職務者，停止辦理案件。

停止辦理案件司法官，仍爲現職司法官，支領司法官之給與，並得依公務人員退休法及公務人員撫卹法辦理退休及撫卹。但不計入該機關所定員額之內。

第 41 條　（自願退休與退休金、養金之給付）

實任司法官合於公務人員退休法退休規定，而自願退休時，除退休金外，並另加退養金；其辦法由司法院會同考試院、行政院以命令定之。

第 42 條　（司法官之資遣）

司法官經公立醫院證明身體衰弱，不能勝任職務者，得依公務人員任用法有關資遣之規定資遣。

第 43 條　（司法官之撫卹）

司法官之撫卹，適用公務人員撫卹法之規定。

第五章　附則

第 44 條　（施行日期）

本條例自公布日施行。

附錄十四　法官法

【民國100年7月6日公布】

第一章　總則

第 1 條　（立法目的、法官之任用關係及法律適用順序）

為維護法官依法獨立審判，保障法官之身分，並建立法官評鑑機制，以確保人民接受公正審判之權利，特制定本法。

法官與國家之關係為法官特別任用關係。

本法未規定者，適用其他法律之規定。

第 2 條　（法官之定義範圍）

本法所稱法官，指下列各款人員：

一、司法院大法官。

二、公務員懲戒委員會委員。

三、各法院法官。

前項第三款所稱之法官，除有特別規定外，包括試署法官、候補法官。

本法所稱法院及院長，除有特別規定外，包括公務員懲戒委員會及其委員長。

本法所稱司法行政人員，指於司法院及司法院司法人員研習所辦理行政事項之人員。

第 3 條　（不適用司法院大法官之情形）

本法之規定，與司法院大法官依據憲法及法律所定不相容者，不適用於司法院大法官。

第 4 條　（司法院人事審議委員會）

司法院設人事審議委員會，依法審議法官之任免、轉任、解職、遷調、考核、獎懲、專業法官資格認定或授與、第十一條所規定之延任事項及其他法律規定應由司法院人事審議委員會審議之事項。

前項委員會，以司法院院長為當然委員並任主席，除第一款委員外，其他委員任期一年，得連任一次，名額及產生之方式如下：

一、司法院院長指定十一人。

二、法官代表十二人：最高法院法官代表一人、最高行政法院法官及公務員懲戒委員會委員代表一人、高等法院法官代表二人、高等行政法院及智慧財產法院法官代表一人、地方法院及少年及家事法院法官代表

　　　七人，由各級法院法官互選之。

三、學者專家三人：由法務部、律師公會全國聯合會各推舉檢察官、律師以外之人三人，送司法院院長遴聘。

學者專家對法官之初任、再任、轉任、解職、免職、候補、試署法官予以試署、實授之審查及第十一條所規定之延任事項，有表決權；對其餘事項僅得列席表示意見，無表決權。

曾受懲戒者，不得擔任第二項之法官代表。

司法院爲向司法院人事審議委員會提出人事議案所設置之各種委員會，其委員會成員應有法官、學者專家、律師或檢察官代表之參與。

司法院人事審議委員會委員之資格條件、產生方式等有關事項之辦法，及其審議規則，由司法院定之。但審議規則涉及法官任免、考績、級俸、遷調及褒獎之事項者，由司法院會同考試院定之。

第二章　法官之任用

第 5 條　（法官之積極資格）

高等法院以下各法院之法官，應就具有下列資格之一者任用之：

一、經法官、檢察官考試及格，或曾實際執行律師業務三年以上且具擬任職務任用資格。但以任用於地方法院法官爲限。

二、曾任實任法官。

三、曾任實任檢察官。

四、曾任公設辯護人六年以上。

五、曾實際執行律師業務六年以上，具擬任職務任用資格。

六、公立或經立案之私立大學、獨立學院法律學系或其研究所畢業，曾任教育部審定合格之大學或獨立學院專任教授、副教授或助理教授合計六年以上，講授主要法律科目二年以上，有法律專門著作，具擬任職務任用資格。

高等行政法院之法官，應就具有下列資格之一者任用之：

一、曾任實任法官。

二、曾任實任檢察官。

三、曾任法官、檢察官職務並任公務人員合計八年以上。

四、曾實際執行行政訴訟律師業務八年以上，具擬任職務任用資格。

五、公立或經立案之私立大學、獨立學院法律、政治、行政學系或其研究所畢業，曾任教育部審定合格之大學或獨立學院專任教授、副教授或助理教授合計八年以上，講授憲法、行政法、商標法、專利法、租稅

　　法、土地法、公平交易法、政府採購法或其他行政法課程五年以上，有上述相關之專門著作，具擬任職務任用資格。

六、公立或經立案之私立大學、獨立學院法律、政治、行政學系或其研究所畢業，曾任中央研究院研究員、副研究員或助研究員合計八年以上，有憲法、行政法之專門著作，具擬任職務任用資格。

七、公立或經立案之私立大學、獨立學院法律、政治、行政學系或其研究所畢業，曾任簡任公務人員，辦理機關之訴願或法制業務十年以上，有憲法、行政法之專門著作。

最高法院、最高行政法院之法官及公務員懲戒委員會之委員，除法律另有規定外，應就具有下列資格之一者任用之：

一、曾任司法院大法官，具擬任職務任用資格。

二、曾任公務員懲戒委員會委員。

三、曾任實任法官十二年以上。

四、曾任實任檢察官十二年以上。

五、曾實際執行律師業務十八年以上，具擬任職務任用資格。

六、公立或經立案之私立大學、獨立學院法律學系或其研究所畢業，曾任教育部審定合格之大學或獨立學院專任教授十年以上，講授主要法律科目五年以上，有法律專門著作，具擬任職務任用資格。

第一項第六款及第三項第六款所稱主要法律科目，指憲法、民法、刑法、國際私法、商事法、行政法、民事訴訟法、刑事訴訟法、行政訴訟法、強制執行法、破產法及其他經考試院指定為主要法律科目者而言。

其他專業法院之法官任用資格另以法律定之。

未具擬任職務任用資格之大法官、律師、教授、副教授、助理教授及中央研究院研究員、副研究員、助研究員，其擬任職務任用資格取得之考試，得採筆試、口試及審查著作發明、審查知能有關學歷、經歷證明之考試方式行之，其考試辦法由考試院定之。

經依前項通過擬任職務任用資格考試及格者，僅取得參加由考試院委託司法院依第七條辦理之法官遴選之資格。

司法院為辦理前項法官遴選，其遴選標準、遴選程序、被遴選人員年齡之限制及其他應遵行事項之辦法，由司法院會同考試院定之。

第 6 條　（法官之消極資格）

　　具有下列情事之一者，不得任法官：

一、依公務人員任用法之規定，不得任用為公務人員。

二、因故意犯罪，受有期徒刑以上刑之宣告確定，有損法官職位之尊嚴。

三、曾任公務員，依公務員懲戒法或相關法規之規定，受撤職以上處分確
　　定。

四、曾任公務員，依公務人員考績法或相關法規之規定，受免職處分確
　　定。但因監護宣告受免職處分，經撤銷監護宣告者，不在此限。

五、受破產宣告，尚未復權。

六、曾任民選公職人員離職後未滿三年。但法令另有規定者，不在此限。

第7條　　（法官之遴選）

初任法官者除因法官、檢察官考試及格直接分發任用外，應經遴選合格。
曾任法官因故離職後申請再任者，亦同。

司法院設法官遴選委員會，掌理法官之遴選。

前項遴選委員會，以司法院院長爲當然委員並任主席，其他委員任期二
年，得連任一次，名額及產生之方式如下：

一、考試院代表二人：由考試院推派。

二、法官代表六人：由司法院院長提名應選名額三倍人選，送請司法院人
　　事審議委員會從中審定應選名額二倍人選，交法官票選。

三、檢察官代表一人：由法務部推舉應選名額三倍人選，送請司法院院長
　　從中提名應選名額二倍人選，辦理檢察官票選。

四、律師代表三人：由律師公會全國聯合會、各地律師公會各別推舉應選
　　名額三倍人選，送請司法院院長從中提名應選名額二倍人選，辦理全
　　國性律師票選。

五、學者及社會公正人士共六人：學者應包括法律、社會及心理學專長
　　者，由司法院院長遴聘。

第二項委員會之決議，應以委員總人數三分之二以上出席，出席委員過半
數之同意行之。

前項總人數，應扣除任期中解職、死亡致出缺之人數，但不得低於十二
人。

遴選委員會之審議規則，由司法院定之。

遴選委員之資格條件、票選程序及委員出缺之遞補等有關事項之辦法，由
司法院、行政院、律師公會全國聯合會分別定之，並各自辦理票選。

第8條　　（法官遴選委員會）

司法院法官遴選委員會遴選法官，應審酌其操守、能力、身心狀態、敬業
精神、專長及志願。

已具擬任職務任用資格之法官之遴選，其程序、法官年齡限制等有關事項
之辦法，由司法院定之。

經遴選為法官者，應經研習；其研習期間、期間縮短或免除、實施方式、津貼、費用、請假、考核、獎懲、研習資格之保留或廢止等有關事項之辦法，由司法院定之。

第9條　（候補、試署法官之實授程序）

具第五條第一項第一款資格經遴選者，為候補法官，候補期間五年，候補期滿審查及格者，予以試署，試署期間一年。因法官、檢察官考試及格直接分發任用為法官者，亦同。

具第五條第一項第四款至第六款、第二項第三款至第七款資格經遴選者，為試署法官，試署期間二年；曾任法官、檢察官並任公務人員合計十年以上或執行律師業務十年以上者，試署期間一年。

第一項候補法官於候補期間，輪辦下列事務。但司法院得視實際情形酌予調整：

一、調至上級審法院辦理法院組織法第三十四條第三項、行政法院組織法第十條第五項之事項，期間為一年。

二、充任地方法院合議案件之陪席法官及受命法官，期間為二年。

三、獨任辦理地方法院少年案件以外之民刑事有關裁定案件、民刑事簡易程序案件、民事小額訴訟程序事件或刑事簡式審判程序案件，期間為二年。

候補法官於候補第三年起，除得獨任辦理前項第三款事務外，並得獨任辦理刑事訴訟法第三百七十六條第一款、第二款所列之罪之案件。

候補法官應依第三項各款之次序輪辦事務，但第一款與第二款之輪辦次序及其名額分配，司法院為應業務需要，得調整之；第二款、第三款之輪辦次序，各法院為應業務需要得調整之。

對於候補法官、試署法官，應考核其服務成績；候補、試署期滿時，應陳報司法院送請司法院人事審議委員會審查。審查及格者，予以試署、實授；不及格者，應於二年內再予考核，報請審查，仍不及格時，停止其候補、試署並予以解職。

前項服務成績項目包括學識能力、敬業精神、裁判品質、品德操守及身心健康情形。

司法院人事審議委員會為服務成績之審查時，應徵詢法官遴選委員會意見；為不及格之決定前，應通知受審查之候補、試署法官陳述意見。

司法院為審查候補、試署法官裁判或相關書類，應組成審查委員會，其任期、審查標準等由司法院另定之。

候補、試署法官，於候補、試署期間辦理之事務、服務成績考核及再予考

核等有關事項之辦法,由司法院定之。

第 10 條　（法官之遷調及庭長之遴選）

法官之遷調改任,應本於法官自治之精神辦理;其資格、程序、在職研習及調派辦事等有關事項之辦法,由司法院會同考試院定之。

各法院庭長之遴任,其資格、程序等有關事項之辦法,由司法院定之。

第 11 條　（高等法院以下各級法院院長、庭長之任期）

高等法院以下各法院及高等行政法院、其他專業法院院長、庭長之任期為三年,得連任一次。但司法院認為確有必要者,得再延任之,其期間以三年為限。

前項院長不同審級之任期,應合併計算。司法院每年應對前項院長之品德、操守、執行職務之能力及參與審判工作之努力等事項,徵詢該院法官意見,並得參酌徵詢結果,對任期尚未屆滿者免兼院長職務。

第一項庭長同審級之任期,應合併計算。其任期屆滿連任前,司法院應徵詢該庭長曾任職法院法官之意見。

司法院於庭長任期中,如發現有具體事證,足認其有不適任庭長之情事者,得對其免兼庭長職務。

院長及庭長之調任、連任、延任、免兼等有關事項之辦法,由司法院定之。

第 12 條　（法官之任命、法官先派代理之停止及任用之撤銷）

法官之任用,準用公務人員相關規定先派代理,並應送請銓敘部銓敘審定,經銓敘審定合格者,呈請總統任命。銓敘審定不合格者,應即停止其代理。

法官於任用前有第六條所列各款情事之一,或不合各該審級法官任用資格者,撤銷其任用或該審級法官之任用資格。

第一項代理之停止及前項任用之撤銷,不影響其在任時職務行為之效力;業已依規定支付之給與,不予追還。

第三章　法官之司法倫理與監督

第 13 條　（法官職務執行之基本原則）

法官應依據憲法及法律,本於良心,超然、獨立、公正審判,不受任何干涉。

法官應遵守法官倫理規範,其內容由司法院徵詢全國法官代表意見定之。

第 14 條　（法官之宣誓及誓詞）

法官於就職時應依法宣誓,其誓詞如下:「余誓以至誠,接受國家任命,

恪遵憲法及法律之規定，秉持超然獨立之精神，公正廉明，勤奮謹慎，執行法官職務，如違誓言，願受最嚴厲之制裁。謹誓。」。

第 15 條　（參政之禁止）

法官於任職期間不得參加政黨、政治團體及其活動，任職前已參加政黨、政治團體者，應退出之。

法官參與各項公職人員選舉，應於各該公職人員任期屆滿一年以前，或參與重行選舉、補選及總統解散立法院後辦理之立法委員選舉，應於辦理登記前，辭去其職務或依法退休、資遣。

法官違反前項規定者，不得登記為公職人員選舉之候選人。

第 16 條　（兼職之禁止）

法官不得兼任下列職務或業務：

一、中央或地方各級民意代表。

二、公務員服務法規所規定公務員不得兼任之職務。

三、司法機關以外其他機關之法規、訴願審議委員會委員或公務人員保障暨培訓委員會委員。

四、各級私立學校董事、監察人或其他負責人。

五、其他足以影響法官獨立審判或與其職業倫理、職位尊嚴不相容之職務或業務。

第 17 條　（兼職之限制）

法官兼任前條以外其他職務者，應經其任職機關同意；司法院大法官、各級法院院長及機關首長應經司法院同意。

第 18 條　（維護法官尊嚴及嚴守職務秘密之義務）

法官不得為有損其職位尊嚴或職務信任之行為，並應嚴守職務上之秘密。

前項守密之義務，於離職後仍應遵守。

第 19 條　（獨立審判權）

法官於其獨立審判不受影響之限度內，受職務監督。職務監督包括制止法官違法行使職權、糾正法官不當言行及督促法官依法迅速執行職務。

法官認職務監督危及其審判獨立時，得請求職務法庭撤銷之。

第 20 條　（法官職務監督之規定）

法官之職務監督，依下列規定：

一、司法院院長監督各級法院法官及公務員懲戒委員會委員。

二、最高法院院長監督該法院法官。

三、最高行政法院院長監督該法院法官。

四、公務員懲戒委員會委員長監督該委員會委員。

五、高等法院院長監督該法院及其分院與所屬地方法院及其分院法官。

六、高等法院分院院長監督該分院與轄區內地方法院及其分院法官。

七、高等行政法院院長監督該法院及其分院法官。

八、高等行政法院分院院長監督該分院法官。

九、專業法院院長監督該法院法官。

十、地方法院院長監督該法院及其分院法官。

十一、地方法院分院院長監督該分院法官。

第 21 條　（職務監督權人之處分權限）

前條所定職務監督權人，對於被監督之法官得為下列處分：

一、關於職務上之事項，得發命令促其注意。

二、違反職務上之義務、怠於執行職務或言行不檢者，加以警告。

基於保障人民之訴訟權及服公職權益，各法院或分院院長，得對該院法官遲延未結之案件，提經法官會議決議改分同院其他法官辦理，或為其他適當之處理。

第 22 條　（職務監督之處分權）

被監督之法官有前條第一項第二款之情事，情節重大者，第二十條所定職務監督權人得以所屬機關名義，請求法官評鑑委員會評鑑，或移由司法院依第五十一條第二項、第三項規定辦理。

被監督之法官有前條第一項第二款之情事，經警告後一年內再犯，或經警告累計達三次者，視同情節重大。

第 23 條　（大法官、各級法院法官自律實施辦法之訂定）

司法院大法官為強化自律功能，應就自律事項、審議程序、決議之作成及處分種類等有關事項，訂定司法院大法官自律實施辦法。

前項辦法經司法院大法官現有總額三分之二以上之出席及出席人數三分之二以上之決議訂定之；修正時亦同。

司法院應就公務員懲戒委員會委員及各法院法官之自律事項、審議程序、決議之作成及處分種類等有關事項，訂定各級法院法官自律實施辦法。

第四章　法官會議

第 24 條　（法官會議之議決事項）

各法院及其分院設法官會議，議決下列事項：

一、依法律及司法院所定事務分配辦法，預定次年度司法事務分配、代理次序及合議審判時法官之配置事項。

二、辦理法官考核之建議事項。

三、第二十一條所定對法官爲監督處分之建議事項。

四、其他與法官權利義務有重大影響之建議事項。

前項第一款之議決對象，不包括調至他機關辦事之法官。

法官年度司法事務分配後，因案件增減或他項事由，有變更之必要時，得由院長徵詢有關庭長、法官之意見後定之。但遇有法官分發調動，而有大幅變更法官司法事務分配之必要時，應以法官會議議決。

院長認爲法官會議關於第一項第一款或第三項但書議決事項所爲決議有違背法令之情事，應於議決後五日內以書面附具理由，交法官會議復議。復議如經三分之二以上法官之出席及出席人數四分之三以上之同意維持原決議時，院長得於復議決議後五日內聲請職務法庭宣告其決議違背法令。

法官會議關於第一項第一款或第三項但書議決事項所爲決議經職務法庭宣告爲違背法令者，其決議無效。法官會議自發交復議日起十五日內未議決，或未作成前項維持原決議之議決者，其原決議失其效力。

前項情形，院長得提出事務分配方案取代原決議。

職務法庭審理第四項之聲請案件，得不經言詞辯論，並應於受理後三十日內爲裁定。

院長認爲法官會議就第一項第二款至第四款所列建議事項之決議違背法令或窒礙難行時，應拒絕之，並於一個月內，以書面或其他適當方式說明之。

第 25 條　（法官會議之召開）

法官會議由全體實際辦案之法官組成，以院長爲主席，每半年召開一次，無議案時，得不召開。必要時，亦得由院長或五分之一以上之法官提議，加開臨時會。

法官會議之決議，除前條第四項之復議外，應以過半數法官之出席及出席人數過半數以上之同意行之，可否同數時，取決於主席；法官因故不能出席時，得出具委託書委託其他法官代理出席，但每一法官受託代理以一人爲限。

委託代理出席人數，不得逾前項出席人數三分之一。

第 26 條　（法官司法事務分配小組）

法官會議得組成法官司法事務分配小組或其他小組，研擬第二十四條第一項各款所列事項之意見，並提出法官會議議決。

前項事務分配小組遇有第二十四條第三項但書情形時，亦得預擬事務分配方案，提出法官會議議決。

前二項事務分配方案，應顧及審判業務之需要、承辦法官之專業、職務之

穩定及負擔之公平。

第一項小組由法官代表組成，任期一年；其人數及得否連任由法官會議議決。前項法官代表，除院長爲當然代表外，其餘三分之一由院長指定，另三分之二依法官會議議決之方式產生。

第 27 條 （法官之遞補方式）

前條法官代表，因調職或其他事由無法執行職務時，依其產生之方式，分別遞補，任期接續原代表任期計算。

第 28 條 （法官司法事務分配小組會議之主席及決議方式）

法官司法事務分配小組會議，由院長或其指定之人擔任主席，其決議以法官代表三分之二以上出席，出席人數二分之一以上同意行之。可否同數時，取決於主席。

第 29 條 （法官會議之議事規則）

法官會議之議事規則、決議及建議之執行、司法事務分配小組或其他小組之組成及運作等有關事項之辦法，由司法院定之。

第五章 法官評鑑

第 30 條 （法官個案評鑑之機制）

司法院設法官評鑑委員會，掌理法官之評鑑。

法官有下列各款情事之一者，應付個案評鑑：

一、裁判確定後或自第一審繫屬日起已逾六年未能裁判確定之案件，有事實足認因故意或重大過失，致審判案件有明顯重大違誤，而嚴重侵害人民權益者。

二、有第二十一條第一項第二款情事，情節重大。

三、違反第十五條第二項、第三項規定。

四、違反第十五條第一項、第十六條或第十八條規定，情節重大。

五、嚴重違反辦案程序規定或職務規定，情節重大。

六、無正當理由遲延案件之進行，致影響當事人權益，情節重大。

七、違反法官倫理規範，情節重大。

適用法律之見解，不得據爲法官個案評鑑之事由。

第 31 條 （法官評核之標準）

司法院應每三年至少一次完成法官全面評核，其結果不予公開，評核結果作爲法官職務評定之參考。

司法院因前項評核結果發現法官有應付個案評鑑之事由者，應依第三十五條規定移付法官評鑑委員會進行個案評鑑。

　　　　　　第一項評核之標準、項目及方式，由司法院依法官評鑑委員會意見定之。

第 32 條　（各級法院團體績效之評比）

　　　　　　司法院應每三年一次進行各級法院之團體績效評比，其結果應公開，並作
　　　　　　爲各級法院首長職務評定之參考。

　　　　　　前項評比之標準、項目及方式，由司法院定之。

第 33 條　（法官評鑑委員之組織及迴避）

　　　　　　法官評鑑委員會由法官三人、檢察官一人、律師三人、學者及社會公正人
　　　　　　士四人組成。

　　　　　　評鑑委員之迴避，準用行政訴訟法有關法官迴避之規定。

第 34 條　（法官評鑑委員之遴聘）

　　　　　　法官評鑑委員任期爲二年，得連任一次，其產生方式如下：

　　　　　一、法官代表由全體法官票選之。

　　　　　二、檢察官代表由全體檢察官票選之。

　　　　　三、律師代表，由各地律師公會各別推舉一至三人，由律師公會全國聯合
　　　　　　　會辦理全國性律師票選。

　　　　　四、學者及社會公正人士，由法務部、律師公會全國聯合會各推舉檢察
　　　　　　　官、律師以外之人四人，送司法院院長遴聘。

　　　　　　有下列情形之一者，不得擔任前項第三、四款委員：

　　　　　一、公務人員。但公立各級學校及學術研究機構之教學、研究人員不在此
　　　　　　　限。

　　　　　二、政黨黨務工作人員。

　　　　　　評鑑委員之資格條件、票選程序及委員出缺之遞補等有關事項之辦法，由
　　　　　　司法院、行政院、律師公會全國聯合會分別定之，並各自辦理票選。

第 35 條　（評鑑事件之來源及審查）

　　　　　　法官有第三十條第二項各款情事之一，下列人員或機關、團體認爲有個案
　　　　　　評鑑之必要時，得請求法官評鑑委員會進行個案評鑑：

　　　　　一、受評鑑法官所屬機關法官三人以上。

　　　　　二、受評鑑法官所屬機關、上級機關或所屬法院對應設置之檢察署。

　　　　　三、受評鑑法官所屬法院管轄區域之律師公會或全國性律師公會。

　　　　　四、財團法人或以公益爲目的之社團法人，經許可設立三年以上，財團法
　　　　　　　人登記財產總額新臺幣一千萬元以上或社團法人之社員人數二百人以
　　　　　　　上，且對健全司法具有成效，經目的事業主管機關許可得請求個案評
　　　　　　　鑑者。

　　　　　　前項請求，應以書狀敘明與第三十條第二項各款所列情事有關之具體事

實，並檢附相關資料。

當事人、犯罪被害人得以書面陳請第一項機關、團體請求法官評鑑委員會進行個案評鑑。

就第三十條第二項各款情事，法官認有澄清之必要時，得陳請所屬機關請求法官評鑑委員會個案評鑑之。

個案評鑑事件之請求，應先依第三十七條規定審查有無應不付評鑑之情事，不得逕予調查或通知受評鑑法官陳述意見。

第一項第四款之許可辦法，由司法院會同行政院定之。

第 36 條　（評鑑事件之請求期限）

法官個案評鑑之請求，應於二年內為之。

前項期間，無涉法官承辦個案者，自受評鑑事實終了之日起算，牽涉法官承辦個案者，自該案件辦理終結之日起算。但第三十條第二項第一款情形自裁判確定或滿六年時起算。

第 37 條　（不付評鑑決議之情形）

個案評鑑事件之請求，有下列情形之一者，法官評鑑委員會應為不付評鑑之決議：

一、個案評鑑事件之請求，不合第三十五條之規定。

二、個案評鑑事件之請求，逾前條所定期間。

三、對不屬法官個案評鑑之事項，請求評鑑。

四、就法律見解請求評鑑。

五、已為職務法庭判決、監察院彈劾、或經法官評鑑委員會決議之事件，重行請求評鑑。

六、受評鑑法官死亡。

七、請求顯無理由。

第 38 條　（請求不成立決議之情形）

法官評鑑委員會認法官無第三十條第二項各款所列情事者，應為請求不成立之決議。必要時，並得移請職務監督權人依第二十一條規定為適當之處分。

第 39 條　（區別評鑑請求決議之懲處）

法官評鑑委員會認法官有第三十條第二項各款所列情事之一，得為下列決議：

一、有懲戒之必要者，報由司法院移送監察院審查，並得建議懲戒之種類。

二、無懲戒之必要者，報由司法院交付司法院人事審議委員會審議，並得

建議處分之種類。

前項評鑑決議作成前，應予受評鑑法官陳述意見之機會。

第 40 條 （評鑑請求決議之移送及處置）

司法院應依法官評鑑委員會所為前條決議，檢具受個案評鑑法官相關資料，分別移送監察院審查或交付司法院人事審議委員會審議。

第 41 條 （評鑑委員會之決議方式）

法官評鑑委員會會議之決議，除本法另有規定外，以委員總人數二分之一以上出席，出席委員過半數之同意行之。

法官評鑑委員會為第三十七條之決議，得以三名委員之審查及該三名委員一致之同意行之。該三名委員之組成由委員會決定之。

法官評鑑委員會為第三十八條、第三十九條之決議，應以委員總人數三分之二以上出席，出席委員過半數之同意行之。

第一項、第三項委員總人數，應扣除未依規定推派、票選或任期中解職、死亡致出缺之人數，但不得低於八人。

法官評鑑委員會得為必要之調查，或通知關係人到會說明；調查所得資料，除法令另有規定外，不得提供其他機關、團體、個人或供人閱覽、抄錄。

個案評鑑事件牽涉法官承辦個案尚未終結者，於該法官辦理終結其案件前，停止進行評鑑程序。

司法院得依法聘用適當人員協助辦理評鑑請求之審查及評鑑事件之調查，並負責其他與評鑑有關之事務。

法官評鑑委員會行使職權，應兼顧評鑑功能之發揮及受評鑑法官程序上應有之保障，且不得影響審判獨立。

前項職權之行使，非經受評鑑法官之同意或法官評鑑委員會之決議，不得公開。

法官評鑑委員會組織規程及評鑑實施辦法，由司法院定之。

第六章 法官之保障

第 42 條 （法官免職之限制）

實任法官非有下列情事之一，不得免職：

一、因犯內亂、外患、故意瀆職罪，受判刑確定者。

二、故意犯前款以外之罪，受有期徒刑以上刑之宣告確定，有損法官尊嚴者。但宣告緩刑者，不在此限。

三、受監護之宣告者。

實任法官受監護或輔助之宣告者，自宣告之日起，得依相關規定辦理退休或資遣。

司法院大法官於任職中，有第一項各款情事之一時，經司法院大法官現有總額三分之二以上之出席，出席人數三分之二以上之同意，由司法院呈請總統免職。

候補、試署法官除本法另有規定外，準用第一項、第二項規定。

第 43 條　（法官停職之限制）

實任法官，除法律別有規定外，非有下列各款情事之一，不得停止其職務：

一、依公務人員任用法第二十八條第一項第一款至第八款不得任用為公務人員情事者。

二、經教學醫院證明有精神疾病或精神狀態違常，致不能勝任職務者。

三、有第六條第五款之情事者。

四、依刑事訴訟程序被通緝或羈押者。

五、依刑事確定判決，受徒刑或拘役之宣告，未依規定易科罰金，或受罰金之宣告，依規定易服勞役，在執行中者。

六、所涉刑事、懲戒情節重大者。

七、經中央衛生主管機關評鑑合格之醫院證明身心障礙或其他事由致不能勝任職務者。

經依法停職之實任法官於停職事由消滅後三個月內，得聲請復職，並依公務人員保障法及公務員懲戒法復職之規定辦理。

實任法官因第一項第一款至第六款事由停止其職務者，其停止職務期間及復職後之給俸，準用公務人員俸給法之規定；因第一項第七款事由停止其職務者，支給第七十一條第一項所定本俸及加給各三分之一。但期限最長不得逾三年。

司法院大法官有第一項各款情事之一者，經司法院大法官現有總額三分之二以上之出席及出席人數過半數之同意，由司法院呈請總統停止其職務；因第一項第七款情事停止其職務者，於停止職務期間，支給第七十二條所定月俸及加給各三分之一。

第 44 條　（法官轉任之限制）

實任法官除法律規定或經本人同意外，不得將其轉任法官以外職務。

第 45 條　（法官地區調動之限制）

實任法官除經本人同意外，非有下列原因之一，不得為地區調動：

一、因法院設立、裁併或員額增減者。

二、因審判事務量之需要，急需人員補充者。

三、依法停止職務之原因消滅而復職者。

四、有相當原因足資釋明不適合繼續在原地區任職者。

五、因法院業務需要，無適當人員志願前往，調派同級法院法官至該法院任職或辦理審判事務者，其期間不得逾二年，期滿回任原法院。

前項第五款之法官調派辦法，由司法院定之；其調派期間之津貼補助辦法，由司法院會同行政院定之。

第 46 條　（法官審級調動之限制）

實任法官除經本人同意外，非有下列原因之一，不得爲審級調動：

一、因法院設立、裁併或編制員額增減而調派至直接下級審法院。

二、於高等法院繼續服務二年以上，爲堅實事實審功能，調派至直接下級審法院。

三、依法停止職務之原因消滅而復職，顯然不適合在原審級法院任職者。

四、有相當原因足資釋明不適合繼續在原審級法院任職者。

第七章　職務法庭

第 47 條　（職務法庭之設置）

司法院設職務法庭，審理下列事項：

一、法官懲戒之事項。

二、法官不服撤銷任用資格、免職、停止職務、解職、轉任法官以外職務或調動之事項。

三、職務監督影響法官審判獨立之事項。

四、其他依法律應由職務法庭管轄之事項。

對職務法庭之裁判，不得提起行政訴訟。

第 48 條　（職務法庭之組織）

職務法庭之審理及裁判，以公務員懲戒委員會委員長爲審判長，與法官四人爲陪席法官組成合議庭行之。

前項陪席法官至少一人但不得全部與當事人法官爲同一審級；於審理司法院大法官懲戒案件時，應全部以最高法院、最高行政法院法官或公務員懲戒委員會委員充之。

第一項法官，須具備實任法官十年以上之資歷，由司法院法官遴選委員會遴定十二人，每審級各四人，提請司法院院長任命，任期三年。其人數並得視業務需要增加之。

各法院院長不得爲職務法庭之成員。

職務法庭之事務分配及代理次序，由全體職務法庭法官決定之。

職務法庭法官遴選規則由司法院定之。

第 49 條　（法官之懲戒）

法官有第三十條第二項各款所列情事之一，有懲戒之必要者，應受懲戒。

適用法律之見解，不得據爲法官懲戒之事由。

法官應受懲戒之同一行爲，不受二次懲戒。同一行爲已經職務法庭爲懲戒、不受懲戒或免議之判決確定者，其原懲處失其效力。

法官應受懲戒之同一行爲已受刑罰或行政罰之處罰者，仍得予以懲戒。其同一行爲不受刑罰或行政罰之處罰者，亦同。但情節輕微，如予懲戒顯失公平者，無須再予懲戒。

懲戒案件有下列情形之一者，應爲免議之判決：

一、同一行爲，已受懲戒判決確定。

二、受褫奪公權之宣告確定，認已無受懲戒之必要。

三、已逾第五十二條規定之懲戒權行使期間。

四、有前項但書之情形。

第 50 條　（法官懲戒之種類與淘汰）

法官之懲戒如下：

一、免除法官職務，並喪失公務人員任用資格。

二、撤職：除撤其現職外，並於一定期間停止任用，其期間爲一年以上五年以下。

三、免除法官職務，轉任法官以外之其他職務。

四、罰款：其數額爲現職月俸給總額或任職時最後月俸給總額一個月以上一年以下。

五、申誡。

依應受懲戒之具體情事足認已不適任法官者，應予撤職以上之處分。

受第一項第一款、第二款之懲戒處分者，不得充任律師，其已充任律師者，停止其執行職務；其中受第一項第二款、第三款之懲戒處分者，並不得回任法官職務。

申誡，以書面爲之。

第 51 條　（法官懲戒之程序）

法官之懲戒，應由監察院彈劾後移送職務法庭審理。

司法院認法官有應受懲戒之情事時，除依法官評鑑之規定辦理外，得逕行移送監察院審查。

司法院依前項規定逕行移送監察院審查前，應予被付懲戒法官陳述意見之

機會，並經司法院人事審議委員會決議。

第 52 條　（法官懲戒行使期）

法官應受懲戒行為，自行為終了之日起，至案件繫屬職務法庭之日止，已逾十年者，不得為免除法官職務、轉任法官以外之其他職務之懲戒；已逾五年者，不得為罰款或申誡之懲戒。但第三十條第二項第一款情形，自依本法得付個案評鑑之日起算。

前項行為終了之日，指法官應受懲戒行為終結之日。但應受懲戒行為係不作為者，自法官所屬機關知悉之日起算。

第 53 條　（自立救濟）

法官不服司法院所為撤銷任用資格、免職、停止職務、解職、轉任法官以外職務或調動等職務處分，應於收受人事令翌日起三十日內，以書面附具理由向司法院提出異議。

法官認職務監督影響審判獨立時，應於監督行為完成翌日起三十日內，以書面附具理由向職務監督權人所屬之機關提出異議。

第 54 條　（機關受理異議之決議期限）

前條所列機關應於受理異議之日起三十日內，作成決定。

對於前條第一項之異議所作之決定，應依原決定程序為決議。

法官不服前條所列機關對異議所作之決定，應於決定書送達翌日起三十日內，向職務法庭起訴。

前條所列機關未於第一項期間內作成決定時，法官得逕向職務法庭起訴。

第 55 條　（資遣或申請退休之禁止）

法官經監察院移送懲戒者，除經職務法庭同意外，在判決前，不得資遣或申請退休。但於判決時已逾七十歲，且未受撤職以上之處分，並於收受判決之送達後六個月內申請退休者，計算其任職年資至滿七十歲之前一日，準用第七十八條第一項第一款至第三款規定給與退養金。

職務法庭於受理前項移送後，應將移送書繕本送交被移送法官所屬法院及銓敘機關。

第 56 條　（得為職務法庭案件當事人之規定）

監察院、司法院、各法院或分院、法官得為第四十七條各款案件之當事人。

職務法庭審理法官評鑑委員會報由司法院移送監察院彈劾之案件，應通知法官評鑑委員會派員到庭陳述意見。

第 57 條　（秘密審理）

職務法庭審理案件均不公開。但職務法庭認有公開之必要，或經被移送或

提起訴訟之法官請求公開時，不在此限。

第 58 條 （言詞辯論）

職務法庭之審理，除法律另有規定外，應行言詞辯論。

職務法庭審判長於必要時，得命受命法官先行準備程序，闡明起訴之事由。

受命法官經審判長指定調查證據，以下列情形為限：

一、有在證據所在地調查之必要者。

二、依法應在法院以外之場所調查者。

三、於言詞辯論期日調查，有致證據毀損、滅失或礙難使用之虞，或顯有其他困難者。

第 59 條 （停止被付懲戒法官之職務）

職務法庭審理法官懲戒案件，認為情節重大，有先行停止職務之必要者，得依聲請或依職權裁定先行停止被付懲戒法官之職務，並通知所屬法院院長。

職務法庭為前項裁定前，應予被付懲戒法官陳述意見之機會。

第一項之訴如經駁回，被停職法官得向司法院請求復職，其停止職務期間及復職後之給俸，準用公務人員俸給法之規定。

第 60 條 （法官懲戒案件審理規則）

職務法庭審理第四十七條第一項第一款法官懲戒案件審理規則，由司法院定之。

職務法庭審理第四十七條第一項第二款、第三款及第四款法官職務案件之程序及裁判，除本法另有規定外，準用行政訴訟法之規定。

第 61 條 （職務案件再審之訴）

職務法庭之判決，有下列各款情形之一者，當事人得提起再審之訴：

一、適用法規顯有錯誤。

二、依法律或裁定應迴避之法官參與審判。

三、原判決所憑之證言、鑑定、通譯或證物，已證明係虛偽或偽造、變造。

四、參與裁判之法官關於該訴訟違背職務，犯刑事上之罪已經證明，或關於該訴訟違背職務受懲戒處分，足以影響原判決。

五、原判決就足以影響於判決之重要證物漏未斟酌。

六、發現確實之新證據，足認應變更原判決。

七、為判決基礎之民事或刑事判決及其他裁判或行政處分，依其後之確定裁判或行政處分已變更。

八、確定終局判決所適用之法律或命令，經司法院大法官依當事人之聲
　　請，解釋為牴觸憲法。

第一項第三款及第四款情形之證明，以經判決確定，或其刑事訴訟不能開
始或續行非因證據不足者為限，得提起再審之訴。

再審之訴，於原判決執行完畢後，亦得提起之。

第 62 條　（再審之訴為原法院管轄）

再審之訴專屬職務法庭管轄。

第 63 條　（再審之訴期限）

提起再審之訴，應於下列期間為之：

一、以第六十一條第一項第一款、第二款、第五款為原因者，自判決書送
　　達之翌日起三十日內。

二、以第六十一條第一項第三款、第四款、第七款為原因者，自相關之裁
　　判或處分確定之翌日起三十日內。

三、以第六十一條第一項第六款為原因者，自發現新證據之翌日起三十日
　　內。

四、以第六十一條第一項第八款為原因者，自解釋公布之翌日起三十日
　　內。

為受懲戒法官之不利益提起再審之訴，於判決後，經過一年者不得為之。

第 64 條　（再審程序之裁判執行限制）

提起再審之訴，無停止裁判執行之效力。

第 65 條　（不合再審之訴之駁回）

職務法庭認為再審之訴不合法者，應以裁定駁回之。

第 66 條　（無再審理由之駁回）

職務法庭認為再審之訴顯無再審理由者，得不經言詞辯論，以判決駁回
之。

再審之訴雖有理由，職務法庭如認原判決為正當者，應以判決駁回之。

第 67 條　（再審之訴之辯論及裁判範圍）

再審之訴之辯論及裁判，以聲明不服之部分為限。

第 68 條　（不得提起再審之訴規定）

再審之訴，於職務法庭裁判前得撤回之。

再審之訴，經撤回或裁判者，不得更以同一原因提起再審之訴。

第 69 條　（裁判書之送達與執行）

職務法庭於裁判後，應將裁判書送達法官所屬法院院長，院長於收受裁判
書後應即執行之。但無須執行者不在此限。

第 70 條　（大法官之懲戒）

司法院大法官之懲戒，得經司法院大法官現有總額三分之二以上之出席及出席人數三分之二以上之決議，由司法院移送監察院審查。

監察院審查後認應彈劾者，移送職務法庭審理。

第八章　法官之給與

第 71 條　（法官之俸給）

法官不列官等、職等。其俸給，分本俸、專業加給、職務加給及地域加給，均以月計之。

前項本俸之級數及點數，依法官俸表之規定。

本俸按法官俸表俸點依公務人員俸表相同俸點折算俸額標準折算俸額。

法官之俸級區分如下：

一、實任法官本俸分二十級，從第一級至第二十級，並自第二十級起敘。

二、試署法官本俸分九級，從第十四級至第二十二級，並自第二十二級起敘。依本法第五條第二項第七款轉任法官者，準用現職法官改任換敘辦法敘薪。

三、候補法官本俸分六級，從第十九級至第二十四級，並自第二十四級起敘。

律師、教授、副教授、助理教授及中央研究院研究員、副研究員、助研究員轉任法官者，依其執業、任教或服務年資六年、八年、十年、十四年及十八年以上者，分別自第二十二級、二十一級、二十級、十七級及第十五級起敘。

法官各種加給之給與條件、適用對象及支給數額，依行政院所定各種加給表規定辦理。但全國公務人員各種加給年度通案調整時，以具法官身分者為限，其各種加給應按各該加給通案調幅調整之。

法官生活津貼及年終工作獎金等其他給與，準用公務人員相關法令規定。

法官曾任公務年資，如與現任職務等級相當、性質相近且服務成績優良者，得按年核計加級至所任職務最高俸級為止。

前項所稱等級相當、性質相近、服務成績優良年資提敘俸級之認定，其辦法由考試院會同司法院、行政院定之。

第 72 條　（司法院長、副院長、大法官、特任庭長之俸給支給）

司法院院長、副院長、大法官、最高法院院長、最高行政法院院長及公務員懲戒委員會委員長之俸給，按下列標準支給之：

一、司法院院長準用政務人員院長級標準支給。

二、司法院副院長準用政務人員副院長級標準支給。

三、司法院大法官、最高法院院長、最高行政法院院長及公務員懲戒委員
　　會委員長準用政務人員部長級標準支給。

前項人員並給與前條第一項規定之專業加給。

司法院秘書長由法官、檢察官轉任者，其俸給依第一項第三款及第二項標
準支給。

第 73 條　（法官之職務評定）

法官現辦事務所在之法院院長或機關首長應於每年年終，辦理法官之職務
評定，報送司法院核定。法院院長評定時，應先徵詢該法院相關庭長、法
官之意見。

法官職務評定項目包括學識能力、品德操守、敬業精神及裁判品質；其評
定及救濟程序等有關事項之辦法，由司法院定之。

第 74 條　（法官考核之獎勵）

法官任職至年終滿一年，經職務評定為良好，且未受有刑事處罰、懲戒處
分者，晉一級，並給與一個月俸給總額之獎金；已達所敘職務最高俸級
者，給與二個月俸給總額之獎金。但任職不滿一年已達六個月，未受有刑
事處罰、懲戒處分者，獎金折半發給。

法官連續四年職務評定為良好，且未受有刑事處罰、懲戒處分者，除給與
前項之獎金外，晉二級。

法官及司法行政人員於年度中相互轉（回）任時，其轉（回）任當年之年
資，得合併計算參加年終考績或職務評定。

第一項及第二項有關晉級之規定於候補、試署服務成績審查不及格者不適
用之。

第 75 條　（法官改任及轉任之規定）

現職法官之改任換敘及行政、教育、研究人員與法官之轉任提敘辦法，由
考試院會同司法院、行政院定之。

依法官俸表所支俸給如較原支俸給為低者，補足其差額，並隨同待遇調整
而併銷。

前項所稱待遇調整，指全國軍公教員工待遇之調整、職務調動（升）、職
務評定晉級所致之待遇調整。

第 76 條　（實任法官轉任司法行政職務之保障與限制）

實任法官轉任司法行政人員者，視同法官，其年資及待遇，依相當職務之
法官規定列計，並得不受公務人員任用法，有關晉升簡任官等訓練合格之
限制；轉任期間三年，得延長一次；其達司法行政人員命令退休年齡三個

月前，應予回任法官。

前項任期於該實任法官有兼任各法院院長情事者，二者任期合計以六年爲限。但司法院認確有必要者，得延任之，延任期間不得逾三年。

第十一條第一項及前二項所定任期，於免兼或回任法官本職逾二年時，重行起算。

曾任實任法官之第七十二條人員回任法官者，不受公務人員任用法第二十七條之限制。

第一項轉任、回任、換敘辦法由考試院會同司法院、行政院定之。

第 77 條　（法官之優遇）

實任法官任職十五年以上年滿七十歲者，應停止辦理審判案件，得從事研究、調解或其他司法行政工作；滿六十五歲者，得申請調任地方法院辦理簡易案件。

實任法官任職十五年以上年滿六十五歲，經中央衛生主管機關評鑑合格之醫院證明身體衰弱，難以勝任職務者，得申請停止辦理審判案件。

前二項停止辦理審判案件法官，仍爲現職法官，但不計入該機關所定員額之內，支領俸給總額之三分之二，並得依公務人員退休法及公務人員撫卹法辦理自願退休及撫卹。

第一項、第二項停止辦理審判案件之申請程序、從事研究之方法項目、業務種類等有關事項之辦法，由司法院定之。

第 78 條　（法官之自願退休）

法官自願退休時，除依公務人員退休法規定給與一次退休金總額或月退休金外，其爲實任法官者，另按下列標準給與一次退養金或月退養金：

一、任職法官年資十年以上十五年未滿者，給與百分之二十，十五年以上者，給與百分之三十。

二、五十五歲以上未滿六十歲者，任職法官年資十五年以上二十年未滿者，給與百分之四十，二十年以上者，給與百分之五十。

三、六十歲以上未滿七十歲，且任職法官年資滿二十年者，給與百分之六十，其每逾一年之年資，加發百分之八，最高給與百分之一百四十。滿二十年以上之年資，尾數不滿六個月者，給與百分之四，滿六個月以上者，以一年計。但本法施行前，年滿六十五歲者，於年滿七十歲前辦理自願退休時，給與百分之一百四十。

四、七十歲以上者，給與百分之五。

依前項給與標準支領之月退養金與依法支領之月退休金、公保養老給付之每月優惠存款利息合計，超過同俸級現職法官每月俸給之百分之九十八

者，減少其月退養金給與數額，使每月所得，不超過同俸級現職法官每月俸給之百分之九十八。

第二項退養金給與辦法由司法院會同考試院、行政院定之。

司法院大法官、最高法院院長、最高行政法院院長及公務員懲戒委員會委員長退職時，除準用政務人員退職撫卹條例規定給與離職儲金外，並依前三項規定給與退養金。但非由實任法官、檢察官轉任者，不適用退養金之規定。

司法院秘書長由法官、檢察官轉任者，準用前項規定。

第 79 條　（法官之資遣）

法官經中央衛生主管機關評鑑合格之醫院證明身體衰弱，不堪工作者，得準用公務人員有關資遣之規定申請資遣。

法官經中央衛生主管機關評鑑合格之醫院證明身心障礙難以回復或依第四十三條第一項第七款之規定停止職務超過三年者，得準用公務人員有關資遣之規定資遣之。

前二項資遣人員除依法給與資遣費外，並比照前條之規定，發給一次退養金。

第 80 條　（法官之撫卹）

法官之撫卹，適用公務人員撫卹法之規定。

司法院大法官、最高法院院長、最高行政法院院長及公務員懲戒委員會委員長，其在職死亡之撫卹，準用政務人員退職撫卹條例之規定。

司法院秘書長由法官、檢察官轉任者，準用前項規定。

第九章　法官之考察、進修及請假

第 81 條　（法官之在職進修）

法官每年度應從事在職進修。

司法院應逐年編列預算，遴選各級法院法官，分派國內外從事司法考察或進修。

第 82 條　（法官進修之申請規則）

實任法官每連續服務滿七年者，得提出具體研究計畫，向司法院申請自行進修一年，進修期間支領全額薪給，期滿六個月內應提出研究報告送請司法院審核。

前項自行進修之人數，以不超過當年度各該機關法官人數百分之七為限。但人數不足一人時，以一人計。

第 83 條　（法官留職停薪進修及年限）

實任法官於任職期間，得向司法院提出入學許可證明文件，經同意後，聲請留職停薪。

前項留職停薪之期間，除經司法院准許外，以三年爲限。

第 84 條　（法官考察及進修規則之訂定）

前三條之考察及進修，其期間、資格條件、遴選程序、進修人員比例及研究報告之著作財產權歸屬等有關事項之辦法，由司法院定之。

第 85 條　（法官之請假規則）

法官之請假，適用公務人員有關請假之規定。

除本法另有規定外，法官之留職停薪，準用公務人員有關留職停薪之規定。

第十章　檢察官

第 86 條　（檢察官之定義）

檢察官代表國家依法追訴處罰犯罪，爲維護社會秩序之公益代表人。檢察官須超出黨派以外，維護憲法及法律保護之公共利益，公正超然、勤愼執行檢察職務。

本法所稱檢察官，指下列各款人員：

一、最高法院檢察署檢察總長、主任檢察官、檢察官。

二、高等法院以下各級法院及其分院檢察署檢察長、主任檢察官、檢察官。

前項第二款所稱之檢察官，除有特別規定外，包括試署檢察官、候補檢察官。

本法所稱實任檢察官，係指試署服務成績審查及格，予以實授者。

第 87 條　（檢察官之任用資格）

地方法院或其分院檢察署檢察官，應就具有下列資格之一者任用之：

一、經法官、檢察官考試及格。

二、曾任法官。

三、曾任檢察官。

四、曾任公設辯護人六年以上。

五、曾實際執行律師職務六年以上，成績優良，具擬任職務任用資格。

六、公立或經立案之私立大學、獨立學院法律學系或其研究所畢業，曾任教育部審定合格之大學或獨立學院專任教授、副教授或助理教授合計六年以上，講授主要法律科目二年以上，有法律專門著作，具擬任職務任用資格。

高等法院或其分院檢察署檢察官，應就具有下列資格之一者任用之：

一、曾任地方法院或其分院實任法官、地方法院或其分院檢察署實任檢察官二年以上，成績優良。

二、曾實際執行律師職務十四年以上，成績優良，具擬任職務任用資格。

最高法院檢察署檢察官，應就具有下列資格之一者任用之：

一、曾任高等法院或其分院實任法官、高等法院或其分院檢察署實任檢察官四年以上，成績優良。

二、曾任高等法院或其分院實任法官、高等法院或其分院檢察署實任檢察官，並任地方法院或其分院兼任院長之法官、地方法院或其分院檢察署檢察長合計四年以上，成績優良。

三、公立或經立案之私立大學、獨立學院法律學系或其研究所畢業，曾任教育部審定合格之大學或獨立學院專任教授，講授主要法律科目，有法律專門著作，並曾任高等法院或其分院法官、高等法院或其分院檢察署檢察官。

第一項第六款、前項第三款所稱主要法律科目，指憲法、民法、刑法、國際私法、商事法、行政法、民事訴訟法、刑事訴訟法、行政訴訟法、強制執行法、破產法及其他經考試院指定為主要法律科目者。

未具擬任職務任用資格之律師、教授、副教授及助理教授，其擬任職務任用資格取得之考試，得採筆試、口試及審查著作發明、審查知能有關學歷、經歷證明之考試方式行之，其考試辦法由考試院定之。

經依前項通過擬任職務任用資格考試及格者，僅取得參加由考試院委託法務部依第八十八條辦理之檢察官遴選之資格。

法務部為辦理前項檢察官遴選，其遴選標準、遴選程序、被遴選人員年齡之限制及其他應遵行事項之辦法，由行政院會同考試院定之。

第 88 條　（初任檢察官至取得實任檢察官之年限及審核程序）

依前條第一項第一款之規定，任用為檢察官者，為候補檢察官，候補期間五年，候補期滿審查及格者，予以試署，試署期間一年。

具前條第一項第四款至第六款資格經遴選者，為試署檢察官，試署期間二年。

具前條第二項第二款資格經遴選者，為試署檢察官，試署期間一年。

曾任候補、試署、實任法官或檢察官經遴選者，為候補、試署、實任檢察官。

對於候補檢察官、試署檢察官，應考核其服務成績；候補、試署期滿時，應陳報法務部送請檢察官人事審議委員會審查。審查及格者，予以試署、

實授；不及格者，應於二年內再予考核，報請審查，仍不及格時，停止其候補、試署並予以解職。

前項服務成績項目包括學識能力、敬業精神、辦案品質、品德操守及身心健康情形。

檢察官人事審議委員會爲服務成績之審查時，除法官、檢察官考試及格任用者外，應徵詢檢察官遴選委員會意見；爲不及格之決定前，應通知受審查之候補、試署檢察官陳述意見。

法務部設檢察官遴選委員會，掌理檢察官之遴選；已具擬任職務任用資格之檢察官之遴選，其程序、檢察官年齡限制等有關事項之辦法，由法務部定之。

經遴選爲檢察官者，應經研習；其研習期間、期間縮短或免除、實施方式、津貼、費用、請假、考核、獎懲、研習資格之保留或廢止等有關事項之辦法，由法務部定之。

候補、試署檢察官，於候補、試署期間辦理之事務、服務成績考核及再予考核等有關事項之辦法，由法務部定之。

第 89 條　（檢察官準用本法之部分規定）

本法第一條第二項、第三項、第六條、第十二條、第十三條第二項、第十五條、第十六條第一款、第二款、第四款、第五款、第十七條、第十八條、第四十二條第一項、第二項、第四項、第四十三條第一項至第三項、第四十四條至第四十六條、第四十九條、第五十條、第七十一條、第七十三條至第七十五條、第七十六條第一項、第四項、第五項、第七十七條、第七十八條第一項至第三項、第七十九條、第八十條第一項、第五章、第九章有關法官之規定，於檢察官準用之；其有關司法院、司法院司法人員研習所及審判機關之規定，於法務部、法務部司法官訓練所及檢察機關準用之。

高等法院以下各級法院及其分院檢察署檢察長、主任檢察官之職期調任辦法，由法務部定之。

檢察官評鑑委員會由檢察官三人、法官一人、律師三人、學者及社會公正人士四人組成。

檢察官有下列各款情事之一者，應付個案評鑑：

一、裁判確定後或自第一審繫屬日起已逾六年未能裁判確定之案件、不起訴處分或緩起訴處分確定之案件，有事實足認因故意或重大過失，致有明顯重大違誤，而嚴重侵害人民權益者。

二、有第九十五條第二款情事，情節重大。

三、違反第十五條第二項、第三項規定。

四、違反第十五條第一項、第十六條或第十八條規定，情節重大。

五、嚴重違反偵查不公開等辦案程序規定或職務規定，情節重大。

六、無正當理由遲延案件之進行，致影響當事人權益，情節重大。

七、違反檢察官倫理規範，情節重大。

適用法律之見解，不得據為檢察官個案評鑑之事由。

第四項第七款檢察官倫理規範，由法務部定之。

檢察官有第四項各款所列情事之一，有懲戒之必要者，應受懲戒。

檢察官之懲戒，由司法院職務法庭審理之。其移送及審理程序準用法官之懲戒程序。

前項職務法庭之陪席法官，至少一人應與當事人檢察官為同一審級。

法務部部長由法官、檢察官轉任者及最高法院檢察署檢察總長，其俸給準用第七十二條第一項第三款及第二項標準支給。法務部政務次長由法官、檢察官轉任者，其俸給準用政務人員次長級標準支給，並給與第七十一條第一項規定之專業加給。

法務部部長、政務次長由法官、檢察官轉任者退職時，準用第七十八條第四項規定辦理。最高法院檢察署檢察總長退職時，亦同。

最高法院檢察署檢察總長在職死亡之撫卹，準用第八十條第二項之規定。

第 90 條　（檢察官人事審議委員會之設置及執掌）

法務部設檢察官人事審議委員會，審議高等法院以下各級法院及其分院檢察署主任檢察官、檢察官之任免，轉任、停止職務、解職、陞遷、考核及獎懲事項。

前項審議之決議，應報請法務部部長核定後公告之。

第一項委員會之設置及審議規則，由法務部定之。

法務部部長遴任檢察長前，檢察官人事審議委員會應提出職缺二倍人選，由法務部部長圈選之。檢察長之遷調應送檢察官人事審議委員會徵詢意見。

檢察官人事審議委員會置委員十七人，由法務部部長指派代表四人、檢察總長及其指派之代表三人與全體檢察官所選出之代表九人組成之，由法務部部長指派具法官、檢察官身分之次長為主任委員。

前項選任委員之任期，均為一年，連選得連任一次。

全體檢察官代表，以全國為單一選區，以秘密、無記名及單記直接選舉產生，每一檢察署以一名代表為限。

檢察官人事審議委員會之組成方式、審議對象、程序、決議方式及相關事

項之審議規則，由法務部徵詢檢察官人事審議委員會後定之。但審議規則涉及檢察官任免、考績、級俸、陞遷及褒獎之事項者，由行政院會同考試院定之。

第 91 條 （檢察官會議之設置職權）

各級法院及其分院檢察署設檢察官會議，由該署全體實際辦案之檢察官組成。

檢察官會議之職權如下：

一、年度檢察事務分配、代理順序及分案辦法之建議事項。

二、檢察官考核、監督之建議事項。

三、第九十五條所定對檢察官為監督處分之建議事項。

四、統一法令適用及起訴標準之建議事項。

五、其他與檢察事務有關之事項之建議事項。

檢察總長、檢察長對於檢察官會議之決議有意見時，得交檢察官會議復議或以書面載明理由附於檢察官會議紀錄後，變更之。

檢察官會議實施辦法，由法務部定之。

第 92 條 （書面指揮制度之建立）

檢察官對法院組織法第六十三條第一項、第二項指揮監督長官之命令，除有違法之情事外，應服從之。

前項指揮監督命令涉及強制處分權之行使、犯罪事實之認定或法律之適用者，其命令應以書面附理由為之。檢察官不同意該書面命令時，得以書面敘明理由，請求檢察總長或檢察長行使法院組織法第六十四條之權限，檢察總長或檢察長如未變更原命令者，應即依第九十三條規定處理。

第 93 條 （明定檢察首長行使職務承繼權及職務移轉權之規定）

檢察總長、檢察長於有下列各款情形之一者，得依法院組織法第六十四條親自處理其所指揮監督之檢察官之事務，並得將該事務移轉於其所指揮監督之其他檢察官處理：

一、為求法律適用之妥適或統一追訴標準，認有必要時。

二、有事實足認檢察官執行職務違背法令、顯有不當或有偏頗之虞時。

三、檢察官不同意前條第二項之書面命令，經以書面陳述意見後，指揮監督長官維持原命令，其仍不遵從。

四、特殊複雜或專業之案件，原檢察官無法勝任，認有移轉予其他檢察官處理之必要時。

前項情形，檢察總長、檢察長之命令應以書面附理由為之。

前二項指揮監督長官之命令，檢察官應服從之，但得以書面陳述不同意

見。

第 94 條　（各級法院及其分院檢察署行政監督權之行使範圍）

各級法院及其分院檢察署行政之監督，依下列規定：

一、法務部部長監督各級法院及分院檢察署。

二、最高法院檢察署檢察總長監督該檢察署。

三、高等法院檢察署檢察長監督該檢察署及其分院檢察署與所屬地方法院及其分院檢察署。

四、高等法院檢察署智慧財產分署檢察長監督該分署。

五、高等法院分院檢察署檢察長監督該檢察署與轄區內地方法院及其分院檢察署。

六、地方法院檢察署檢察長監督該檢察署及其分院檢察署。

七、地方法院分院檢察署檢察長監督該檢察署。

前項行政監督權人為行使監督權，得就一般檢察行政事務頒布行政規則，督促全體檢察官注意辦理。但法務部部長不得就個別檢察案件對檢察總長、檢察長、主任檢察官、檢察官為具體之指揮、命令。

第 95 條　（職務監督權人之處分權限及行使方式）

前條所定監督權人，對於被監督之檢察官得為下列處分：

一、關於職務上之事項，得發命令促其注意。

二、有廢弛職務、侵越權限或行為不檢者，加以警告。

第 96 條　（懲戒權與職務監督處分權行使之範疇）

被監督之檢察官有前條第二款之情事，情節重大者，第九十四條所定監督權人得以所屬機關名義，請求檢察官評鑑委員會評鑑，或移由法務部準用第五十一條第二項、第三項規定辦理。

被監督之檢察官有前條第二款之情事，經警告後一年內再犯，或經警告累計達三次者，視同情節重大。

第十一章　附則

第 97 條　（實任法官、檢察官免試取得律師考試及格資格之時間與應繳驗之文件）

實任法官、檢察官於自願退休或自願離職生效日前六個月起，得向考選部申請全部科目免試以取得律師考試及格資格。

前項申請應繳驗司法院或法務部派令、銓敘部銓敘審定函及服務機關出具之服務紀錄良好證明等文件；服務紀錄良好證明之內容、標準及其他應遵循事項之辦法，由司法院、法務部分別定之。

第 98 條　（本法施行前已取得法官、檢察官任用資格之規定）

現職法官於本法施行前已任命為實任法官者，毋須經法官遴選程序，當然取得法官之任用資格，且其年資之計算不受影響，本法施行前已任命為實任檢察官者，亦同。

法官、檢察官之年資相互併計。

第 99 條　（本法施行前未取得法官、檢察官任用資格之規定）

於本法施行前尚未取得實任法官、檢察官資格者，仍依施行前之相關法令取得其資格。但有關候補法官於候補期間僅得擔任陪席法官或受命法官之限制，仍依本法規定。

第 100 條　（本法施行前已優遇之法官、檢察官權益適用規定）

本法施行前已依司法人員人事條例第四十條第一項或第二項停止辦理案件之實任法官、檢察官，支領現職法官、檢察官之俸給，不適用第七十七條第三項之規定。

第 101 條　（與本法牴觸之不適用情形）

自本法施行後，現行法律中有關法官、檢察官之相關規定，與本法牴觸者，不適用之。

第 102 條　（施行細則之訂定）

本法施行細則由司法院會同行政院、考試院定之。

律師公會全國聯合會依本法授權訂定之辦法，其訂定、修正及廢止應經主管機關備查，並即送立法院。

第 103 條　（施行日）

本法除第五章法官評鑑自公布後半年施行、第七十八條自公布後三年六個月施行外，自公布後一年施行。

附錄十五　法官倫理規範

【民國101年1月5日發布】

第 1 條　本規範依法官法第十三條第二項規定訂定之。

第 2 條　法官爲捍衛自由民主之基本秩序，維護法治，保障人權及自由，應本於良心，依據憲法及法律，超然、獨立從事審判及其他司法職務，不受任何干涉，不因家庭、社會、政治、經濟或其他利害關係，或可能遭公衆批評議論而受影響。

第 3 條　法官執行職務時，應保持公正、客觀、中立，不得有損及人民對於司法信賴之行爲。

第 4 條　法官執行職務時，不得因性別、種族、地域、宗教、國籍、年齡、身體、性傾向、婚姻狀態、社會經濟地位、政治關係、文化背景或其他因素，而有偏見、歧視、差別待遇或其他不當行爲。

第 5 條　法官應保有高尚品格，謹言愼行，廉潔自持，避免有不當或易被認爲損及司法形象之行爲。

第 6 條　法官不得利用其職務或名銜，爲自己或他人謀取不當財物、利益或要求特殊待遇。

第 7 條　法官對於他人承辦之案件，不得關說或請託。

第 8 條　法官不得收受與其職務上有利害關係者之任何餽贈或其他利益。
　　　　法官收受與其職務上無利害關係者合乎正常社交禮俗標準之餽贈或其他利益，不得有損司法或法官之獨立、公正、中立、廉潔、正直形象。
　　　　法官應要求其家庭成員或受其指揮、服從其監督之法院人員遵守前二項規定。

第 9 條　法官應隨時注意保持並充實執行職務所需之智識及能力。

第 10 條　法官應善用在職進修、國內外考察或進修之機會，增進其智識及能力。

第 11 條　法官應謹愼、勤勉、妥速執行職務，不得無故延滯或增加當事人、關係人不合理之負擔。

第 12 條　法官開庭前應充分準備；開庭時應客觀、公正、中立、耐心、有禮聽審，維護當事人、關係人訴訟上權利或辯護權。
　　　　法官應維持法庭莊嚴及秩序，不得對在庭之人辱罵、無理之責備或有其他損其尊嚴之行爲。
　　　　法官得鼓勵、促成當事人進行調解、和解或以其他適當方式解決爭議，但

不得以不當之方式爲之。

第 13 條　法官就審判職務上受其指揮或服從其監督之法院人員，應要求其切實依法執行職務。

第 14 條　法官知悉於收受案件時，當事人之代理人或辯護人與自己之家庭成員於同一事務所執行律師業務者，應將其事由告知當事人並陳報院長知悉。

第 15 條　法官就承辦之案件，除有下列情形之一者外，不得僅與一方當事人或其關係人溝通、會面：

一、有急迫情形，無法通知他方當事人到場。

二、經他方當事人同意。

三、就期日之指定、程序之進行或其他無涉實體事項之正當情形。

四、法令另有規定或依其事件之性質確有必要。

有前項各款情形之一者，法官應儘速將單方溝通、會面內容告知他方當事人。但法令另有規定者，不在此限。

第 16 條　法官不得揭露或利用因職務所知悉之非公開訊息。

第 17 條　法官對於繫屬中或即將繫屬之案件，不得公開發表可能影響裁判或程序公正之言論。但依合理之預期，不足以影響裁判或程序公正，或本於職務上所必要之公開解說者，不在此限。

法官應要求受其指揮或服從其監督之法院人員遵守前項規定。

第 18 條　法官參與職務外之團體、組織或活動，不得與司法職責產生衝突，或有損於司法或法官之獨立、公正、中立、廉潔、正直形象。

第 19 條　法官不得爲任何團體、組織募款或召募成員。但爲機關內部成員所組成或無損於司法或法官之獨立、公正、中立、廉潔、正直形象之團體、組織募款或召募成員，不在此限。

第 20 條　法官參與司法職務外之活動，而收受非政府機關支給之報酬或補助逾一定金額者，應申報之。

前項所稱一定金額及申報程序，由司法院定之。

第 21 條　法官於任職期間不得從事下列政治活動：

一、爲政黨、政治團體、組織或其內部候選人、公職候選人公開發言或發表演說。

二、公開支持、反對或評論任一政黨、政治團體、組織或其內部候選人、公職候選人。

三、爲政黨、政治團體、組織或其內部候選人、公職候選人募款或爲其他協助。

四、參與政黨、政治團體、組織之內部候選人、公職候選人之政治性集會

　　　　或活動。

　　　　法官不得指示受其指揮或服從其監督之法院人員或利用他人代為從事前項
　　　　活動；並應採取合理措施，避免親友利用法官名義從事前項活動。

第 22 條　法官應避免為與司法或法官獨立、公正、中立、廉潔、正直形象不相容之
　　　　飲宴應酬、社交活動或財物往來。

第 23 條　法官不得經營商業或其他營利事業，亦不得為有減損法官廉潔、正直形象
　　　　之其他經濟活動。

第 24 條　法官不得執行律師職務，並避免為輔佐人。但無償為其家庭成員、親屬提
　　　　供法律諮詢或草擬法律文書者，不在此限。

　　　　前項但書情形，除家庭成員外，法官應告知該親屬宜尋求其他正式專業諮
　　　　詢或法律服務。

第 25 條　本規範所稱家庭成員，指配偶、直系親屬或家長、家屬。

第 26 條　法官執行職務時，知悉其他法官、檢察官或律師確有違反其倫理規範之行
　　　　為時，應通知該法官、檢察官所屬職務監督權人或律師公會。

第 27 條　司法院得設諮詢委員會，負責本規範適用疑義之諮詢及研議。

第 28 條　本規範自中華民國一百零一年一月六日施行。

附錄十六　公設辯護人條例

【民國96年7月11日修正】

第 1 條　高等法院以下各級法院及其分院置公設辯護人。

第 2 條　刑事訴訟案件，除依刑事訴訟法第三十一條第一項規定已指定公設辯護人者外，被告得以言詞或書面聲請法院指定公設辯護人為其辯護。

因無資力選任辯護人而聲請指定公設辯護人者，法院應為指定。

法院於必要時，得指定律師為被告辯護，並酌給報酬。

第 3 條　最高法院命行辯論之案件，被告因無資力，不能依刑事訴訟法第三百八十九條第二項規定選任辯護人者，得聲請最高法院指定下級法院公設辯護人為其辯護。

第 4 條　公設辯護人不得充選任辯護人。

第 5 條　公設辯護人不得收受被告任何報酬。

第 6 條　公設辯護人應在所屬法院管轄區域內執行職務。

第 7 條　地方法院及其分院公設辯護人應就具有左列資格之一者任用之：

一、經公設辯護人考試及格者。

二、具有地方法院或其分院法官，地方法院或其分院檢察署檢察官任用資格者。

三、經律師考試及格，並執行律師職務三年以上，成績優良，具有薦任職任用資格者。

四、經軍法官考試及格，並擔任相當薦任職軍法官四年以上，成績優良者。

公設辯護人管理規則，由司法院定之。

第 8 條　地方法院及其分院主任公設辯護人，應就曾任地方法院或其分院公設辯護人五年以上，成績優良者遴任之。

高等法院及其分院公設辯護人，應就曾任地方法院或其分院主任公設辯護人二年以上或公設辯護人七年以上，成績優良者遴任之。

高等法院及其分院主任公設辯護人，應就曾任高等法院或其分院公設辯護人五年以上，成績優良者遴任之。

第 9 條　公設辯護人有二人以上者，以一人為主任公設辯護人，監督及分配公設辯護事務。

第 10 條　地方法院及其分院公設辯護人，薦任第七職等至第九職等或簡任第十職等

　　　　至第十一職等；主任公設辯護人，薦任第九職等或簡任第十職等至第十二職等。實任公設辯護人服務滿十五年以上，成績優良，經審查合格者，得晉敘至簡任第十二職等。曾任高等法院或其分院公設辯護人四年以上，調地方法院或其分院之公設辯護人，成績優良，經審查合格者，得晉敘至簡任第十一職等至第十二職等。

　　　　高等法院及其分院公設辯護人，簡任第十職等至第十一職等或薦任第九職等；主任公設辯護人，簡任第十職等至第十二職等。

　　　　前項公設辯護人連續服務四年以上，成績優良，經審查合格者，得晉敘至簡任第十二職等。

　　　　第一項、第三項之審查辦法由司法院定之。

　　　　具律師資格者於擔任公設辯護人期間，計入其律師執業期間。

第 11 條　公設辯護人之俸給，比照法官、檢察官俸給核給之。

第 12 條　公設辯護人對於法院及檢察官，獨立行使職務。

第 13 條　公設辯護人對於法院指定案件，負辯護之責，並應盡量蒐集有利被告之辯護資料。

第 14 條　公設辯護人就承辦案件，負誠實處理之責。

第 15 條　公設辯護人應將訴訟進行情形及其他有關訴訟事項，製作紀錄。

第 16 條　公設辯護人對於指定辯護案件，應製作辯護書，提出於法院。

第 17 條　公設辯護人辯護案件，經上訴者，因被告之請求，應代作上訴理由書或答辯書。

第 18 條　公設辯護人應將關於訴訟之文書編爲卷宗。

第 19 條　公設辯護人對於承辦案件應造具月報表，報由該管法院院長轉報司法院。

　　　　前項月報表格式，由司法院定之。

第 20 條　公設辯護人對於蒐集辯護資料，應互相協助。

第 21 條　法院組織法第一百十條、第一百十二條、第一百十三條規定，於公設辯護人準用之。

第 22 條　公設辯護人行使職務，不因前條規定而受影響。

第 23 條　本條例施行日期，由司法院以命令定之。

附錄十七　法警管理辦法

【民國101年12月14日修正】

第一章　總則

第 1 條　本辦法依法院組織法第二十三條第三項、第六十九條第一項規定訂定之。

第 2 條　法警之管理依本辦法之規定，本辦法未規定者，適用有關法令之規定。

第 3 條　本辦法所稱法警（包括法警長及副法警長），指各級法院及檢察署（以下簡稱各院檢），依法任用，辦理執行法院組織法第二十三條第三項所定之事務人員。

第二章　編組、監督

第 4 條　各院檢設法警室，置法警長一人，指揮監督所屬法警辦理各院檢有關司法警察事務；副法警長一人，協助法警長執行職務；法警若干人。法警人數超過三十人者，得依法院組織法類別及員額附表規定之副法警長員額，酌予增置副法警長。

第 5 條　法警由各院檢書記官長承院、檢首長之命，予以調度指揮。於執行各項勤務時，並應受院、檢有關其他長官之命令與監督。

第三章　資格、任用

第 6 條　法警列委任，法警長、副法警長列委任或薦任。

第 7 條　法警應歸入司法行政職系。

第 8 條　法警之派免，依官等分由權責機關辦理。

第 9 條　法警應就具有下列各款資格之一者遴用之：

　　一、經普通考試或相當普通考試之特種考試四等考試之法警考試或委任升等考試之法警考試及格。

　　二、現充僱用法警滿一年，年終考成列乙等以上，並完成六個月以上法警、警察、監所管理員訓練，具有委任職任用資格。

　　三、司法行政職系或矯正職系考試及格，並符合公務人員特種考試司法人員考試法警類科之體格檢查標準。

第 10 條　高等法院院、檢得視業務需要，調整所屬院、檢法警服務地區。

第四章　服制、訓練

第 11 條　法警執行職務，除經長官許可得著便服外，應穿著制服。

　　前項制服，準用警察服制條例有關規定。

第 12 條　法警之佩階，依下列規定：

一、法警長佩帶二線一星。但官等為薦任者，得佩帶二線二星。

二、副法警長佩帶一線四星。但官等為薦任者，得佩帶二線一星。

三、法警佩帶一線三星。

第 13 條　法警應施以訓練，分為下列二種：

一、特定訓練：為應工作需要，選派人員不定期實施訓練。

二、平時訓練：每年或間年須修滿四十小時以上之課程。

前項各款之訓練，由各院檢自行辦理。各項訓練計畫另定之。

第五章　考核、獎懲

第 14 條　各院檢書記官長承院檢首長之命，就所屬法警之工作、生活操守及服務態度嚴加督導考核，發現獎懲事實，隨時報請院檢首長處理之。

第 15 條　各院檢庭長、法官、主任檢察官、檢察官發現法警有廢弛職務或不當行為時，除糾正外，並得報請院檢首長處理之。

前項人員配置之書記官認有前項情形時，亦得報請處理之。

第 16 條　法警執行職務有特殊功績者，得報請酌發獎品。

第 17 條　法警之獎懲，適用公務人員考績法及主管機關所定之獎懲規定。

第 18 條　法警之考績，適用公務人員考績法及其施行細則之規定。

第六章　待遇、退撫

第 19 條　法警之俸給，適用公務人員俸給法及其施行細則之規定。

第 20 條　法警任職五年以上，年滿五十歲者或任職滿二十五年者，應准其自願退休；年滿六十歲者，應屆齡退休。但擔任法警長或副法警長之職務者之屆齡退休年齡，應年滿六十二歲。

第 21 條　法警之退休，本辦法未規定之事項，適用公務人員退休法及其施行細則辦理。

第 22 條　法警之撫卹，適用公務人員撫卹法及其施行細則之規定。

第七章　其他

第 23 條　現職僱用法警之管理，適用現職僱員管理要點之規定，並準用第二條、第三條、第五條、第八條及第十條至第二十二條之規定。

第 24 條　法警職務出缺，得依各機關職務代理應行注意事項之規定僱用非現職人員為職務代理人，並得由各機關依下列規定自行辦理甄選：

一、體格條件：參照公務人員特種考試司法人員考試法警類科之體格檢查標準。

　　二、應試科目：參照公務人員特種考試司法人員考試法警類科之應試科
　　　　目。
　　法警職務代理人，準用第二條、第三條、第五條、第八條、第十一條至第
　　十七條之規定。

第八章　附則

第 25 條　本辦法自發布日施行。

參考文獻

一、書籍

1. 王兆鵬著，刑事訴訟講義，2008年9月。
2. 朱石炎著，刑事訴訟法論，2009年8月。
3. 史慶璞著，法院組織法新論，2001年3月三版。
4. 林永謀著，刑事訴訟法釋論（上冊），2007年2月。
5. 林永謀著，刑事訴訟法釋論（中冊），2007年2月。
6. 林洲富著，實用非訟事件法，2008年7月五版。
7. 林鈺雄著，刑事訴訟法上冊，2007年9月。
8. 林鈺雄著，刑事訴訟法下冊，2007年9月。
9. 姜世明著，法院組織法，2012年2月三版。
10.陳樸生著，刑事訴訟法實務，1993年10月。

二、期刊論文

1. 張麗卿著，刑事訴訟法百年回顧與前瞻，月旦法學雜誌，第75期。
2. 張熙懷著，從實務角度評上訴審之改造，檢察新論，第9期。
3. 楊雲驊著，新法下檢察官的舉證責任及法院之調查義務，月旦法學雜誌，第89期，2002年10月。
4. 陳文琪發言，載於「檢察事務官制度之檢討與展望座談會紀錄」，檢察新論，第4期，2008年7月。
5. 魏大喨，司法事務官之本質論，載於「程序正義、人權保障與司法改革」，范光群教授七秩華誕論文集，2009年3月。

國家圖書館出版品預行編目資料

法院組織法／林俊寬著. -- 二版. -- 臺北
市：五南，2019.02
面；　公分

ISBN 978-957-11-9049-5（平裝）

1.法院

589.2　　　　　　　　　106001020

1RA2

法院組織法

作　　者 ― 林俊寬（120.4）

發 行 人 ― 楊榮川

總 經 理 ― 楊士清

副總編輯 ― 劉靜芬

責任編輯 ― 蔡琇雀　呂伊真　李孝怡

協力編輯 ― 張若婕　王政軒

封面設計 ― 王麗娟

出 版 者 ― 五南圖書出版股份有限公司

地　　址：106台北市大安區和平東路二段339號4樓

電　　話：(02)2705-5066　　傳　　真：(02)2706-6100

網　　址：http://www.wunan.com.tw

電子郵件：wunan@wunan.com.tw

劃撥帳號：01068953

戶　　名：五南圖書出版股份有限公司

法律顧問　林勝安律師事務所　林勝安律師

出版日期　2015年 7 月初版一刷
　　　　　2019年 2 月二版一刷

定　　價　新臺幣450元